Kenkyu Sosho No.639

研究双書

中台関係の ダイナミズムと台湾

馬英九政権期の展開

川上桃子・松本はる香：編

IDE-JETRO アジア経済研究所

研究双書　No.639

川上桃子・松本はる香　編
『中台関係のダイナミズムと台湾――馬英九政権期の展開――』

Chutai Kankei no Dainamizumu to Taiwan: Ba Eikyu Seikenki no Tenkai
(Dynamics of China-Taiwan Relations and the Transformation of
Taiwan's Politics and Economy)

Edited by
Momoko KAWAKAMI and Haruka MATSUMOTO

Contents

Introduction　Dynamism of China-Taiwan Relations and the Transformation of Taiwan's Politics and Economy　　(Momoko KAWAKAMI and Haruka MATSUMOTO)

Chapter 1　"Three-Party Politics across the Taiwan Strait" and Clientelism: A Comparative Political Perspective on China's Influence　　(Mitsutoyo MATSUMOTO)

Chapter 2　Political Economy of Chinese Economic Statecraft and Responses by Taiwan's Society　　(Momoko KAWAKAMI)

Chapter 3　Improving China-Taiwan Relations under the Ma Ying-jeou Administration and Its Impacts on Taiwan's Security　　(Haruka MATSUMOTO)

Chapter 4　Characteristics and Influences of Taiwanese Economic Globalization in the Period of the Ma Ying-jeou Government: Comparative Analysis with the Period of the Chen Shui-bian Government　　(Jun AKABANE)

Chapter 5　Occupational Preferences of Young Taiwanese and China-Taiwan Relation: Do Young Taiwanese Choose to Work in Mainland China for Good Pay?
　　(Yukihito SATO)

〔Kenkyu Sosho (IDE Research Series) No. 639〕
Published by the Institute of Developing Economies, JETRO, 2019
3-2-2, Wakaba, Mihama-ku, Chiba-shi, Chiba 261-8545, Japan

　　　　　まえがき

　広大な中国大陸を統治する中華人民共和国（中国）と，中華民国政府が実効支配する台湾（台湾本島および周辺島嶼）は，過去70年にわたり，台湾海峡を隔てて対峙してきた。中国は，台湾との統一を国家目標に掲げ，台湾が独立するようなことがあれば武力行使を辞さないという強い姿勢をとり続けている。一方の台湾は，中国による併呑を拒み，1990年代以来の民主化の過程で「台湾アイデンティティ」——台湾を中国とは異なる存在としてとらえ，その主体性と自己決定を重視する意識——を強めている。
　他方で，1990年代以来，中国と台湾のあいだには，貿易と投資を介して緊密な経済リンケージが形成されてきた。台湾の対外投資・貿易に占める中国の比重は非常に高い。人的往来も活発であり，仕事や就学のため中国に住む台湾人の数は数十万人にのぼる。
　このように中国と台湾のあいだには，政治面・軍事面での対立的な関係と，経済面・社会面での深い結びつきがある。台湾にとって中国は，その主体性を脅かし，国際社会のなかでのその存在を著しく制約する存在であると同時に，台湾の産業・企業の発展に不可欠な存在でもある。ディレンマに満ちた中国との関係は，近年の台湾の国政選挙の重要な争点となっており，歴代政権の対外政策や経済政策を方向づける重要なファクターともなっている。また，中国との経済交流から恩恵を受ける人びとと，そうではない人びとのあいだの意見の分岐，生産拠点や市場としての中国に強く依存する産業セクターとそうではないセクターのあいだの利益をめぐる軋轢も，台湾の政治・経済のダイナミクスや人びとの意識を方向づけている。台湾の政治変動や経済の構造変化を理解するうえでは，中台関係のダイナミクスと台湾の政治・経済のあいだに働く相互作用に注目する視点が欠かせない。
　本書は，このような問題意識から生まれたアジア経済研究所の共同プロ

ジェクト「馬英九政権期の中台関係と台湾の政治・経済変動」研究会（2016-17年度。主査：川上桃子，幹事：松本はる香）の最終成果である。

　本書では，馬英九政権の8年間（2008-16年）に着目して，中台関係のダイナミズムと台湾の政治・経済の変動を分析した。馬英九政権は，民進党の陳水扁政権（2000-08年）からの政権交代によって成立し，急ピッチで中国との関係改善を果たしたものの，2014年の「ひまわり学生運動」によって打撃を受け，2016年の総統選挙では，民進党・蔡英文政権に政権の座を譲り渡した。馬英九政権の8年の歩みには，中国との安定的な関係を求める台湾の人びとの声と，中国による併呑を断固として拒むアイデンティティのせめぎあいが色濃く反映されている。本書では，この時期の分析を通じて，中台関係のダイナミクスと台湾の政治・経済の動きの相互作用を分析する。

　本研究会には，台湾の経済・産業発展を研究してきたメンバー（川上桃子，赤羽淳，佐藤幸人）と，台湾の政治・外交を研究してきたメンバー（松本はる香，松本充豊，竹内孝之）が参加し，中台関係のダイナミクスを理解するうえでの鍵となる政治と経済の相互作用，台湾の内政と外交の重なり合いに着目して，研究を進めた。本書に収められている論考はその成果である。

　本研究会の実施に際しては，多くの方にご協力をいただいた。伊藤信悟氏（みずほ総合研究所），小笠原欣幸氏（東京外国語大学），柿澤未知氏（交流協会総務部），岸本千佳司氏（アジア成長研究所），下野寿子氏（北九州市立大学），松田康博氏（東京大学），門間理良氏（防衛省防衛研究所）には，研究会の講師として貴重なお話をうかがう機会をいただいた（五十音順，いずれも所属は当時のもの）。アジア経済研究所研究支援部の高橋学氏には編集作業にあたってご尽力をいただいた。また，各章の執筆のための現地調査では，多くの研究者，専門家，関係者の方々からひとかたならぬご助力をいただいた。本書の出版に際しては，アジア経済研究所の内部審査の過程で，3名の匿名の査読者からコメントをいただいた。心より御礼申し上げたい。

2019年1月

編　者

目　　　次

まえがき

序　章　中台関係のダイナミズムと台湾の政治経済変動
　　　　　……………………………川上桃子・松本はる香… 3
はじめに──本書のねらい── ………………………………… 3
第1節　中台関係の歴史的背景──馬英九政権の歴史的文脈──……… 6
第2節　馬英九政権期を論じることの意義 …………………… 19
　2-1　馬英九政権期の特徴　19
　2-2　先行研究の視点　21
　2-3　本書の視点　22
第3節　本書の構成 ……………………………………………… 24

第1章　「両岸三党」政治とクライアンテリズム──中国の影響力
　　　　メカニズムの比較政治学的分析── …………… 松本充豊… 31
はじめに …………………………………………………………… 31
第1節　分析枠組み ……………………………………………… 33
　1-1　先行研究の検討　33
　1-2　クライアンテリズム論の適用可能性　35
　1-3　クライアンテリズムと代理人問題　36
　1-4　分析の視点　39
第2節　「両岸クライアンテリズム」と国共両党………………… 42
　2-1　経済的関与への転換　42
　2-2　恵台政策の実施　43
　2-3　パトロンの一体性の欠如　45

第3節　台商への利益分配 ………………………………………… 49
　　　3-1　共産党と台商への利益誘導　49
　　　3-2　国民党と台商への利益分配　52
　　第4節　台商の行動への監視 ……………………………………… 55
　　　4-1　監視対象としての台商　55
　　　4-2　台商に対する監視メカニズム　56
　　　4-3　影響力行使の可能性と限界　59
　　第5節　中国の影響力行使と台湾の選挙 ………………………… 62
　　　5-1　2012年総統選挙　63
　　　5-2　2014年統一地方選挙　67
　　おわりに …………………………………………………………… 73

第2章　「恵台政策」のポリティカル・エコノミー …… 川上桃子 … 81
　　はじめに …………………………………………………………… 81
　　第1節　分析視点 ………………………………………………… 83
　　　1-1　「中国の影響力メカニズム」論の視角　83
　　　1-2　本章の視点　84
　　第2節　中国による「ビジネスをもって政治を囲う」戦略の展開過程 … 86
　　　2-1　2000年代半ばまで――中国を舞台とする台商の取り込み策の展開―― 86
　　　2-2　2005年以降
　　　　　　――馬英九政権の成立と胡錦濤政権による恵台政策の展開―― 90
　　第3節　事例分析――台湾産農水産物の優遇策と台湾への
　　　　　　　観光客の送り出し―― ………………………………… 96
　　　3-1　2つの恵台政策　97
　　　3-2　恵台政策の実施過程における「代理人問題」の発生　105
　　むすび　110

第3章　馬英九政権期における中台関係の緊密化と台湾の安全保障
　　　──平和協議と台湾海峡の「現状維持」をめぐる問題──
　　　………………………………………………………松本はる香… 117
　はじめに……………………………………………………………………… 117
　　第1節　準公式的な中台交流の再開……………………………………… 119
　　　1-1　国共両党の歴史的和解　119
　　　1-2　馬英九政権の誕生と中台交流の加速　121
　　第2節　中台関係の緊密化をめぐる中国側の立場……………………… 122
　　　2-1　「胡4点」と台湾に対する「平和的発展」路線　122
　　　2-2　「胡6点」と中台間の平和協議と平和協定　124
　　第3節　中台関係の緊密化と台湾をめぐる安全保障問題……………… 126
　　　3-1　台湾の「フィンランド化」の議論　126
　　　3-2　中台間の信頼醸成措置の構築の可能性　128
　　　3-3　台湾との政治的対話に向けた中国の攻勢　129
　　　3-4　中台関係の緊密化にともなう台湾政策の見直しの議論　131
　　第4節　馬英九再選後の中台関係………………………………………… 133
　　　4-1　馬英九二期目の台湾世論の変化　133
　　　4-2　習近平政権の台湾政策　134
　　　4-3　馬英九政権の支持率急落と中台交流の行き詰まり　135
　　第5節　台湾海峡の「現状維持」と中台の軍事バランス……………… 138
　　　5-1　台湾海峡の「現状維持」の変化の可能性　138
　　　5-2　中台の軍事バランスと台湾の戦略的重要性　139
　　おわりに…………………………………………………………………… 143

第4章　馬英九政権期における台湾経済のグローバル化の特徴と影響
　　　──陳水扁政権期との比較分析を通じて──　…赤羽　淳… 149
　はじめに……………………………………………………………………… 149
　　第1節　先行研究のサーベイと本章の分析視点………………………… 151

1-1　先行研究のサーベイ　151
　　1-2　先行研究の限界と本稿の分析視点　155
　第2節　馬英九政権期における経済政策と台湾経済……………………156
　　2-1　陳水扁・馬英九両政権期の経済政策と外部経済環境　157
　　2-2　陳水扁・馬英九両政権期の経済動向　159
　第3節　対中輸出競争力の検証……………………………………………165
　　3-1　対中貿易特化係数の推移　165
　　3-2　中国の輸入に占める台湾製品のシェア　169
　第4節　対外投資と台湾経済の関係………………………………………171
　　4-1　分析モデルの紹介　171
　　4-2　仮説の設定　172
　　4-3　対外投資と台湾の生産高の関係　173
　　4-4　対外投資と台湾の就業者数の関係　176
　　4-5　小括　176
　おわりに……………………………………………………………………179

第5章　台湾の若者の職業選択と中台関係
　　　　──若者は高給を求めて中国に向かうのか──　…佐藤幸人…183
　はじめに……………………………………………………………………183
　第1節　研究の位置づけと課題……………………………………………185
　　1-1　基本問題としての「パンと愛情」のディレンマ　186
　　1-2　台湾から中国への人の移動に関するこれまでの研究　189
　　1-3　本章の研究上の位置づけと課題　195
　第2節　「パンと愛情」と海外就業の現在 ………………………………197
　　2-1　台湾人アイデンティティの増大と質的変化　197
　　2-2　長引く賃金の低迷と中国による台湾の若者の取り込み政策　199
　　2-3　微増にとどまる若者の中国での就業　203

第 3 節　台湾の若者は中国で働くことを望むのか
　　　　──学生との議論から──……………………………………… 204
　　3-1　調査の概要　204
　　3-2　インタビューを通して浮かび上がった学生たちの考え方　207
　　3-3　考察　216
　おわりに……………………………………………………………… 219

索引　………………………………………………………………… 225

中台関係のダイナミズムと台湾
―馬英九政権期の展開―

序 章

中台関係のダイナミズムと台湾の政治経済変動

川上 桃子・松本 はる香

はじめに——本書のねらい——

　本書の目的は，台湾・馬英九政権期の 8 年間（2008〜2016 年）に焦点を当て，おもに台湾側の視点から，中国と台湾の関係——「中台関係」もしくは「両岸関係」——と，台湾の政治・経済変動とのあいだで働く相互作用を考察することにある[1]。馬英九政権の誕生とともに始まった中台関係の新たな展開は，台湾の政治や経済にいかなるインパクトを与えたのか。これに対する台湾社会の反応は，中台関係にいかなる変化を引き起こしたのか。本書に収録した 5 篇の論考は，異なる角度からこの問いに答えようとする試みである。中台関係の展開と台湾の政治・経済の動きのあいだの相互作用をみるにあたり，馬英九政権の 8 年間に着目するのは，これが，中国との関係をめぐる台湾社会のディレンマが著しくなり，民意が大きく揺れ動いた時期だからである。

　中国と台湾は，国共内戦に敗れた国民党政府の台湾への移転と中華人民共

---

[1] 本書における中国とは中華人民共和国を，台湾とは，1949 年以降，中華民国政府が実効支配している領域を指す。中国と台湾では，両者間の関係を「国と国との関係ではない」とする建前により「両岸関係」とよんできた。本書では，中国と台湾の関係をおもに「中台関係」と表記するが，これと同義のものとして「両岸関係」という語も用いる。

和国の成立（1949年），朝鮮戦争の勃発を契機とする米国の台湾海峡への軍事介入（1950年）と東西冷戦下での中台分断の固定化といった歴史を経て，今日に至るまで約70年にわたり，政治的・軍事的に対立してきた。この間，米中国交正常化が行われた1979年に中国は「台湾同胞に告げる書」を発表して，従来の武力解放路線を平和統一路線へと転換し，台湾とのあいだの「三通」（通航，通商，通信）の実施を呼びかけた。だが，当時の蒋経国政権は，「三不政策」（交渉せず，接触せず，妥協せず）の立場をとってこれを拒絶した。冷戦終結後も今日に至るまで，中国と台湾が，海峡を隔てて対峙するという基本的な構図に変わりはない。しかし，1980年代半ば以降，台湾と中国の関係には急速な変化が生じ，そのうねりが台湾の政治・経済に大きな影響を与えるようになった。

台湾では，1980年代末以降，政治の民主化が急速に進展した。このプロセスは，国民党による権威主義体制のもとで長らく抑圧されてきた台湾ナショナリズム——「『台湾人』を『中国』の外部の主権的共同体として想像・創造しようとする思想と運動」（若林 2008, 51）——の興隆のプロセスと軌を一にして進んだ。1990年代から2000年代を通じて，台湾では，国民党のイデオロギーであった公定中国ナショナリズムが周縁化する一方で，自らを中国人から区別して「台湾人」であるとする自己認識，「統一か独立か」という問題をめぐって台湾の主体性や自己決定権を重視する政治意識が高まった。

その一方で，1980年代末以降の台湾では，経済面での中国との結びつきが急速に深まった[2]。台湾企業は，初期にはおもに輸出向け生産拠点の移転を目的として，後には急拡大を遂げる市場を目当てとして，中国に大規模な投資を行うようになった。政治面で働くようになった中国からの「反発力」とは逆に，経済面では，台湾と中国のあいだに強い「吸引力」が働くように

---

[2] 中台間の経済関係の拡大・進化の過程については，劉（2010），伊藤（2011）等を参照のこと。

なってきたのである。

このように台湾は，過去30年近くにわたり，中国とのあいだで働く「反発力」と「吸引力」の相反する作用のはざまにおかれてきた。台湾の人々が，中国との経済交流の拡大がもたらす経済的利益の現実と，自らの社会への帰属意識・愛着のはざまで直面するディレンマを，政治学者・呉乃徳は「パンと愛情」のディレンマと表現した（呉乃徳 2005）。また，松田康博と清水麗は，台湾が直面するディレンマ――すなわち，自らの自立性を維持しようとすれば繁栄を犠牲にしなければならず，繁栄を追求すれば自立性をある程度犠牲にせざるをえないという矛盾を，「繁栄と自立のディレンマ」と表現し，中国の大国化とともにこの葛藤が深まっていることを論じた（松田・清水 2018, 3-4）。

中国との関係をめぐるこのディレンマこそが，国民党・李登輝政権期（1988〜2000年），民進党・陳水扁政権期（2000〜2008年），国民党・馬英九政権期（2008〜2016年），そして民進党・蔡英文政権期（2016年〜）を貫く，台湾の政治・経済変動のもっとも重要な原動力である。なかでも馬英九政権期は，この葛藤が著しく高まって「ひまわり学生運動」という劇的な事件が発生し，対中交流をめぐって民意の大きな転換が生じた時期であった。

中国との関係が内包するディレンマは，台湾の政治・経済に対してどのようなインパクトをもたらしてきたのか。この矛盾に対して台湾社会はどのように反応したのか。本書におさめた5篇の論考は，このような関心を共有しつつ，馬英九政権の8年間に焦点を絞り，中台関係と台湾の政治・経済変動のあいだに働く相互作用について，台湾の側から光を当てる。

序章にあたる本章では，中台関係の歴史的背景を概観したうえで，馬英九政権の8年間を論じることの意義を示す。本章の構成は以下のとおりである。第1節では，馬英九政権の成立に先立つ時期の中台関係と台湾の政治経済の発展を概説し，馬英九政権期の8年間をこのなかに位置づける。第2節ではさらに，馬英九政権期の特徴を探り，中台関係のダイナミズムと台湾の政治・経済変動を分析するうえでこの時期に対象を絞ることの意味を論じ

る。第3節では，本書の構成と内容を示す。

第1節　中台関係の歴史的背景
――馬英九政権の歴史的文脈――

本節では，馬英九政権を，これに先立つ時期の台湾の政治・経済変動と中台関係の展開のなかに位置づける[3]。以下では，第二次世界大戦後の台湾の歩みを，(1)蔣介石・蔣経国政権期，(2)李登輝政権期，(3)陳水扁政権期，(4)馬英九政権期に区分し，それぞれの時期の概略を示す。また，(5) 2016 年に政権交代によって成立した民進党・蔡英文政権のもとでの中台関係の新たな展開にもふれる。

(1) 蔣介石・蔣経国政権期――両岸の分断と国民党の権威主義的支配――
1949 年，蔣介石率いる国民党政権は，中国大陸における中国共産党との内戦に敗れ，1945 年に日本による植民地支配から解放され，中華民国に編入されたばかりの台湾に移転した[4]。以後，蔣介石政権，蔣経国政権の時期を通じて，台湾は国民党政権による中国大陸への反攻基地として位置づけられ，38 年もの長期に及んだ戒厳令（1949～1987 年）のもと，国民党による一党独裁体制が続いた。この間，国政レベルの選挙は，部分的な定期改選制度である「増加定員選挙」を除いて長く凍結され，民主化を要求する反国民党勢力は厳しく弾圧された。その一方で，1960 年代半ば以降，政府の輸出志向型工業化政策の枠組みのもとで，労働集約型産業の輸出が急速に拡大し，台湾は「公平な所得分配をともなった経済成長」(Fei, Ranis and Kuo 1979) を

---

[3] 本節の記述にあたっては，松田（1996），若林（1992; 2008），小笠原（2010），『アジア動向年報』各年版等を参照した。
[4] これと前後して，中国大陸から台湾には約 100 万人の人口が流入した。この人々とその子孫は，日本統治期から台湾に住む人々とその子孫（「本省人」）と対比して「外省人」とよばれる。

実現した。1980年代にはアジア新興工業経済地域（アジアNIEs）の一角を占める存在として世界の注目を集めるようになった。

しかし，1970年代を通じて，中華民国の国際的孤立は深刻化した。1971年には国連からの脱退を余儀なくされた。1972年には日本，1979年には米国が中華民国と断交して中華人民共和国との国交を樹立した。このような国際環境のもと，中国は1979年に「台湾同胞に告げる書」のなかで，中国統一の実現と，「三通」の実施を呼びかけた。しかし，蔣経国政権は，「三不政策」の立場をとり，これを拒んだ。1980年代半ば頃まで，中国と台湾の関係は，第三国・地域経由で行われる限定的な貿易・投資関係にとどまり，両者の間に協議・交渉のチャネルは存在しなかった。

1980年代後半になると，この状況には急速な変化が訪れた。この時期，台湾が直面することとなった経済環境の変化が引き金となり，両岸間の経済交流と人的接触が急拡大を始めたのである。1985年のプラザ合意を契機として台湾元の対米ドルレートが上昇し，同じ時期に賃金も上昇すると，台湾経済の主柱であった労働集約型製品の輸出向け生産を取り巻く環境は急速に悪化した。1987年に台湾から中国への親族訪問の名目での訪問が可能になり，また外貨の海外持ち出し制限が緩和されると，輸出型産業の中小企業は，政府の禁止政策をかいくぐり，第三国・地域経由での対中投資を行うようになった。

蔣経国の晩年にあたる1980年代半ば，台湾の政治にも大きな変化が起きた。1986年には，長年にわたり，地方選挙や各種の言論活動を通じて，国民党支配への抵抗を続けてきた民主化勢力（「党外人士」）が民主進歩党（民進党）の結成に踏み切った。国民党の内側からも体制改革の動きが始動した。1987年には戒厳令が解除された。戒厳令の解除は，台湾民主化の本格的な開始を意味するとともに，中台間の民間交流の幕開けを告げるものともなった。

(2) 李登輝政権期（1988〜2000年）――中台関係の始動――

1988年、蔣経国の死去を受け、副総統であった李登輝が総統に就任した。李登輝は、中華民国憲法の修正による民主体制の設置と国家体制の修正をめざす「憲政改革」に着手した（若林 2008, 18）。1991年には、中国との敵対関係に終止符を打ち、共産党にとっては受け入れの困難なさまざまな条件を付しつつ、統一を長期的な目標に掲げる「国家統一綱領」が策定された[5]。さらに1992年には立法委員の全面改選、1996年には直接選挙による総統の選出が行われ、台湾は民主体制への安定的な移行を成し遂げた。こうして李登輝政権のもとでは、「中華民国台湾化」のプロセス（若林 2008; 2018）――中華民国が、全中国を代表する正統中国国家であるとの「虚構」を自ら解体し、1949年以降の現実、すなわち台湾およびその周辺島嶼のみを実効支配する「台湾」の国民国家への再編を遂げていく過程――が急速に進んだ。

急速な民主化と言論・結社の自由化は、蔣父子時代の国民党による権威主義的支配のもとで長らく抑圧されてきた台湾人アイデンティティの興隆をもたらした。中国との人的往来が可能になり、互いの社会や価値観、習慣の違いを意識する機会が増えたことも、台湾を中国から区別してとらえる意識の高まりをもたらした。

図序-1 には、政治大学選挙研究センターが実施してきた台湾の人々のアイデンティティ（「台湾人である」「中国人である」「いずれでもある」の分布）[6]に関する調査結果の推移を掲げた。1990年代後半に「自分は台湾人である」と回答する人の比率が急増し、「中国人である」とする人が減少した様子が

---

[5] 同じく1991年には、李登輝による憲政改革の一環として「反乱鎮定動員時期臨時条項」が廃止された。国民党による専制的統治の法的根拠となってきた同条項の廃止を機に、台湾の民主化は大きく前進することとなった。また、同条項の廃止は、台湾側がそれまで「反乱団体」と規定してきた中国大陸との関係の再定義を迫ることにもつながった。1992年には、中国との関係の基本法となる「台湾地区および大陸地区人民関係条例」（いわゆる「両岸人民関係条例」）が制定された。
[6] 「あなたは自分を台湾人、中国人、どちらでもある、のいずれであると考えていますか？」という問いに対する回答の分布を示したもの。

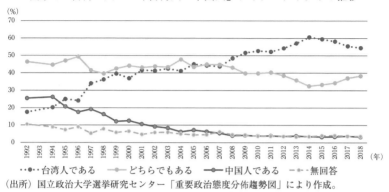

図序-1　台湾の人々の「台湾人・中国人」アイデンティティの推移

··●·· 台湾人である　―― どちらでもある　―●― 中国人である　-●- 無回答

（出所）国立政治大学選挙研究センター「重要政治態度分佈趨勢図」により作成。

みてとれる。

　李登輝政権期には，両岸間の経済交流が急速に拡大した。中国では，1989年の天安門事件後の経済低迷の時期を経て，1992年の鄧小平の「南巡講話」を機に，大陸沿岸部での経済開発が加速しており，各地の地方政府は台湾企業の進出を熱心に誘致した。プッシュ要因とプル要因が重なって，台湾企業の中国沿岸部への投資は急速に拡大した。台湾政府はこのような実態を事後的に追認せざるをえず，第三国経由の中国との貿易と対中投資を，それぞれ1987年と1990年に条件つきで解禁した。これにともない，中国で暮らす台湾企業の関係者ら（「台商」）やその家族たちが増え，台湾から中国への一方通行ながらも，両岸間の人的交流が拡大した。

　両岸間の対話も始動した。中台間の実務関係の調整機関として，中国側には海峡両岸関係協会が，台湾側には海峡交流基金会が設置され，1993年4月にはシンガポールにおいて，初めて両者の代表による汪道涵・辜振甫会談（汪辜会談）が実現した。海峡両岸関係協会と海峡交流基金会（以下では「両会」と略称）は形式的には民間団体であったが，双方の政府当局関係者が送り込まれ，実質的には両岸間の往来に関する業務などの事務を担う中台の交流窓口としての機能を果たすことになった。

　1990年代半ばに李登輝は，休暇や式典参加を名目とした外国訪問を積極

的に行い，中華民国の存在を国際的にアピールする「積極外交」路線をとった。1995年には非公式訪米を果たしたが，これによって中国との関係は緊張し，1996年の台湾における初の総統直接選挙の際には中国側が台湾近海でミサイル演習を行う事態に至った。さらにこのときの直接選挙で総統に選出された李登輝が1999年に中国と台湾の関係を「特殊な国と国の関係」と位置づける「二国論」発言を行うと，両岸の対話は途絶した。

　以上でみてきたように李登輝政権期は，経済関係に主導された両岸交流の拡大，両会を介した準公式的な対話の枠組みの形成，といった今日まで続く中台関係の基本的な枠組みが形成された時期であった。同時にこの時期は，中国との経済的な結びつきの深まりが進み，人的交流が拡大する一方で，台湾アイデンティティも強まっていった局面でもあった。李登輝政権期は，今日まで続く「パンと愛情」，そして「繁栄と自立」をめぐる台湾のディレンマが形成された時期でもあったのである。

(3) 陳水扁政権期（2000～2008年）――中台関係の再凍結――

　2000年3月の総統選挙では，史上初の政権交代が起き，民進党の陳水扁政権が誕生した。権威主義体制に抵抗する反国民党運動（「党外」運動）の長い歴史のなかから生まれた政党であるとはいえ，結党からわずか14年の若い野党が政権交代を実現したのである。その背後には，2000年総統選挙において国民党系の陣営が二手に分裂し，民進党が「漁夫の利」を得たことも一因としてあったが，同時に，国民党の金権政治への批判の高まりといった，より構造的な要因も働いていた。

　発足当初の陳水扁政権は，中国に対して融和的な政策をとった[7]（松田2010）。就任演説では自らの任期内には独立の宣言や国号の変更，「二国論」を盛り込む憲法修正や現状変更を問う公民投票等を行わないこと等を宣言した。中国との経済交流にも積極的な姿勢を打ち出し，投資・貿易の規制緩和

---

7) 以下の記述にあたっては，松田（2010），小笠原（2010）等を参照した。

を行ったほか，2001年には金門地区と福建省のあいだでの「小三通」（通信，通商，通航の限定的開放）を開始した。2003年の春節時には中台直行チャーター便の初運航が実施され，以後，直行便の便数は徐々に拡充されていった。

しかし，このような陳水扁の融和策は，中国からの好意的な反応を引き出すには至らず，内政面における困難が増すとともに，陳水扁は急進的な路線へと舵を切っていくこととなった。陳水扁は2002年に「中国と台湾はそれぞれ異なる国家である」とする「一辺一国」発言を行った。さらに，再選をめざして臨んだ2004年の総統選挙の前後から，「台湾独立」路線を強く打ち出すようになった。

2004年の総統選挙において，国民党陣営では，2000年総統選を争った連戦（国民党主席）と宋楚瑜（親民党主席）が正副総統候補としてペアを組み，民進党陣営の陳水扁と呂秀蓮のペアに挑んだ。大接戦の末，得票率にしてわずか0.2ポイントという僅差で陳水扁が総統再選を果たした。

このことは，中国共産党政府に大きな衝撃を与えた。胡錦濤政権は，2005年3月，「反国家分裂法」を制定し，台湾独立に対して非平和的手段を含む断固たる措置をとることを合法化した。同時に胡錦濤政権は，当時，野党であった国民党との対話を開始し，硬軟織り交ぜたかたちで台湾に対する圧力をかけた。国民党の側にも，陳水扁政権が台湾の「パン」と「繁栄」を危険にさらすことに懸念を抱く人々の支持をとりつけるうえで，中国との関係改善のためのパイプを独占的に確保することにはメリットがあった。陳水扁政権という共通の敵の出現が，中国大陸における国共内戦以来の宿敵同士の和解を後押しすることとなったのである。

2005年4月には，連戦の「平和の旅」と称する中国訪問が実現し，歴史的な「国共和解」が成立した。これ以後，中国共産党と野党であった国民党との政党間対話の枠組みである「国共プラットフォーム」が，両会間の準公式ルートに代わって中台間の主要な交流チャネルとして機能するようになり，中国は，この枠組みを通じて，台湾住民への直接的な働きかけを行うよ

うになっていく[8]。具体的には，中国側は，国民党をパートナーとして，政権与党であった民進党の頭越しに，台湾産農産物や工業製品の買い付け，農業協力，中国大陸における台湾系企業の権益保護などを次々と発表し，台湾の世論への積極的なアピールを行った。2007年10月の中国共産党第17回党大会において，胡錦濤は，中国の対外政策の基本路線として「平和的発展」路線を掲げ，さらに台湾に対しても同路線にしたがって関係を構築していくという新たな立場を示した。

第二期陳水扁政権は，政治基盤の脆弱さゆえに，いっそう急進的な路線へと歩みを進めることになった。2006年には，新憲法の制定への意欲や国家統一委員会および国家統一綱領の廃止の可能性について言及し，2007年には台湾名義の国連加盟運動を発動した。しかし，二期目の陳政権では，陳水扁の親族や側近の金権スキャンダルなどが次々と露呈し，支持率は急速に低下した。

このように陳水扁政権期，とりわけ第二期目の中台関係は低迷した。李登輝政権末期に途絶した両会を通じた両岸間の準公式対話は，陳政権のあいだ，一度も開催されることはなかった。その一方で，この時期には，中国経済が急速な成長を遂げ，台湾企業の対中投資と両岸貿易も拡大し，中台間の経済的な結びつきはさらに緊密化した。

図序-2，図序-3には，台湾の対外投資の対中依存度，貿易面での対中依存度の推移を掲げた。中国との政治的関係が冷え込んでいた2000年代前半に，台湾と中国のあいだの投資・貿易関係が急速に拡大し，その対中経済依存度が高まった様子がみてとれる。さらに，2000年代を通じて進んだ中国経済の急成長も，中国と台湾の関係を変えていくこととなった。2000～2008年のあいだに，中国と台湾の名目GDPの比率は3.7：1から11：1へと拡大

---

8) 共産党と国民党の政党間対話・交流の枠組みである「国共プラットフォーム」には，国共両党のトップ会談の枠組みをはじめ，「両岸経済貿易文化フォーラム」や「海峡フォーラム」等の定期的な大型会合が含まれる。これらのフォーラムは両岸の政界，財界関係者らの交流の舞台となった。

序章　中台関係のダイナミズムと台湾の政治経済変動　13

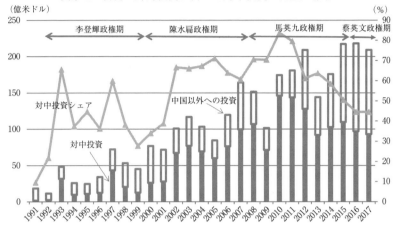

図序-2　台湾の対外投資に占める対中投資の比重の推移

(出所) 経済部投資審議委員会「核准僑外投資，陸資來臺投資，國外投資，對中國大陸投資統計月報」より作成。
(注) 対中投資の認可額は，補充登記によるものを含む。

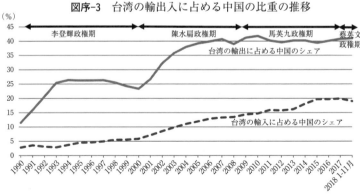

図序-3　台湾の輸出入に占める中国の比重の推移

(出所)「両岸経済統計月報」(行政院大陸委員会ウェブサイトよりダウンロード) 各月号より作成。
(注) 対中輸出入額は中国向け・香港向けの合計。2000年前後では推計手法が異なる。

した[9]。このような 21 世紀初頭における中国の経済面での大国化は,両岸関係の力学と台湾社会の対中認識を変えていくことになった。

(4) 馬英九政権期（2008〜2016 年）——中台関係の急速な改善と挫折——

2008 年の総統選挙では,国民党の総統・副総統候補である馬英九・蕭萬長ペアが,総統選挙史上最高となる 59% の得票率で勝利をおさめた。同年 5 月の総統就任式において,馬英九は「新三不政策」（統一せず,独立せず,武力行使せず）を掲げた。また,「92 年コンセンサス」に基づいて,中台交流を再開することを呼びかけた。「92 年コンセンサス」とは,1992 年に中台の窓口機関のあいだで交したとされる「一つの中国」をめぐる双方の解釈上の「コンセンサス」である（竹内 2017; 小笠原 2018; 本書第 1 章）。中国側はこれを「一つの中国原則を口頭で確認した合意」とし,国民党はその内容を「一つの中国の内容については（中台の）それぞれが述べる（中国語：一個中国,各自表述）」ことで合意した,と説明している[10]。胡錦濤政権と馬英九政権は,この定義が曖昧な玉虫色の「92 年コンセンサス」を対話の基礎とすることで,中台関係の改善に乗り出したのであった。

2005 年以来の「国共プラットフォーム」の成果もあり,国民党の政権復帰とともに,両岸関係は急速に改善した。6 月には,陳雲林・海峡両岸関係協会会長と江丙坤・海峡交流基金会理事長のトップ会談が開かれ,10 年ぶりに両会の協議が再開された。これ以後,2015 年 8 月までに両会間のトップ協議が 11 回行われ,23 の両岸協定が締結された。また中国は,種々の経済的優遇策の供与や経済交流の拡大を通じて,台湾の人々に中国の経済的魅力を実感させ,対中感情の改善と,共産党のパートナーとなった国民党への

---

9) 2000 年には台湾の 1 人当たり名目 GDP（14,188 米ドル）は中国（855 米ドル）の 15 倍であったが,2008 年にはそれぞれ 17,480 米ドルと 3,403 米ドルとなり,その差は 5 倍にまで縮まった。
10)「92 年コンセンサス」という言葉は,李登輝政権の大陸委員会主任委員であった蘇起が,陳水扁政権に向けて提起したものである（蘇起 2014, 150-154）。しかし,結果的にこれは,中国と国民党の対話の出発点として大きな意味をもつこととなった。

図序-4 中台間の人的往来の推移
（出所）「両岸経済統計月報」各月号より作成。

支持拡大をはかる施策を次々と打ち出した。これらの施策は「利益を譲り，台湾に恩恵を与える政策」（中国語：譲利恵台政策）とよばれる。具体的には，観光客の送り出しの開始，中台間の自由貿易協定に相当する「両岸経済協力枠組協定」（Economic Cooperation Framework Agreement: ECFA）の締結とアーリーハーベストの実施（2010年），余剰農産物や工業製品の買い付け団の派遣等が矢継ぎ早に実行に移された。

馬英九政権期に進んだ対中関係改善の特徴は，それまで台湾から中国への一方通行に近い状態であった人と資本の流れが，「双方向化」したことにある（川上 2016）。具体的には，中国人団体観光客および個人観光客の来台の開始（2008年以降），中国資本による台湾への投資の規制の大幅緩和（2009年），中国人の台湾留学の解禁（2010年）等が実現し，中国から台湾への人，資金の流れが増大した。2009年以降，両岸直行便の定期便化が実現したことも，人的往来の活発化を引き起こした。**図序-4**からは，2008年の馬英九政権発足後に実現した中国からの台湾観光の解禁を機に，人的往来の双方向化が進んだ様子がみてとれる。

馬英九は，再選をかけて戦った2012年の総統選挙において，中国との関

係の維持・発展とこれを通じた経済成長の実現を訴え，民進党の蔡英文候補を破って再選を果たした。この選挙戦で馬英九陣営は「92年コンセンサス」のもつ効用を説き，支持を獲得することに成功した（小笠原2012）。台湾の有権者は，台湾の主体性の維持を大前提としつつも，中国の経済的な重要性が著しく高まっている現実をふまえて，安定した中台関係の維持・発展がもたらす実利を重視する選択をしたのである。

　また，馬英九政権の第一期に中国と台湾の経済交流が一定の成果をあげたことにより，中国側は経済分野に限られてきた中台対話の議題を政治分野にまで拡大させようとする姿勢を鮮明にした。このような中国側の政治的対話の呼びかけの裏には，将来の中台間の平和協議や平和協定の実現などが視野に入れられていた（松本2014）。

　しかし，2014年春に勃発した「ひまわり学生運動」を機に，対中経済交流をめぐる台湾社会の世論は大きく変化した[11]。同年3月，立法院の委員会において「海峡両岸サービス貿易協定」をめぐる委員会審議での可決を国民党の立法委員が一方的に宣言し，行政院，国民党総統がこれを是認する声明を出した。これに憤慨した学生らが立法院に突入し，本会議場を24日間にわたって占拠した。この間，多数の若者と幅広い年齢層の市民が座り込みやデモ等に参加して，立法院を占拠する学生たちへの支持と連帯を表明した。学生らがその強烈な行動を通じて表出させた「中国に呑み込まれたくない」という台湾人の感情（小笠原2014, 51）は，瞬く間に広範な市民へと伝播していったのである。この運動は最終的に，国民党政権側が，学生らが求める「両岸協議監督条例」が法制化されるまで両岸サービス貿易協定の審議は行わないとする譲歩を示し，学生たちの側が一定の成果を挙げて終結した。

　呉介民が指摘するように，「ひまわり学生運動」発生以前の台湾では，急速な両岸経済関係の緊密化を通じて，中国の影響力が台湾の経済・政治・社

---

11)「ひまわり学生運動」の詳細な経緯については，竹内（2014）を参照。

会の各領域に深く浸透するようになっていることに対する無力感が広がっていた。「ひまわり学生運動」の発生は，この状態を打破して社会全体を「アクティベート」するという劇的な効果をもった（呉・平井訳2015）。「ひまわり学生運動」の背景には，国民党の政治手法の不透明さへの不満，中国との経済一体化への反発，経済グローバル化への危機感といったさまざまな要因がある。加えて，この運動の過程を通じて，対中経済交流の果実が少数の特権的な政治・経済集団（中国語：両岸権貴）に独占されており，台湾内の格差拡大を引き起こしている，という認識が広く社会的に共有されるに至った。こうして，台湾の対中交流をめぐる民意は大きく変わることとなった。

国民党は，2014年11月の統一地方選挙において惨敗し，2016年1月の総統選挙・立法委員選挙においても歴史的な敗北を喫した。他方，民進党は，史上3度目となる政権交代を実現したのみならず，立法院でも過半数の議席を獲得し，初めて強固な政治的基盤を掌握することになった。2005年の「国共和解」を機に始まり，馬英九政権期に急速に進展した両岸関係の改善は，こうして頓挫し，国民党から民進党への政権交代が起こって今日に至っている。

(5) 民進党の蔡英文政権の誕生（2016年〜現在）――中台関係の停滞――

2016年1月の総統選挙では，民進党の正副総統候補である蔡英文・陳建仁のペアが過半数の得票（得票率56%）を獲得し，8年ぶりに民進党政権が誕生した。同日に行われた記者会見で，蔡英文は中台関係に関して「海峡両岸の平和的な現状の維持を確保する」として，「現状維持」を基本方針とすることを掲げたうえで，「受け入れ可能な相互交流の道を追求する」という立場を表明した。これに関しては，2016年5月20日の総統就任演説でも示されたとおり，蔡英文は「現状維持」を両岸関係の基本方針としつつ，「92年コンセンサス」の合意に懐疑的な立場にある。そのため，蔡は「92年コンセンサス」という言葉を用いることを敢えて避け，「92年の会談において合意がなされたという歴史的事実を尊重する」という立場をとった。

蔡による同演説に対して，中国の国務院台湾事務弁公室は，蔡英文政権の対中姿勢が「書き終わっていない未完成の答案」であるとして不満を表明した。中国側は，「中台間の対話は『『92年コンセンサス』という，『一つの中国』の原則を体現する共通の政治的基礎を堅持してこそ継続できる」として，同コンセンサスの受け入れを台湾側に強く求めてきたが，蔡英文政権が曖昧な態度をとり続けたことから，中国側は，中台間の直接対話を停止させた。これにより，馬英九前政権下で行われてきた両岸の準公式関係は再び途絶え，事実上の凍結状態におかれている。

　その一方で，蔡英文政権成立以降，中国側は台湾人の取り込み政策を積極的に行っている。たとえば，2018年2月末には中国政府が中国大陸でビジネスを行う台湾企業や台湾人の就学・就業者向けの31項目の台湾優遇措置を発表した。台湾企業向けの12項目には，中国の企業と同等の待遇を与えることが明記され，税制面での優遇措置や，従来は制限されていた国家プロジェクトのもとでのインフラ整備などへの参入を認める方針が示された。また，台湾人就労者向けの19項目では，医療，教育，文化・映像産業，芸術といったさまざまな分野の高度な専門職の人材を幅広く受け入れるとして，大陸での就業や起業，就学などのための生活面において，中国人と同等の扱いを認める方針も示された。さらに，2018年9月1日，中国政府は台湾人への「居住証」の申請の受付と発給を開始した。これにより，中国大陸で生活する台湾人が，就業，教育，医療，社会保険や金融などの面で中国人と同等の公共サービスが受けられることになった。このような台湾人に対する優遇措置には，若年層を中心に，高度な専門職人材などを取り込み，台湾の「空洞化」をはかり，弱体化を進め，統一を促進しようといったねらいがあるとみられる[12]。

---

[12] 台湾を国際的に孤立させるための中国の外交攻勢も強まっている。蔡英文政権の発足以来，中国は，西アフリカや中米5カ国（2016年12月サントメ・プリンシペ，2017年6月パナマ，2018年5月ドミニカ共和国，ブルキナファソ，2018年8月エルサルバドル）と新たに国交を結び，台湾はこれらの国々との断交へ追い込まれ，台湾と国交のある国は

以上のように，馬英九政権を経て，民進党の蔡英文政権が誕生した後，中台実務協議が停滞期に入るなかで，目下のところ，中国側は，蔡英文政権の頭越しに台湾の企業，個人の取り込み政策などを行うことを通じて，海峡両岸の「現状維持」の突き崩しをはかろうとしている。なお，2018年11月に行われた統一地方選挙では民進党が大敗し，国民党が勢力回復を遂げた。蔡英文政権は成立から2年半にして厳しい政権運営を強いられている。

第2節　馬英九政権期を論じることの意義

2-1　馬英九政権期の特徴

　以上で概観してきたように，1980年代半ば以来の台湾の政治・経済の構造変動は，対中関係の動きとの密接な関わりのなかで展開してきた。とりわけ馬英九政権期の8年は，台湾が中国との関係において直面するディレンマが先鋭化し，台湾社会が「パンと愛情」，「自立と繁栄」のあいだで大きく揺れ動いた時期でもあった。

　2008年，2012年の総統選挙における馬英九の勝利の背後には，急速な経済成長を遂げ，台湾の産業・企業に不可欠な生産拠点，さらには広大な市場へと発展した中国との関係改善を望む台湾社会の現実的な選択があった。しかし，2014年の「ひまわり学生運動」の発生を機に世論の流れは大きく変わった。中国との経済統合への懸念が強まり，対中経済交流から得られる利益が一部の特権層によって占有されているという批判が高まり，2014年の統一地方選挙，2016年の総統選挙における国民党の敗北へとつながっていった。

　このような新たな民意の高まりの背後には，台湾社会に定着してすでに久しい，台湾を中国とは異なる政治体制と価値観をもつ独自の社会としてとら

17カ国となった（2019年1月現在）。

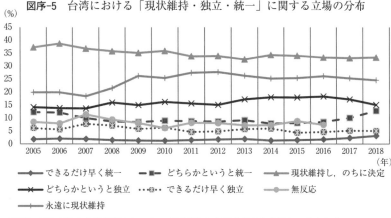

図序-5 台湾における「現状維持・独立・統一」に関する立場の分布

(出所)国立政治大学選挙研究センター「重要な政治態度分布趨勢図」により作成。

え,その主体性を強く求める意識の高まりに加えて,中国との経済交流の深化が引き起こす台湾内部の格差の広がり,台湾の民主主義への負の影響への懸念の高まりといった,台湾社会の意識の変化があった。馬英九政権の8年間には,対中関係をめぐって,振り子のように揺れる台湾社会の姿が凝縮されている。

図序-5には,台湾の国立政治大学が実施してきた,台湾の将来に関する世論調査の結果を示した。そこから読みとれる基調としては,「現状を維持し,のちに決定」「永遠に現状維持」からなる「現状維持」支持者が大多数を占める一方,馬英九政権期に入ってから「どちらかというと独立」支持者が徐々に増加していること,同時に「できるだけ早く独立」支持者が微減していること,がみてとれる。台湾の大多数の人々が,「現状維持」を望んでいること,だが,その民意には時期によって微妙な揺らぎがあることがわかる[13]。

本書では,以上のような馬英九政権期の特徴をふまえて,この時期に,台

---

13) 一方で,蔡英文政権期に入ってから「どちらかというと統一」が微増傾向にある。図序-1でも「台湾人・中国人どちらでもある」が微増傾向にある。この興味深い変化の背景の分析は今後の課題である。

湾が中国との関係において直面することとなったディレンマの中身に着目する。また，馬英九政権期における中台関係の展開が台湾の政治・経済に及ぼしたインパクトについて，台湾の側の反応を主軸として分析を行う。

2-2　先行研究の視点

　馬英九政権期の台湾および中台関係については，以下のような先行研究がある。まず，本書ともっとも近い問題関心から編まれた編著に松田・清水編著（2018）がある。馬英九政権の8年を考察した9篇の論考からなる研究成果であり，「中華民国台湾化」の道のりとそのなかでの国民再編，国家再編のプロセスとのかかわり（若林論文），馬英九の支持率の推移と中台関係の展開（小笠原論文），同政権の対中経済戦略（伊藤論文）や大陸政策決定過程（黄論文）等が論じられている。馬英九政権期の台湾の政治・経済の変動を，中国との関係に着目して考察するそのアプローチは，本書の問題意識と重なるところが多い。また，2012年の馬英九再選を受けて出版された小笠原・佐藤編（2012）では，馬英九政権第一期の中台関係の進展とこれが台湾の内政に与えた影響を考察している。蘇・童主編（2013）も，馬英九政権第一期の中台関係について論じている。

　馬英九政権期に進んだ対中交流の深まりが台湾社会に及ぼす影響については，本書第1章，第2章でもふれる呉介民による一連の研究が重要な分析枠組みを提示している（Wu 2016; 呉 2017）。呉・蔡・鄭主編（2017）は，マスメディア，文化交流，観光といった多様な側面から，台湾社会への中国の政治的影響力の浸透の現状とその背後にあるメカニズムを論じた論考集である。Schubert ed.（2016）に収められている論考の多くも，馬英九政権下で進んだ中国との関係の深まりが台湾に与えたインパクトを，政治面，社会面，安全保障面から考察している。

　馬英九政権期の台湾問題および中台関係を，国際関係の文脈から分析した研究としては，以下のようなものが挙げられる。Bush（2013）は，馬英九政権の一期目における中台関係をはじめ，米中，米台関係などの展開に

ついて，歴史的背景をふまえつつ，将来展望についても論じている。Hu ed. (2013) には，中台関係の改善に焦点を当て，ECFA の締結の台湾政治への効果，中国の対台湾政策の変化，両岸の社会交流の進展を扱った論文が収録されている。Sutter (2010) や Tucker (2009) は，国共接近から馬英九政権期の時期の台湾の内政，外交，安全保障などを含む政治的側面から米中関係，米台関係，中台関係などについて分析を行っている。また，安田・門間編 (2016) は，台湾をめぐる外交・安全保障問題について多角的な分析を行っている。

このように，馬英九政権期の台湾については，少なからぬ数の研究が存在し，実証的な知見が積み重ねられてきた。他方で，中台関係の特質に照らすならば，十分な光が当てられてこなかった重要な側面もまた残されている。次にこの点について論じ，本書の視点を示す。

2-3 本書の視点

本書では，上述したような既存の研究と同様に，馬英九政権期の中台関係の展開と台湾の政治・経済の構造変動を分析対象とする。これに加えて本書では，先行研究には組み込まれてこなかった以下のような視点を導入することにより，中台関係のダイナミクスと台湾の政治経済変動の相互作用についての新たな知見を見出すことをめざす。

第1に，本書では，「政治と経済の交差」や「政治と国際関係の交差」といった，中台関係と台湾の構造変動，および台湾が直面する「繁栄と自立のディレンマ」を考えるうえで重要でありながら，先行研究では十分に注目されてこなかった領域間の交差に光を当てる。馬英九政権期に中国が推進した経済利益の供与を通じた台湾の政治的取り込み策のポリティカル・エコノミー，中国の政治アクターと台湾の政治アクター，経済アクターのあいだで形成されたクライアンテリズムのネットワークといった現象は，政治現象と経済現象の重なり合う領域を分析することなくして解き明かせない。しかし，多くのアジア地域研究の成果がそうであるように，従来の台湾研究で

は，分析対象となる事象を「経済」「政治」「社会」の3分野のいずれかに区分して考察を行う傾向があった[14]。上述の先行研究も，政治と経済，内政と対外関係の交差を扱っているものの，両者の相互作用に正面から光を当てるには至っていない。しかし，中台関係の進展と台湾の政治・経済構造の変動，そして台湾が直面するディレンマは，まさしく複数の領域が交差するところで起きている。

　このような問題意識から，本書ではまず，政治と経済の交差する領域および政治アクターと経済アクターの相互作用に着目して，台湾海峡の両岸にまたがるクライアンテリズムと，これを通じた中国の政治アクターによる台湾への経済利益の供与を通じた政治的取り込み策を分析する（第1・2章）。また，台湾の若者による中国大陸における経済機会の探求と，台湾への帰属意識との関わりという，個人レベルにおける経済機会と政治意識の交差にも光を当てる（第5章）。

　本書ではまた，「政治と国際関係の相互作用」に着目して，台湾政治とその対外関係の交差にも注目する（第3章）。台湾にとって，中国との関係改善は，自らの国際的地位の向上や，台湾をめぐる安全保障上の問題などと直接的に連動している。そのため，台湾は，中国からの自立と，国際社会におけるプレゼンスの拡大という2つの目標を両立しえないことへのディレンマに直面してきた。第3章では，中台関係の緊密化によって浮上した，中国と台湾のあいだの平和協議に焦点を当て，台湾海峡の「現状維持」をめぐる問題について論じる。中台関係の改善によって，軍事衝突の危険性は低減したものの，新たな安全保障問題に直面することになった台湾の状況について，国際関係の文脈から分析を行う。

　加えて本書では，中台関係を取り巻くよりグローバルな文脈にも目を向ける（第3・4章）。中台関係に関する先行研究の多くでは，中台関係の展開を

14）アジア経済研究所が2000年代後半に行った台湾研究に関する共同研究の成果（佐藤編2008; 若林編2010; 沼崎・佐藤編2012）も，このような領域区分をふまえたものであった。

詳細に分析しているが，この二者間関係の特質を理解するうえでは，中台関係を，これを取り巻く国際関係のなかに位置づけることが不可欠である。第4章では，台湾の対中投資の拡大を，この時期の台湾経済のグローバル化の趨勢の一環としてとらえ，対中投資と対アジア投資がもたらす台湾内の生産高や雇用への影響を比較する。これにより，台湾の対外投資の圧倒的シェアを占める対中投資が台湾経済に与える影響を，相対化してとらえることが可能になる。

　馬英九政権期の中台関係の新展開は，台湾の政治や経済にいかなるインパクトを及ぼしたのか。この展開に対する台湾社会の側からの反応は，中台関係にいかなる変化を引き起こしたのか。中台間で進む経済交流，社会交流は，どの程度，この両者間関係に固有なものであり，かつ，どの程度，台湾の経済社会のグローバル化というより一般的な潮流を反映したものなのか。

　本書に収録した5篇の論考では，中台関係と台湾の政治・経済変動のあいだで働くダイナミクスを，本節で導入した視点──「政治と経済の交差」や「政治と国際関係の相互作用」，さらには中台関係をとりまくグローバルな文脈への着目──などに沿って分析していく。

第3節　本書の構成

　本書は，序章に加え，5章から構成される。第1章と第2章では，2005年の国共和解によって始まり，2008年の馬英九政権の成立によって本格化した国民党と共産党のアライアンスと，これを通じた中国の台湾に対する影響力行使を分析する。両章が共通して着目するのが，胡錦濤政権期に始まった「恵台政策」（中国語：譲利恵台政策）──台湾の人々の中国に対する好感度を高め，国民党への政治的支持を取り付けることをねらって推進された経済的利益の供与策──である。

　第1章「『両岸三党』政治とクライアンテリズム──中国の影響力メカニ

ズムの比較政治学的分析——」では，中国による恵台政策を通じた影響力行使のメカニズムを，共産党と国民党を「パトロン」とし，台湾のさまざまなセクターやグループを「クライアント」とする「両岸クライアンテリズム」という視点からとらえる。この章では，とくに「台商」をクライアントとした台湾社会への影響力行使に焦点を当て，「両岸クライアンテリズム」の特徴を分析し，中国の選挙介入とされる2つの事例を考察する。パトロンとしての国共両党の一体性の欠如，クライアントへの利益分配やその行動を監視することの難しさ，クライアントの機会主義的行動，といったクライアンテリズムに内在する問題が，パトロンである共産党と国民党の目的の達成を困難にした可能性を論じる。

第2章「『恵台政策』のポリティカル・エコノミー」では，中国による「ビジネスをもって政治を囲い，経済をもって統一を促す」戦略のなかから，2005年以降，台湾を舞台として行われた恵台政策に焦点を当てる。この時期に行われた恵台政策は，「ひまわり学生運動」の発生や2016年の総統選挙・立法委員選挙の結果にみるように，結果的に不成功に終わった。この章では，台湾産の農水産物の買い付けと，中国人観光客の送り出しという2つの事例を取り上げ，これらの政策が中国の意図した効果を十分に生まなかった背景を探り，利益供与のチャネルとなった「海峡を越えた利益供与ネットワーク」に内在した問題が，恵台政策の効果を制約し，希釈する結果となったことを示す。

第3章「馬英九政権期における中台関係の緊密化と台湾の安全保障——平和協議と台湾海峡の『現状維持』をめぐる問題——」では，中台関係の改善によって生じた台湾をめぐる政治的問題について，台湾をめぐる国際環境の変化などについて多角的側面から分析を行う。この章では，馬英九政権期における中台関係の緊密化により浮上した平和協議の可能性に焦点を当て，その歴史的経緯を振り返りつつ，中台双方の立場や意図について分析を行う。とりわけ，中台関係の改善によって，軍事衝突が発生する危険性は低減したものの，中国側が統一攻勢を強めた結果，台湾海峡の「現状維持」に変化が

もたらされる可能性が生じたことについて，欧米の専門家や実務家の分析などをふまえつつ実証的に論じる。そのうえで，中国と台湾の軍事バランスの問題や，台湾とアメリカとの関係性の変化，台湾の地理上の戦略的重要性などの視点からも分析を行う。

第4章と第5章は，中台間のいわば「吸引力」となってきた経済的側面に光を当てる。第4章「馬英九政権期における台湾経済のグローバル化の特徴と影響——陳水扁政権期との比較分析を通じて——」では，中台経済関係の展開を台湾経済のグローバル化の趨勢というより広い文脈のなかに位置づけ，陳水扁政権期との比較を通じて，馬英九政権期の特徴を探る。具体的には，台湾の対中輸出競争力，対外投資が台湾の生産高や雇用に及ぼした影響を分析する。本章の分析からは，台湾が半導体をはじめとする基幹セクターでは馬英九政権期にも高い対中輸出競争力を維持していたこと，業種にかかわらず対中投資は一貫して国内生産・雇用とのあいだに正の相関関係をもつこと，この傾向は対アジア投資とも共通していることなどが明らかになる。

第5章「台湾の若者の職業選択と中台関係——若者は高給を求めて中国に向かうのか——」では，台湾の若者の，中国大陸をはじめとする海外における就業に対する考え方に焦点を当てる。まず，台湾の人々が「中国との統一か，独立か」という選択をめぐって，成長する中国経済のもつ誘引力と台湾人アイデンティティのあいだの葛藤という問題を抱えている状況を明らかにする。そのうえで，台湾の若者のアイデンティティ，賃金，中国への移動をめぐる全般的状況について分析する。さらに，台湾の大学生・大学院生との対話を通じて，台湾の学生の多くは台湾での就業を望んでいること，中国は外国のひとつとみなされ，かつ働く場所として他国よりも優先的には選ばれていないことを示す。同時に台湾の賃金の低迷と中国の賃金の上昇が続くならば，台湾から中国への若者の大規模な移動が生じる可能性は排除できないと指摘する。

〔参考文献〕

〈日本語文献〉
アジア経済研究所（編・発行）『アジア動向年報』各年版.
伊藤信悟 2011.「中国の経済大国化と中台関係の行方」独立行政法人経済産業研究所　RIETI Discussion Paper Series 11-J-003.
小笠原欣幸 2010.「中国の対台湾政策の展開——江沢民から胡錦濤へ」天児慧・三船恵美編著『膨張する中国の対外関係——パクス・シニカと周辺国』勁草書房.
───── 2012.「選挙のプロセスと勝敗を決めた要因」小笠原欣幸・佐藤幸人編『馬英九再選——2012年台湾総統選挙の結果とその影響』アジア経済研究所.
───── 2014.「中国と向き合う台湾——激変する力関係の中で」『ワセダアジアレビュー』(16): 47-52.
───── 2018.「馬英九政権の8年を回顧する」松田康博・清水麗編『現代台湾の政治経済と中台関係』晃洋書房.
小笠原欣幸・佐藤幸人編 2012.『馬英九再選——2012年台湾総統選挙の結果とその影響』アジア経済研究所.
川上桃子 2016.「馬英九政権期の中台経済関係の変容と『中国ファクター』」『問題と研究』45(3): 33-59.
呉介民・平井新訳 2015.「『太陽花運動』への道——台湾市民社会の中国要因に対する抵抗」『日本台湾学会報』(17): 1-37.
佐藤幸人編 2008.『台湾の企業と産業』アジア経済研究所.
竹内孝之 2014.「学生による立法院占拠事件と両岸サービス貿易協定（前編）」海外研究員レポート（http://www.ide.go.jp/library/Japanese/Publish/Download/Overseas_report/pdf/1404_takeuchi.pdf, 最終閲覧日：2018年11月1日）.
───── 2017.「『1992年コンセンサス』の有用性と限界——台湾の地位と中台関係の定義をめぐる攻防」川上桃子・松本はる香編『馬英九政権期の中台関係と台湾の政治経済変動』アジア経済研究所調査研究報告書.
沼崎一郎・佐藤幸人編 2012.『交錯する台湾社会』アジア経済研究所.
松田康博 1996.「中国の対台湾政策——一九七九～一九八七年」日本国際政治学会編『国際政治』(112): 123-138.
───── 2010.「改善の『機会』は存在したか？——中台対立の構造変化」若林正丈編『ポスト民主化期の台湾政治——陳水扁政権の8年』アジア経済研究所.
松田康博・清水麗編 2018.『現代台湾の政治経済と中台関係』晃洋書房.

―――― 2018.「台湾の抱える『繁栄と自立のディレンマ』に答えはあるか?」松田康博・清水麗編『現代台湾の政治経済と中台関係』晃洋書房.
松本はる香 2014.「両岸関係の進展の光と影――平和協定をめぐる中国と台湾の攻防」馬場毅・謝政諭編『民主と両岸関係についての東アジアの視点』東方書店.
安田淳・門間理良編 2016.『台湾をめぐる安全保障』慶應義塾大学出版会.
劉文甫 2010.「対中経済関係と今後の展望――対中貿易と投資を中心に」渡辺利夫・朝元照雄編著『台湾経済読本』勁草書房.
若林正丈 1992.『台湾――分裂国家と民主化』東京大学出版会.
―――― 2008.『台湾の政治――中華民国台湾化の戦後史』東京大学出版会.
――――編 2010.『ポスト民主化期の台湾政治――陳水扁政権の 8 年』アジア経済研究所.
―――― 2018.「馬英九政権 8 年の位置――中華民国台湾化における国家再編・国民再編の跛行性」松田康博・清水麗編『現代台湾の政治経済と中台関係』晃洋書房.

〈中国語文献〉
蘇起 2014.『兩岸波濤二十年紀實』台北市 , 遠見天下文化.
蘇起・童振源主編 2013.『兩岸關係的機遇與挑戰』台北市 , 五南出版.
吳介民 2017.「中國因素作用力與反作用力」吳介民・蔡宏政・鄭祖邦主編『吊燈裡的巨蟒:中國因素作用力與反作用力』新北市 , 左岸文化(出版), 遠足文化(發行).
吳介民・蔡宏政・鄭祖邦主編 2017.『吊燈裡的巨蟒:中國因素作用力與反作用力』新北市 , 左岸文化(出版), 遠足文化(發行).
吳乃德 2005.「麵包與愛情――初探台灣民眾民族認同變動」『台灣政治學刊』9 (2):5-39.

〈英語文献〉
Bush, Richard C. 2013. *Uncharted Strait: The Future of China-Taiwan Relations*. Washington, D.C.: Brookings Institution Press.
Fei, John C. H., Gustav Ranis and Shirley W. Y. Kuo 1979. *Growth with Equity: The Taiwan Case*. Published for the World Bank, New York: Oxford University Press.
Hu, Weixing ed. 2013. *New Dynamics in Cross-Taiwan Strait Relations: How Far Can the Reapprochement Go?* London and New York: Routledge.
Schubert Gunter ed. 2016. *Taiwan and the "China Impact": Challenges and Opportunities*. London and New York: Routledge.

Sutter, Robert 2010. *Chinese Foreign Relations: Power and Policy Since the Cold War.* Lanham, Maryland: Rowman & Littlefield Publishers, Inc.

Tucker, Nancy B. 2009. *Strait Talk: United States- Taiwan Relations and the Crisis with China.* Cambridge: Harvard University Press.

Wu, Jieh-Min 2016. "The China Factor in Taiwan: Impact and Response" In *Routledge Handbook of Contemporary Taiwan*, edited by Gunter Schubert. London and New York: Routledge.

第 1 章

「両岸三党」政治とクライアンテリズム
―― 中国の影響力メカニズムの比較政治学的分析 ――

松 本 充 豊

はじめに

　馬英九政権期（2008～2016年）の台湾では，台湾政治への中国――すなわち中国共産党（共産党）の介入が拡大し，その影響力行使のあり方も大きく変化した。本章は，そうした中国の台湾に対する影響力行使のメカニズムを，クライアンテリズムの視点から考察するものである。
　中国は，台湾を自国の不可分の領土であると主張し，その統一を目指してきた。1990年代初頭以降，中国の台湾に対する影響力は強まる方向にあった。しかし，威嚇や圧力などの軍事的な手段による影響力の行使は，台湾の独立を防ぐことはできたものの，住民の反中感情を刺激し，かえって台湾を中国から遠ざけていた[1]。2000年には台湾で史上初の政権交代が起こり，共産党が「台独」（台湾独立）勢力とみなす民主進歩党（民進党）の陳水扁政権が誕生した。2004年の総統選挙では陳水扁が再選を果たし，「台独」政権の長期化が現実のものとなった。
　民進党政権の長期化という事態は，中国の影響力行使のあり方を大きく変

---

1) 耿曙（2009）は，江沢民政権が台湾に威圧的な影響力行使を行っていた時期には，台湾では「統一拒否」の世論が大多数を占め，その割合が拡大したと指摘している（耿曙 2009, 8-10）。

えた。2000年代には，台湾経済の対中依存度が著しく高まっており，中台間に非対称な経済関係が生まれていた（呉介民 2016, 40-44）。そこで，胡錦濤政権は，経済的な手段によって台湾の幅広い住民に直接働きかけることで，台湾の統一に向けて有利な状況をつくりだそうとした。その具体的な実践といえるのが，「利益を譲り，台湾に恩恵を与える政策」（中国語：譲利惠台政策），いわゆる「恵台政策」である（本書第2章，耿曙 2009, 10-12）。恵台政策の本質は中国による台湾への利益誘導である。

台湾での馬英九政権の誕生を受けて，胡錦濤政権が恵台政策を本格化させると，中国による台湾への影響力行使のチャネルは多様化した。台湾を舞台に幅広い住民を対象とした働きかけが行われ，中国の影響力が台湾社会に広く浸透するようになった。そして，中国で行われていた「台商」（台湾企業とその経営者・幹部）への働きかけにおいても，新たな展開がみられた。本章では，そうした中国による台商への働きかけに焦点を当て，馬英九政権期の台湾における中国の影響力行使の特徴と効果について検討する。

本章の構成は，以下のとおりである。第1節では，中国の影響力行使をめぐる議論をふまえて，中国の影響力メカニズムの包括的な分析枠組みとしてクライアンテリズム論を導入する。第2節では，中国の影響力メカニズムを「両岸」という準国家的領域で形成された「両岸クライアンテリズム」という視点からとらえて，共産党と中国国民党（国民党）で構成されるパトロンの一体性について分析する。第3節では，台商への利益分配について考察する。第4節では，台商に対する監視メカニズムの特徴を明らかにし，中国による影響力行使の可能性と限界について検討する。第5節は，台湾で行われた2012年の総統選挙と2014年の統一地方選挙という2つの事例を取り上げ，中国の影響力行使と台湾の選挙との関係を検証する。最後に，本章での分析を総括する。

第1節　分析枠組み

1-1　先行研究の検討

　巨大な経済力を活かした中国の対外政策は，さまざまなかたちで国際社会の注目を集めている。諸外国に対する中国による影響力の行使については，Norris（2016）が，経済的な手段によって外交的目的を達成しようとする「経済国策」（economic statecraft）の視点から分析している。最近では，拡大する中国の影響力を権威主義大国による「シャープパワー」（sharp power）の一例ととらえて，民主主義にとっての脅威であると警鐘を鳴らすWalker and Ludwig（2017）の研究もある。

　中国と台湾が事実上，別個の政治体として存在しているのが，国際社会の現実である。そのため，中台関係という研究テーマでは，それを準国際関係ととらえて，国際関係論や国際政治経済学の分析枠組みを用いた考察が行われるのが一般的となっている。中国の台湾に対する影響力の行使も，中国の対外政策の一環と位置づけることができる。中国国家による経済国策の一部ととらえて，経済力が効果的に使われる条件を分析したのが，前掲のNorris（2016）である。

　ノリスは，2005年から始まった中国の恵台政策が陳水扁と民進党の支持基盤の切り崩しに成功したことは，2008年の国民党の政権復帰につながった一因であったとして，胡錦濤政権による影響力の行使は江沢民政権のそれと比べて効果的だったと評価している（Norris 2016）。そして，影響力が効果的に行使された理由として，次の2つの点を指摘している。第1に，胡錦濤政権では国家の一体性が保たれたことである。江沢民政権では中央政府と地方政府の利害対立が起こり，国家内部の分裂が効果的な影響力の行使を妨げることになった。第2に，中国が行使する影響力の性格の変化である。江沢民政権の威圧的な影響力の行使から，胡錦濤政権では経済的な相互依存関係を強化して，台湾の利益の構造を変化させようとする経済的関

与[2]へと変わったという（Norris 2016, 131-162）。

　国家の一体性の有無，行使された影響力の性格の違いなど，中国の影響力が効果的に行使された理由を，ノリスはおもに中国側の要因から明らかにしている。しかし，中国の影響力が台湾で効果をあらわすメカニズムについては，必ずしも十分な考察がなされているわけではない。

　そうした台湾側のメカニズムを解明したのが，呉介民の一連の研究（呉介民 2012; 2016; 呉介民・平井新訳 2015）である。呉介民は，中国の台頭と中台間での「海峡を越えた政治・ビジネス関係ネットワーク」の形成が，台湾の民主主義にもたらす負の影響を「中国ファクター」とよんでいる。そして，「海峡を越えた政治・ビジネス関係ネットワーク」で形成された中国の影響力が，台湾の「現地協力者ネットワーク」を媒介として台湾社会に広く浸透していく複雑なメカニズム，すなわち「中国の影響力メカニズム」を明らかにした。呉介民は，中国の影響力が台湾で効果をあらわすための鍵となるのが，台湾における現地協力者という代理人の存在であることを指摘した（呉介民 2012; 2016; 呉介民・平井新訳 2015）。

　ノリスと呉介民の研究は，それぞれ中国の影響力メカニズムの重要な側面を明らかにしている。影響力が効果をあらわす条件について，ノリスの研究では中国側の要因，呉介民の研究では台湾側の要因の解明に力点がおかれており，両者の研究が補完関係にあることがわかる。

　そこからは，ひとつの課題が浮かび上がってくる。それは，包括的な分析枠組みを構築することの必要性である。中国の影響力メカニズムの全体像を理解するためには，両者の研究をふまえた，より包括的な分析枠組みが求められる。そして，もうひとつの課題として指摘しておきたいのは，分析枠組みに代理人問題の可能性を取り込むことの必要性である。ノリスは，中国側の中央政府とその代理人である地方政府の利害の不一致が，効果的な影響力

2）　Norris（2016）は interest transformation という用語を使用しているが，その意味するところは田所（2008）のいう「経済的関与」（後述）であることから，ここでは経済的関与という表現を用いている。

の行使を妨げたと指摘している。他方，呉介民の研究は，台湾の代理人という重要な視座を指摘しながらも，中国の利害と台湾における代理人の利害の自然な調和をなかば前提とした議論となっている。本人と代理人の利害が一致しない可能性を視野に入れることで，中国の影響力行使をめぐる政治をより深く洞察することができると考えられる。

本章では，上記の課題の克服をめざして，国内の利益誘導政治の分析枠組みとして知られるクライアンテリズム論を導入し，中国の影響力メカニズムの比較政治学的な分析を試みる。

1-2 クライアンテリズム論の適用可能性

中国の影響力メカニズムの分析に，クライアンテリズム論を適用できる条件は存在するのだろうか。馬英九政権期の中台関係が迎えた新たな局面と，経済的関与という中国による影響力行使のあり方という2つの条件から，適用は可能であると判断できる。

台湾で馬英九政権が誕生すると，中台関係は急速に改善へと向かい，「両岸関係の平和的発展」[3]とよばれる平和的で安定的な局面がうまれた。中台間では経済交流が拡大しただけでなく，ヒト・モノ・カネの流れが「双方向化」した（川上 2017, 49-51）。中台の政治アクターの往来も頻繁に行われるようになった。中国の国務院台湾事務弁公室（国台弁）の幹部が台湾の地方都市を訪れ，台湾からも党派を超えて政治家が中国を訪問した。民進党の有力政治家が国台弁のトップと会談することもあった。つまり，経済面だけでなく政治面でも，中台の「境界」（実質的な国境）の相対化が進んだといえる（松本 2017, 29）。それと並行して，中国の胡錦濤政権も恵台政策を本格化させていった。

このような中台関係の新たな局面は，中国と台湾を併せた「両岸」を準国

---

[3] 2005年4月，共産党総書記の胡錦濤が国民党主席の連戦との会談で提起した概念である（小笠原 2010, 207）。

家的な領域とみなすことを可能にしている。中国による恵台政策を通じた台湾への経済的関与は，その「両岸」で繰り広げられた一種の利益誘導政治とみることができる。そして，中国の台湾に対する影響力行使を，利益誘導政治という視点からとらえ直すことで，中国の影響力メカニズムの分析にクライアンテリズム論を適用することが可能になると考えられる。ノリスや呉介民の分析に登場したアクターは，すべてクライアンテリズムというひとつの分析枠組みのなかに，パトロン，ブローカーあるいはクライアントとして位置づけることができる。クライアンテリズム論では，アクターの関係を本人・代理人論に依拠して考察するため，中国による影響力行使のプロセスで発生する代理人問題を視野に入れることも可能になる。

以下では，本章での分析の視点を示す前に，クランアンテリズムとそのなかで起こる代理人問題について紹介する。

1-3　クライアンテリズムと代理人問題

クライアンテリズムとは，監視をともなう高い予測可能性に支えられた，条件つきで，かつ直接的な政党（政治家）＝パトロンと有権者＝クライアントの交換関係のことである（Kitschelt and Wilkinson 2007, 9-10）。ここでの交換関係とは，有権者が政党を支持するのと引き換えに，政治家は自分を支持する有権者への利益分配など，対象が限定された見返りを与えるものである。

クライアンテリズムには，パトロンがクライアントである有権者に利益を分配する側面と，パトロンが利益分配を受けたクライアントの行動を監視する側面という2つの側面がある（Stokes 2005, 324）。クライアンテリズムをうまく機能させるには，政党は，どの有権者に利益を分配してクライアントにするのか決めなければならない。そして，利益分配を受けながら支持を与えない有権者がいないかどうか，クライアントの行動を監視しておかなければならない。しかし，そのための必要な情報が政党リーダーの手元にあるとはかぎらない。政党リーダーは個々の有権者にまで目が届かないからである。

そこで，政党にとって欠かせない存在となるのが，選挙区レベルで有権者と個人的な関係やネットワークを築いている活動家である。こうした活動家はブローカーとよばれる。ブローカーは，政党（パトロン）と地元の有権者（クライアント）をつなぐ仲介者である。日常的に行われる直接的な接触をとおして有権者を観察しているブローカーは，個々の有権者の選好や行動に関する細かな情報を有している。政党が利益の分配先を決めるうえで，このブローカーの判断が決定的に重要となる。そして，ブローカーは，政党から受け取った資源を有権者に分配してクライアントを組織化し，クライアントがその政党に投票するかどうかを監視するのである（Stokes, Dunning, Nazareno and Brusco 2013, 75-76）。

このような政党とブローカーの関係は，本人と代理人の関係にある。ブローカーは，政党（本人）が雇った代理人である。したがって，政党とブローカーのあいだには代理人問題が発生する（Stokes, Dunning, Nazareno and Brusco 2013, 76）。代理人を雇った場合，本人は代理人の行動を完全には知ることができない（情報の非対称性）。その結果，代理人は裁量の余地（エイジェンシー・スラック）をもつことになる。代理人問題とは，代理人がその裁量を利用して，必要な情報を隠したり，自分勝手に行動したりすることで，本人が求めていたものと違う結果がもたらされることである（久米・河野 2011, 106）。

政党とブローカーの関係においても，政党リーダーはブローカーの行動を完全には知ることができないため，代理人問題は避けられない。たとえば，ブローカーは政党から受け取った，クライアントに分配されるはずの資源の一部を，自分の取り巻き連中に分け与えて，地元での自らの権力基盤を強化しようとするかもしれない（Stokes, Dunning, Nazareno and Brusco 2013, 76）。代理人問題は，本人と代理人がどれくらい目的を共有しているのかにも大きく規定される（久米・河野 2011, 107）。政党とブローカーの関係においても，ブローカーはそれ自身の利益や目的をもっており，それらが政党リーダーの利益や目的と一致するとはかぎらない（Stokes, Dunning, Nazareno and Brusco

2013, 76)。

　政党とブローカーの関係について、もう少し詳しくみてみよう。政党リーダーは、より広範に動員ネットワークを組織できるブローカーを有能だと考えて、多くの追従者を抱えるブローカーを雇おうとする。そのため、ブローカーには、自らの動員ネットワークの規模を最大化しようというインセンティブが働くことになる。政党リーダーは、有能なブローカーであれば、党の熱心な支持者だけでなく、投票先を変えやすい有権者やライバル政党の支持者にまで動員ネットワークを広げられるだろうと期待する。しかし、政党リーダーには、個々の有権者の党派的な傾向に関する知識がないうえ、ブローカーによる動員に向けた取り組みや動員そのものが選挙結果にもたらす効果を直接観察することができない。

　そうしたなかで、政党リーダーにとって、ブローカーの動員能力を測るための指標となるのが、選挙集会などのイベントでの有権者の動員数である。ブローカーにとっては、ここでどれだけ多くの有権者を動員できたのかを示せることがとても重要となる。動員数を効率的に増やしたいと考えるブローカーは、動員ネットワークの規模を最大化するため、利益分配がなくても党に投票するような熱心な支持者の組織化に力を入れるかもしれない。そうしたブローカーの思惑から、結果的に政党リーダーの期待に反して、党の熱心な支持者を中心に利益分配が行われ、投票先を変えやすい有権者にはその一部にしか利益が分配されないことになる（Stokes, Dunning, Nazareno and Brusco 2013, 92-95）。

　要するに、本人と代理人の関係では、本人が代理人をコントロールできるかどうかが問題となる。ここで重要となるのが、モニタリング（監視）である。本人は、代理人が本人の利益となるように行動するかどうかを監視しておくことが必要となる。政党とブローカーの関係においても同様であり、政党がブローカーの行動を監視できるかどうかが、政党がブローカーをコントロールするうえでの鍵となる。

　以上をまとめると、クライアンテリズムは、①有権者への利益分配と、②

有権者の行動への監視という2つの側面における，政党（パトロン），ブローカー，有権者（クライアント）という3つのアクター間の相互作用としてとらえることができる。クライアンテリズムが政党にとって有効に機能するかどうかは，政党がブローカーを介して有権者に対して行う利益分配が，政党の期待どおりに行われるかどうか，そして政党が，ブローカーを使って有権者を監視できるかどうか，政党の活動などを利用してブローカーを監視できるかどうか，にかかっているのである。

1-4 分析の視点
(1) 「両岸クライアンテリズム」

中国による恵台政策を通じた経済的関与を，中国と台湾を併せた「両岸」という準国家的領域での利益誘導政治としてとらえると，そこに浮かび上がってくるのは，中国の共産党が台湾政治のより実質的なアクターとなって，国民党・民進党の二大政党に加わって台湾住民の支持を争う姿である。権威主義大国・中国の政権党である共産党が，まるで台湾の民主主義のゲームに取り込まれてしまったかのようにもみえる。このような中国の共産党，台湾の国民党と民進党という3つの政党（いわゆる「両岸三党」[4]）の相互作用を，本章では「両岸三党」政治とよぶこととする。

台湾への経済的関与という中国による影響力の行使とは，要するに「両岸」という準国家領域において，「両岸三党」政治の枠組みのなかで展開される利益誘導政治ということになる。そして，中国の影響力メカニズムは，「両岸」にまたがる格好で形成されたクライアンテリズム，すなわち「両岸クライアンテリズム」として捉えることができる。中国による台湾に対する影響力の効果は，「両岸クライアンテリズム」がどのように機能しているのかという視点から考察することが可能になる。

---

4) 馬英九政権期の中台間の交流拡大を背景として，中国，香港や台湾のメディアで使われ始めた用語である。

中国による台湾への経済的関与は，後述するように2005年の「国共和解」を契機に始まった。したがって，「両岸クライアンテリズム」は，国共両党の同盟関係を前提としたクライアンテリズムである。それは，単独の政党ではなく，同盟関係にある国共両党をパトロンとし，台湾のさまざまなセクターやグループをクライアントとする交換関係である。共産党は，台湾の特定のセクターやグループに対して選別的に経済的利益を与え，それと引き換えに彼らから国民党に対する投票やその他のかたちでの政治的支持を取りつけようとする。つまり，利益分配を行うための資源を提供するのは共産党だが，その見返りを手にするのは国民党なのである。利益分配を受けた台湾のさまざまなセクターやグループには，国民党を支持し，選挙では国民党に投票することが求められる。本章では，中国による台商への働きかけに焦点を当てることから，台商がクライアントということになる。

台商とは，中国で操業する台湾企業とその経営者・幹部のことを指す。台商は多様性に富んだグループであり，業種や事業規模の異なるさまざまな企業で構成されている。本章では，これを3つのタイプに区別して分析を進める。第1に，大型ビジネスグループである。中国国内で広く事業を展開しており，そのオーナー・経営者は台湾社会で影響力のある企業家で，中台のハイレベルな政治家とのネットワークを形成している。第2に，中国各地で比較的大規模な投資を行っている大企業である。このような大企業の経営者は，地方レベルの党・政府関係者との個人的な関係を築いており，台商が結成した「台資企業協会」（台商協会）やその全国組織である「全国台湾同胞投資企業聯宜会」（台企聯）で役員を務めていることが多い。第3に，上記の2つのタイプを除いた，大多数の台商である。中小規模の企業が中心で，地方レベルの党・政府関係者とのつながりもなく，台商協会に必ずしも参加しているわけではない。

(2) 3つの側面

「両岸クライアンテリズム」の最大の特徴は，国共両党がパトロンを構成

している点にある。したがって，「両岸クライアンテリズム」がどのように機能しているのかを理解するためには，クライアンテリズムの2つの側面に対応した，①台商への利益分配の側面と，②台商の行動への監視の側面に加えて，③パトロンの一体性という側面にも注目する必要がある。

本章では，以下の3つの側面から，「両岸クライアンテリズム」の機能について分析する。第1に，国共両党というパトロンの一体性である。Norris (2016) の知見によれば，中国が台湾に対する影響力を効果的に行使するためには，共産党というパトロンが，中国国家内部での中央と地方の利害対立を抑えて，一体性を確保しておかねばならない。共産党と，もうひとつのパトロンである国民党との関係においても，一体性の確保は重要な課題となるはずである。共産党，および国共両党の関係から，パトロンの一体性について検討する（第2節）。

第2に，台商への利益分配の側面である。胡錦濤政権期には，台商への利益分配は制度化され，国共両党のイニシアチブで組織された大型フォーラムがその舞台となった。そこでは，国民党が，共産党にとってブローカーの役割を果たしていたとみることができる。共産党（パトロン）が国民党（ブローカー）を介して台商（クライアント）に対して行う利益分配が，共産党の期待どおりに行われていたのかどうかを検討する（第3節）。

第3に，台商の行動への監視の側面である。台商に対する監視メカニズムの特徴を考察し，それをもとに中国の影響力行使の可能性と限界について検討する。ここでは，台湾の選挙時における中国の影響力行使の事例とされる，①台商への「帰台投票」（後述）の働きかけと，②大型ビジネスグループのオーナー・経営者たちへの働きかけを取り上げる（呉介民 2016, 52-59）。共産党（パトロン）が，台商に対する監視メカニズムを利用して，代理人である台商（ブローカー）の行動を監視できるのか，そして代理人の台商を使って，それ以外の大多数の台商（クライアント）の行動，あるいは台湾の一般有権者の行動を監視できるかどうかが，考察の対象となる（第4節）。

以上の分析をふまえて，台湾で行われた2012年総統選挙と2014年統一地

方選挙の事例を分析し，中国の影響力行使と台湾の選挙との関係を検証する（第5節）。

第2節 「両岸クライアンテリズム」と国共両党

2-1 経済的関与への転換

本節では，胡錦濤政権のもとでの経済的関与による影響力行使と，恵台政策の実施について考察する。さらに，「両岸クライアンテリズム」におけるパトロンの一体性について検討する。

共産党総書記の胡錦濤は，2004年9月，共産党中央対台工作領導小組の組長に就任し，対台湾工作でのリーダーシップを確立した（耿曙2009, 8）。これにともない，台湾に対する影響力の行使は，それまでの威嚇や圧力を中心とした威圧的な影響力の行使から，いわゆる経済的関与が主体の影響力行使へと転換された（Norris 2016, 131-162）。

田所（2008）によれば，経済的関与とは，経済的な交流の促進が政治的な関係の改善につながるとの期待から，経済交流の促進を外交的手段として利用するものである。威圧的な影響力の行使では，短期的に相手国から具体的な政治的譲歩を勝ち取ろうとする。これに対して，経済的関与では，経済的な相互依存関係を強化することで，相手国の利益の構造を徐々に変化させ，政治的にも関係を改善し，強化しようとする（田所2008, 160-162）。

経済的関与は，相手国に友好的なメッセージを与えて，その国との関係改善を図る手段であるだけでなく，相手国の経済的な利益に訴えることで，他の案件で政治的な取引を行うための手段として利用されることが少なくない（田所2008, 160）。このことは中国と台湾にも当てはまる。中国は，台湾との関係改善を図るとともに，台湾の経済的な利益に訴えて，台湾に独立を思いとどまらせ，さらには統一に向けて有利な状況をつくりだそうとしてきた。

経済的関与に期待される効果には，2つの政治的効果があると考えられる。

たとえば，国際貿易による利益が相手国の深いレベルにまで浸透していけば，それによって相手国を対外的にもより協調的な行動へと誘導できるかもしれない。また，ある国が国際経済をとおして国際社会と深くかかわるようになれば，いずれはその国が国際社会一般の規範へと社会化されていくことになるだろう（田所 2008, 162-164）。本章では，このような経済交流がもたらす2つの効果について，前者を「協調促進効果」，後者を「社会化効果」とよんでおきたい。

　胡錦濤政権が経済的関与を重視した理由も，これらと関連づけて理解することができる。経済交流による協調促進効果に期待して，中台の政治的関係の安定化（さらには統一に向けた環境醸成）を図りたいとの思いがあったと考えられる。さらに，経済交流による社会化作用への期待である。中国は，中台の民間レベルでの経済交流をとおして，台湾が「両岸」（もしくは「一つの中国」）という領域でのアイデンティティを形成（あるいは回復）し，確立することを期待していたものと思われる。

　ただし，胡錦濤政権の対台湾政策では，「台独」阻止がもうひとつの重要な柱であったことを忘れてはならない。江沢民政権による威圧的な影響力の行使には，台湾の独立を阻止するのに一定の効果があった。威圧的な影響力の効果を維持すると同時に，台湾への経済的関与を拡大させていく。2005年3月に制定された「反国家分裂法」には，まさに中国のそうしたねらいが示されている。台湾の独立に反対し，その動きに対する非平和的手段を行使する条件を示すとともに，中台の経済交流を推進することが明記された（耿曙 2009, 11）。

2-2　恵台政策の実施

　経済的関与の具体的な実践が恵台政策である。その契機となったのは，2005年の国共和解である。2005年4月，中国側の招きを受けた国民党主席の連戦が訪中し，共産党総書記の胡錦濤と会談し，国民党と共産党の歴史的な和解が実現した。2006年4月には，国共両党による対話と交流のチャネ

ルとして，第 1 回「両岸経済貿易文化フォーラム」(中国語：両岸経貿文化論壇) が開かれた (以下，国共フォーラムと略記する)。以後，両党による対話と交流は定期的に行われ，民進党政権の頭越しに中台の経済交流や人的交流についての協議が進められた。この枠組みが「国共プラットフォーム」である (黄偉修 2014)。

恵台政策は，この国共プラットフォームの枠組みを使って実施された。胡錦濤政権は，春節 (旧正月) チャーター便や台湾産の農産品への優遇措置などの協議を行うたびに，その成果をおもに国民党を相手に公表するかたちで台湾への利益誘導を図ろうとした (松田 2010, 254-255; 小笠原 2010, 215-219)[5]。ここで重要なことは，国共プラットフォームの枠組みが中国から台湾への利益誘導の経路になると同時に，国民党が台湾内での利益分配に大きな役割を果たしたことである。林成蔚 (2017) が指摘するように，国民党は「中国ナショナリズムを再び抱擁し，中国経済に食い込むことによって生じた利権の分配者になった」(林成蔚 2017, 117) のである。

膠着状態にあった中台関係は，このように国共両党の政党間関係を軸に動き始めたが，民進党政権は，中国側との対話と交流が途絶えたままの状況を打開できずにいた。2000 年の台湾での政権交代以降，中台間では窓口機関 (中国・海峡両岸関係協会 [海協会]，台湾・海峡交流基金会 [海基会]) を通じた協議・交渉は中断されていた。国民党は，中国側との交渉チャネルを独占できたことで，民進党政権では実現困難な対中関係の改善というカードを手にした。それは，中台関係の安定を望んでいる台湾住民に強くアピールできる，国民党にとってきわめて重要な政治的資源となった。

2008 年 3 月の総統選挙では，国民党による政権交代が実現した。政権交代をもたらした一因として，胡錦濤政権による恵台政策が，陳水扁と民進党の支持基盤を切り崩すことに成功したことが挙げられる (Norris 2016, 149-

---

5) 唐永瑞によると，第 1 回から第 4 回までの国共フォーラムで共産党は 58 項目の台湾優遇措置を発表している (唐永瑞 2009, 37)。

153)。そして，国民党の馬英九は，中国との関係改善と経済交流の促進を掲げて，勝利を収めた。中国の経済的関与による影響力の行使は，台湾での「台独」政権[6]のさらなる長期化に歯止めをかけ，台湾に対する一定の協調促進効果となってあらわれたのである。

　2008年5月，台湾で国民党の馬英九政権が誕生すると，中台窓口機関を通じた協議・交渉が再開され，中台関係は急速な改善に向かった。中台の経済交流が拡大して，ヒト・モノ・カネの「双方向化」が進展するなかで，胡錦濤政権も恵台政策を本格化させた。台湾への中国人観光客や留学生の送り出し，台湾産の農産品や電子製品・部品の買い付けなどに乗り出した。恵台政策による利益誘導で重視されていたのが，民進党の支持基盤として知られる中南部，中小企業，中下層所得者，いわゆる「三中」とよばれるグループである（川上2016, 8）。「台独」政権の再来を防ぐためにも，中台の経済交流の恩恵を「三中」というグループにも行き渡らせることが期待された。

　2012年の総統選挙では，馬英九が中台関係の安定と中国との経済交流の拡大を掲げて再選を果たし，国民党が政権を維持した。経済的関与の協調促進効果が着実にあらわれて，「台独」政権[7]を再び阻止できたことから，胡錦濤政権は経済的関与による影響力行使に自信を深めたものと思われる。

2-3　パトロンの一体性の欠如
(1)　中国国家の一体性と中央のイニシアチブ

　以下では，「両岸クライアンテリズム」におけるパトロンの一体性について，共産党（中国国家），および国共両党の関係から検討する。

---

6)　2004年に総統再選を果たした陳水扁は，新憲法の制定や「台湾」名義による国連加盟の是非を問う「公民投票」（レファレンダム）を行う方針を打ち出すなど，台湾独立色の強いアジェンダを次々と繰り出して中国を刺激していた（松田2010）。

7)　民進党の総統候補だった蔡英文は，「一つの中国」をめぐる玉虫色の解釈である「92年コンセンサス」（後述）について，合意文書が存在せず，中国側が台湾側（国民党）の解釈を公式には認めていないことを理由に，「92年コンセンサス」は「存在しない」と主張していた（小笠原2012, 39）。

江沢民政権期の中国では，国家内部での中央と地方の利害対立が，台湾に対する効果的な影響力の行使を妨げる一因となっていた。地方政府の役人にとって，経済成長の実現は自らの出世のためにも，また中央政府からより多くの資源を引き出すためにも重要だった。中国各地で比較的大規模な投資を行う台商は，彼らの投資への安定的な環境と政治的な支持を手にするため，投資先の現地政府の役人と深い関係を築いてきた。地域経済の発展のため，多くの地方政府が台商の投資や経営資源を必要としていた。台商が地域経済の成長のエンジンであったことは，地方政府の役人が台商に庇護を与えるインセンティブとなった（Lee 2012, 99-100; Norris 2016, 126）。

　他方，地方政府は，各地域を統治するための中央政府の代理人でもある。中央政府（本人）による台商に対する威圧的な影響力の行使は，利害を異にする代理人との緊張や対立を生み出した。各地の台商への規制や監視は，その執行主体が地方政府であったことから，中央政府が台商に対して懲罰的な政策を実施しようとしても，往々にして中国国家は一体として行動することができなかった。台商も，中央と地方の対立を巧みに利用して，中央政府による懲罰がもたらす深刻なダメージから身を守ることができた（Norris 2016, 123-124; 126-127）。

　胡錦濤政権による経済的関与を主体とした影響力行使への転換は，中央政府と地方政府の利害の調和を促した。中台の経済交流の拡大は，中国の国家発展戦略とリンクしていた。中央政府と地方政府が経済発展という目的の共有度を高めたことは，代理人の機会主義的な行動を抑えることにつながり，中国国家に一体性をもたらした。さらに，中央政府は，台商に対する利益誘導と監視の2つの側面における実権を，その代理人である地方政府から奪い取ることでイニシアチブを確保したのである（後述）[8]。

---

8)　中央政府は，後述する大型フォーラムと台企聯を利用して，台商に対する利益誘導と監視における地方政府の仕事ぶりを監視することもある程度可能になったと思われる。

(2) 国共両党の同盟関係

　台湾では2004年の総統選挙で「台独」政権の長期化が確実となった。「台独」政権のさらなる長期化は，祖国統一の実現をめざす中国にとって大きな障害となる。2008年に予定された次の総統選挙で「台独」政権を阻止することが，胡錦濤政権にとって喫緊の課題だった。とはいえ，台湾の外側に存在している共産党が，台湾の政党政治に直接加わって民進党を抑え込むことはできない。共産党には，民進党を封じ込めるための代理人を立てる必要があった。胡錦濤政権は長らく敵対してきた国民党との関係改善を急いだ。政権復帰が悲願だった国民党も共産党の呼びかけに応じた。

　2005年4月，共産党は，国民党との歴史的な和解を実現して，国共両党の同盟関係の形成にこぎつけた。両党の関係が同盟という対等な関係となったのは，共産党にとって，国民党が同盟相手になり得る唯一の存在だったからである。国民党は，共産党と「一つの中国」という考え方をある程度共有でき，政権担当能力があり民進党と対抗できる台湾で唯一の政党だった。一方，共産党にとって唯一の選択肢だったことは，国民党の共産党に対する交渉力を高めたと考えられる。中国と台湾の国力には大きな差があり，共産党が優位に立つかに思われる両党の関係が，非対称なものではなく対等な関係になったのはそのためである。

　国民党は，台湾の政党政治における共産党の代理人となった。ただし，中台の「境界」の相対化が進んだとはいえ，台湾が共産党の統治する中国大陸の対岸にあり，共産党の支配が台湾には及んでいないことから，本人（共産党）が代理人（国民党）の行動を完全に監視するのは困難だった。また，共産党にとって，国民党が「台湾との唯一のパイプ」だったことは，共産党に不利なかたちでの情報の非対称性をもたらし，国民党が裁量の余地をもつことになったと考えられる。

　さらに，たとえ同盟関係にあったとしても，国共両党の利益や目的が完全に一致していたわけではなかった。両党のあいだで「両岸関係の平和的発展」の政治的基礎とうたわれたのが，「台独」反対と「92年コンセンサス」

堅持である。「台独」反対という目的はほぼ共有されていた。共産党は祖国分裂につながる「台独」に断固反対する姿勢を堅持していた。国民党にとっても，「中華民国」という名称の国家を守るため「台独」は容認し難いものだった。

ところが，「92年コンセンサス」については，両党のあいだに「一つの中国」をめぐる認識のズレが存在した。「92年コンセンサス」とは，1992年の中台の窓口機関が交したとされる「一つの中国」をめぐる双方の解釈上の「コンセンサス」である。中国側（共産党）はこれを「一つの中国を確認した合意」とし，台湾側（国民党）は「一つの中国の内容については（中台の）それぞれが述べることで合意した」と説明してきた。この台湾側（国民党）の解釈を中国語で略記したものが，いわゆる「一つの中国の内容については（中台の）それぞれが述べること」（中国語：「一個中國，各自表述」，略して「一中各表」）である。

中国側の念頭にある「一つの中国」とは中華人民共和国であり，国民党にとっての「一つの中国」とは「中華民国」を意味していた。そのため，中国側は台湾側の解釈を否定してきたが，胡錦濤政権になって台湾側（国民党）の解釈を否定も肯定もしない方針に転換し，国民党との関係改善の実現につなげた（小笠原2012, 37）。国共両党のあいだでは，「台独」反対という目的の共有度は高くても，祖国統一という点での目的の共有度は高くはなかった。胡錦濤政権は，それを承知のうえで「台独」阻止を最優先し，国民党との同盟に踏み切ったのである。

実際，馬英九政権は「92年コンセンサス」といえば，必ずそれは「一つの中国の内容については（中台の）それぞれが述べること」であると説明し，とくに台湾内部向けには「一つの中国とは中華民国である」と繰り返し強調した。馬英九が「一中各表」，「中華民国」の文言を繰り返しても，胡錦濤はひたすらそれに目をつぶった。「台独」政権の再来を避けるためには，国民党との同盟関係を優先すべきとの判断があったものと思われる。

いずれにせよ，共産党は，ともにパトロンでありながら，同時に自らの代

理人でもある国民党との関係において,適切な策を講じる必要に迫られていたことがわかる。しかし,胡錦濤政権では,代理人（国民党）の機会主義的な行動は黙認され,本人（共産党）による代理人問題の克服に向けた取り組みがなされることもなかった。国共両党の一体性は必ずしも確保されていなかったのである。

第3節　台商への利益分配

3-1　共産党と台商への利益誘導
(1)　大型フォーラムの設置

本節では,「両岸クライアンテリズム」における台商への利益分配の側面に焦点を当て,共産党による台商への利益誘導と,国民党が介在して行われた台商への実際の利益分配について考察する。

馬英九政権期には,中台窓口機関による対話と協議が再開されたが,国共プラットフォームも公式な政権間関係を補完する,準公式な中台間の協議・交渉のチャネルとして存続した。この国共プラットフォームの枠組みを活用して,国共両党の中央レベルのイニシアチブのもとで中台交流のための各種の大型フォーラムが組織された。なかでも,もっとも重要な位置づけにあるとされるのが国共フォーラムである（唐永瑞2009, 42-43）。国共フォーラムが,台湾からの農産品輸入の優遇措置など恵台政策の発表の場となってきたことは,前節で触れたとおりである。そのほかの重要な大型フォーラムとしては,「ボアオ・アジア・フォーラム」（中国語：博鰲亜洲論壇),「海峡フォーラム」（中国語：海峡論壇),「両岸企業家サミット」（中国語：両岸企業家峰会）などがある（郭宏治2014; 呉介民2016, 48-49）。

フォーラムの種類や年ごとに顔ぶれは異なるが,大型フォーラムには,中国側からは中央レベルの対台湾工作のリーダー,地方レベルの党・政府関係者や著名な企業家,台湾側からは対中国政策に携わってきた国民党の有力政

治家，大型ビジネスグループのオーナー・経営者や大企業の経営者，地方有力者などが参加した。中国側の対台湾工作のリーダーとは，具体的には，歴代の共産党中央政治局常務委員・全国政治協商会議主席であり，共産党中央対台工作領導小組の副組長を務めた賈慶林と兪正声，国務院台湾事務弁公室（国台弁）主任の王毅と張志軍，海峡両岸関係協会（海協会）会長の陳雲林と陳徳銘などである。なお，国民党の有力政治家については後述する。

　上記のような中台のハイレベルな政治家や著名な企業家たちのあいだで形成されたネットワークが，「海峡を越えた政治・ビジネス関係ネットワーク」の中核をなした。大型フォーラムへの参加を通じて，中国側の対台湾工作のリーダーたちと台商との定期的な交流が行われ，ネットワークの制度化が進んだ（呉介民 2016, 46-49）。そして，大型フォーラムは，共産党（パトロン）による台商（クライアント）の新たな取り込み政策の一環として位置づけられ，台商への利益誘導の経路となった。

(2)　利益誘導の制度化と中央のイニシアチブ

　胡錦濤政権にとって台商の戦略的価値は高かった。中国が経済発展を持続させていくためには，高い技術力やノウハウをもった台商の投資をさらに誘致する必要があった。恵台政策を通じた台湾に対する影響力の行使においても，台商は重要な働きかけの対象として位置づけられた。中国が台商を重視する姿勢は，恵台政策の本格化にともなう2つの特徴にあらわれている。第1に，台商への利益誘導が制度化されたことである。その舞台となったのが大型フォーラムである。第2に，中央のイニシアチブによる利益誘導である。中国の対台湾工作のリーダーたちが，大型フォーラムに深く関与するようになった。

　ここでは，大型フォーラムのなかでも，中台間のハイレベルな経済対話の場となった両岸企業家サミットの事例を取り上げる。両岸企業家サミットは，2008年から2012年まで南京市で開催されていた「南京紫金山サミット」（中国語：南京紫金山峰会）を前身とする。2012年に開催された第4回の会合

で，中台の企業家の交流を促進するため，フォーラムを常設組織とすることが提起され，中国側では前副総理の曽培炎が，台湾側では前副総統の蕭萬長が共同理事長に選ばれた。こうして，2013 年に南京紫金山サミットを改組するかたちで，両岸企業家サミットが成立した。以後，両岸企業家サミットは毎年，中台双方で交互に開催されている（梁式榮 2013, 112-113）。

中台の著名な企業家たちが多数参加する会合では，毎回さまざまなテーマで中台の経済交流や経済協力の促進について議論が交わされた。中国側は，両岸企業家サミットを国家経済戦略とリンクさせると同時に，成長著しい中国でのビジネスチャンスへのアクセスを台商に提供する場として位置づけてきた（川上 2017, 54-55）。そして，中国でのビジネスチャンスへのアクセスを操作することが，中国側の台商に対する影響力の源泉となった。

中国では，2000 年代を通じて経済成長が加速し，市場としての潜在的な魅力が高まっていた。台湾の大型ビジネスグループはビジネスチャンスを求めて，中国での事業拡大に強い関心を寄せていた（川上 2015, 4）。中国の国内市場への参入には，輸出向け生産以上に現地での政治的なコネクションが必要となる（呉介民 2016, 47）。2000 年代半ば以降，台湾企業の対中投資のサービス産業化が進展したことは（陳志柔 2016, 8-11），中国の台商に対する影響力を増幅させたと考えられる。

台商への利益誘導の制度化にともない，中国側では対台湾工作のリーダーたちの利益誘導への関与も深まっていった。両岸企業家サミットを例にとると，常設組織化が視野に入れられていた 2012 年の第 4 回会合には，国台弁主任の王毅のほか，共産党中央政治局常務委員・全国政治協商会議主席の賈慶林が初めて参加した（梁式榮 2013, 112）。常設組織化後に開かれた 2013 年の第 5 回会合には，2012 年秋の共産党第 18 回全国代表大会（党大会）後の人事異動を受けて，共産党中央政治局常務委員・全国政治協商会議主席の兪正声，国台弁主任の張志軍，海協会会長の陳徳銘がそろって出席している（兩岸企業家峰會 2013）。

このように，胡錦濤政権は，中央のイニシアチブのもとで台商への利益誘

導を制度化し，利益誘導を国家経済戦略とリンクさせることで，中央政府と地方政府の目的（経済発展）の共有度を高め，地方政府の機会主義的な行動を抑えようとしたのである。

3-2 国民党と台商への利益分配
(1) 有力政治家による寡占体制

　台商への利益誘導の制度化は，国共プラットフォームの枠組みをもとに進められた。そのため，国民党は2008年の政権復帰後も，林成蔚（2017）のいう「中国経済に食い込むことによって生じた利権の分配者」であり続けた。共産党が提供する資源の分配先を決めるのは，国民党の判断に委ねられた。ここでの国民党はブローカーに近い役割を果たしていたとみることができる。共産党は資源を提供するパトロンであり，クライアントである台商にとって共産党と並ぶ，もうひとつのパトロンである国民党は，その資源を台商に利益として分配するブローカーでもあったことになる。

　実際の台商への利益分配は事実上，国民党内でも中国との太いパイプと台商に大きな影響力をもつ特定の有力政治家に握られた。そのため，彼らこそが真のブローカーだったといえる。具体的には，国民党の栄誉主席だった連戦と呉伯雄，台湾側の対中窓口機関である海基会のトップを務めた江丙坤，両岸企業家サミットの台湾側代表の蕭萬長が挙げられる。国共和解の立役者のひとりである連戦は，そのなかでも別格の存在だった。

　彼らはいずれも同世代で，国民党内では長老格の大物政治家である。2005年の国共和解以降，各種の大型フォーラムに深くかかわり，中国側のハイレベルな政治家とも個人的な関係やネットワークを築いてきた。中国との太いパイプと台商への大きな影響力が彼らの政治的資源だった。台商への利権分配では，数名の有力政治家による寡占体制が形成されていたといえる。

　そして，利益の分配にあずかることができたのは，台商のなかでも国民党と関係が深い大型ビジネスグループや大企業が中心だった。戦後の台湾では，国民党一党支配による権威主義体制のもとで急速な経済成長が実現され

た。当時から国民党と大型ビジネスグループや大企業のつながりが深いことは，よく知られている（Chu 1994; Fields 1995）。実際，国共フォーラムには毎回，国民党と関係の深い財界の有力者や大企業のオーナー・経営者が多数つめかけ，海峡フォーラムや両岸企業家サミットは中台の大企業同士の交流の場と化していたといわれている（陳華昇 2015）。

(2) パトロンの期待とブローカーの思惑

　共産党が国民党の有力政治家にブローカーの役割を期待したのは，彼らが台商に太いパイプと大きな影響力をもっていたからである。共産党には彼ら以外にブローカーの選択肢がなかったことから，国民党の有力政治家は共産党に対する交渉力を高めたと考えられる。また，共産党は国民党を監視することが困難だったが，それは国民党の有力政治家に対しても同様だった。両者のあいだには情報の非対称性が生まれ，国民党の有力政治家は裁量の余地をもつことになったといえる。

　国民党の有力政治家というブローカーに利益分配を委ねたことで，共産党にもそれなりのメリットがあったことは間違いない。少なくとも表面上は「緑色台商」（民進党を支持する台湾企業）が排除され，高い技術力やノウハウなど豊かな経営資源をもった企業がフォーラムに集まったからである。しかし，共産党による利益誘導において，最終的に大型ビジネスグループや大企業を中心に利益が分配されたことは，パトロンである共産党が期待した「三中」（中南部，中小企業，中下層所得者），とくに中小企業への利益分配とは大きくかけ離れていたことになる。

　共産党が期待したとおり，「三中」とりわけ中小企業への利益分配が行われたなら，民進党の支持基盤をさらに切り崩すことができたかもしれないし，国民党の支持基盤の拡大につながった可能性もある。そうならなかった理由として，パトロンの期待とブローカーの思惑の違いから2つの可能性を考えることができる。第1に，国民党の有力政治家が，自分たちの影響力を行使しやすい大型ビジネスグループや大企業を中心にクライアントを組織化

することで，動員ネットワークの最大化を図ったという可能性である。彼らもブローカーとして，その有能さを共産党に示しておく必要があったからである。

第2に，国民党の有力政治家が自らの権力基盤の拡大・強化を図ったという可能性である。彼らは，すでに党運営や政界の第一線を退いており，基本的に選挙とは直接かかわっていない[9]。そのような彼らが，新たな国民党の支持者を増やすことよりも，自分たちの権力基盤を拡大させるほうを優先したとしても不思議ではない。その場合，国民党の有力政治家にとっては，関係の深い大型ビジネスグループや大企業に，できるだけ多くの利益を分配するのが得策である。

利益の分配にあずかりたい企業家たちが，国民党の有力政治家に群がったことは容易に想像できるし，それがまた企業家たちに対する彼らの影響力を高めることになったと考えられる。台商への影響力が拡大すれば，共産党にとっては，国民党の有力政治家の戦略的価値がさらに高まったはずである。それによって，国民党の有力政治家が中国側から個人的な利益を引き出せる可能性も生まれたものと思われる。

いずれにせよ，台商への利益誘導が国民党というブローカーを介して行われ，実際の利益分配が国民党の特定の政治家の裁量に委ねられた結果，最終的な利益の分配先がブローカーの思惑に左右されることになった。利益の分配先が台商のなかでも大型ビジネスグループや大企業に偏ってしまい，共産党が期待した中小企業への利益誘導にはつながらなかったと考えられる。中台の経済交流の恩恵が中小企業には十分に行き渡らず，結果的に，中国との経済交流による利益は一部の大企業や政治家に独占されているとの批判を後に招くことにつながったといえる。

---

9) 2014年の統一地方選挙では，連戦の息子である連勝文が台北市長選挙に，連戦と近い人物として知られる胡志強が台中市長選挙に出馬したことで，連戦と2つの市長選挙とのかかわりが生まれた。桃園市長選挙に息子の呉志揚が立候補した呉伯雄についても同様である。

第4節　台商の行動への監視

4-1　監視対象としての台商

本節では，「両岸クライアンテリズム」における台商の行動への監視の側面を取り上げる。台商に対する監視メカニズムの特徴を考察し，それをふまえて台湾の選挙時における中国の影響力行使の可能性と限界について検討する。

Kitschelt and Wilkinson（2007）によると，政治家は，有権者を個別に監視するよりも，グループ単位で監視したほうがコストを抑えることができる。有権者が比較的少数で，地理的にも密集している場合には，個人への監視が行われることもある（Kitschelt and Wilkinson 2007, 14-15）。中国政府が台商を監視する際にも，事業規模や数の違いを考慮した監視体制がとられていた可能性がある。

江沢民政権期でも，中国政府が大企業を監視したり，標的にしたりするのは，中小企業の場合と違って比較的容易だった（Norris 2016, 127）。奇美実業グループ前会長の許文龍に対する威圧的な影響力行使の事例[10]を思い起こせば，事業規模が大きな大型ビジネスグループには，中国政府の監視の目がある程度行き届いていたことがわかる。むしろ問題だったのは，中央と地方の利害の対立から国家内部が分断され，中央政府の思いどおりに地方政府が規制や監視に動かず，中央政府による台商への威嚇的な影響力の行使が妨げられたことだった（Norris 2016, 127）。

中国政府が，行政区画ごとに，その地域で操業する多数の台商をグループ

---

10) 許文龍は，陳水扁の支持者で台湾独立志向の持ち主としても知られる，台湾社会で影響力のある企業家だった。中国政府は，2000年代初頭から許認可の行使や税務調査の実施などを通じて，奇美実業グループの中国工場に対して圧力をかけていたといわれる。2004年5月には共産党の機関紙『人民日報』が，許文龍を「緑色台商」の代表格として名指しで批判した。

単位で監視しようとする仕組みが，後述する台商協会である。江沢民政権期には，監視メカニズムである台商協会が地方政府の管轄下にあり，中央政府は，地方政府を通じて間接的にしか各地の台商や台商協会を監視することができなかった。中央政府が代理人である地方政府の機会主義的な行動を許したことが，中央政府の影響力の行使が妨げられた原因だった。台商の行動を監視する際に，地方政府の代理人問題をいかに克服するかが，胡錦濤政権にとっての課題となった。

4-2　台商に対する監視メカニズム
(1)　「台資企業協会」(台商協会)

中国国内には現在，140の台商協会が存在している。各地の台商協会の活動は，地方政府の台湾事務弁公室による指導・監督のもとにおかれている。台商協会を設立するには，主管単位である現地政府の台湾事務弁公室の許可が必要である。台商協会では通常，複数の秘書長のうちの1名もしくは副会長を台湾事務弁公室の職員が兼務している（郭永興 2006, 32; Schubert, Lin and Tseng 2017, 863）。また，台湾事務弁公室は会長選挙にも介入し，その意向に沿う人物を会長職に据えることで，役員人事にも影響力を行使している。会長を務められるのは，各地の台湾事務弁公室が相応しいと考える，その地域で大規模な投資を行っている企業家である（林瑞華・耿曙 2012, 213-214; Schubert, Lin and Tseng 2017, 868）。このように，地方政府が台商協会の活動，そして協会役員の行動を効果的に監視できる仕組みが存在している。

しかし，台商協会の組織が，協会役員以外の大多数の台商を監視するための仕組みを提供しているとはいえない。そもそも，すべての台商が台商協会に参加しているわけではない。林瑞華・耿曙（2012）によると，台商協会の組織率は25〜30％ほどにすぎない。珠江デルタでは若干高め，長江デルタでは若干低めだが，台商が比較的集中している広東省東莞市や江蘇省昆山市の台商協会では50％程度になっている（林瑞華・耿曙 2012, 204）。半数をはるかに超える台商が台商協会に参加しておらず，彼らは台商協会による組織

的動員の対象とはなりえないものと考えられる。

　さらに，台商協会そのものも凝集性の高い組織とはいえない。入会・退会が自由にできるため，会員の定着率は必ずしも高くはない。会員のあいだでは集団としての意識が希薄で，結束やまとまりを欠くことも多く，役員は台商協会の活動にも熱心だが，一般の会員はそうでもない。台商協会の役員が会員の行動を監視したり，なんらかの活動に動員したりするのは容易ではない（林瑞華・耿曙 2012, 205-206; 219）。

　したがって，地方政府が台商協会という組織を使って，その役員を務める台商の行動を監視できたとしても，協会役員を通じて一般会員である台商の行動を監視することは難しい。非会員である台商の行動については，それを監視するのは事実上不可能に近いと思われる。逆にいえば，大多数の台商には裁量の余地がかなり存在していることになる。

(2)　「全国台湾同胞投資企業聯宜会」（台企聯）

　台企聯は 2007 年 4 月，中国各地の台商協会を束ねる全国組織として，中国・北京で設立された。中国ではそれまで台商が全国規模の組織を結成することは許されていなかったが（郭永興 2006, 32），胡錦濤政権はその方針を転換した。

　台企聯の成立により，国台弁による各地の台商協会に対する一元的な指導・監督体制が確立された（全国台湾同胞投資企业联谊会 2010）。台商協会の場合と同様に，台企聯でも国台弁が人事を通じてその活動を監視できる仕組みが存在している。台企聯の活動を事実上取り仕切っている駐会常務副会長兼秘書長，そして常務副会長のうちの 1 名は，国台弁の幹部が兼務している[11]。国台弁は台企聯の会長選挙にも介入して，その人事に影響力を行使し

---

11) 第 4 期（2017 年末現在）の役員名簿によると，駐会常務副会長兼秘書長を国台弁交流局長の程金中，常務副会長を国台弁経済局副局長の彭慶恩が務めている。このほか，常務理事には北京市，遼寧省，山東省，浙江省，上海市，江蘇省，安徽省，四川省，湖北省，福建省，広東省の台湾事務弁公室の主任，副主任など幹部が名を連ねている（全

ている（李學章 2016）。さらに，歴代の名誉会長には現職の国台弁主任と海協会会長が就任している（林哲良 2014, 全国台湾同胞投资企业联谊会 2016a）[12]。

台企聯の会員は，基本的に各地の台商協会だが，中国各地で比較的大規模な投資を行う台湾企業や，ベテランの台商協会の会長にも入会が認められている（全国台湾同胞投资企业联谊会 2010）。会員名簿をみるかぎり，台商協会の代表（会長）もしくはそれに相当するレベルの企業家が会員の大部分を占めている（全国台湾同胞投资企业联谊会 2016b）。台企聯の役員（理事以上）は，各地の台商協会の代表が務めている（全国台湾同胞投资企业联谊会 2016a）[13]。

つまり，胡錦濤政権は，台商協会の全国組織である台企聯を設立し，これを国台弁の管轄下におくことで，地方政府（台湾事務弁公室）から台商に対する監視の実権を奪い取り，中央政府（国台弁）のイニシアチブのもとで台商協会に対する効果的な監視を実現しようとしたのである。中央政府が，地方政府という代理人を介することなく，台商協会を直接的に監視できる仕組みを構築することで，代理人問題の克服が図られたといえる。

ただし，台企聯の設立は，監視メカニズムとしての台商協会の本質までを変えるものではなかった。そのため，国台弁が台企聯という組織を使って，台商協会の役員やそれに相当するような，大企業を営む台商の行動を効果的に監視できるようになったとしても，それ以外の大多数を占める中小規模の台商の行動には目が届かないままだった。

国台湾同胞投资企业联谊会 2016b）。
12）第 4 期（2017 年末現在）の名誉会長には，現職の国台弁主任の張志軍と海協会会長の陳德銘が就任している（全国台湾同胞投资企业联谊会 2016a）。
13）台企聯の「台籍顧問」とよばれる 8 名の台湾人顧問には，中華民国工業総会理事長の許勝雄，中華民国商業総会理事長の頼政鎰，台湾区電機電子工業同業公会理事長の郭台強など台湾の経済団体のトップ，台湾プラスチックグループ総裁の王文淵，宏達国際電子（HTC）グループ董事長の王雪紅などの名前がある（全国台湾同胞投资企业联谊会 2016a）。台籍顧問は名誉会長と同様，台企聯では名誉職的な位置づけにあると推測され，中国側の対台湾工作のリーダーたちと台湾の大型ビジネスグループのオーナー・経営者たちのネットワークの一環をなしていると考えられる。

(3) 大型フォーラム

台湾の大型ビジネスグループに対しては，胡錦濤政権期には大型フォーラムを利用して，さらに効果的な監視が行われるようになったと考えられる。

本節の冒頭で触れたように，有権者が比較的少数で，地理的にも密集している場合には，政治家が有権者を個別に監視しても大きな負担にはならない。これに照らしていえば，大型ビジネスグループのオーナー・経営者は少数であり，しかも大型フォーラムに出席する企業家のなかでも，共産党の対台湾工作のリーダーたちととくに緊密なネットワークを形成している。こうした条件は，共産党が中央のイニシアチブで，彼（女）たちを個別に，かつ効果的に監視することを可能にしていると考えられる。大型フォーラムはそうした機会を定期的に，また年間に複数回提供していることになる。

以上のように，胡錦濤政権では，台商を監視するためのチャネルは複数存在したが，台商に対する監視体制の中央一元化が進められた。

4-3 影響力行使の可能性と限界

(1) 台商への帰台投票の働きかけ

最後に，台商に対する監視メカニズムの考察をふまえて，台湾の選挙時における中国の影響力行使（選挙介入）とされる２つの事例（呉介民 2016, 51-59）——①台商への帰台投票の働きかけと，②大型ビジネスグループのオーナー・経営者たちへの働きかけ——を取り上げて，それぞれの影響力行使の可能性と限界について検討する。

台商への帰台投票の働きかけとは，中国政府（共産党）が，投票のため台湾に戻る台商に便宜を図り，事実上国民党への投票を促すものである。台湾の選挙では期日前投票や不在者投票の制度がないため，中国に長期滞在する台商が選挙で投票するには一旦台湾に戻らなければならない。中国政府が準備した割引航空券を台商に提供し，台商を帰台投票に動員する役割を担うのが，台企聯と台商協会である。

台商への帰台投票の働きかけは，共産党による台企聯・台商協会を利用した台商の組織的な動員といえる。そこでは，台企聯・台商協会の会長などの役員が，共産党の代理人として，とくにブローカーの役割を果たしているとみることができる。共産党（パトロン）は，台企聯・台商協会という監視メカニズムを使って，利益分配を受けた，代理人でもある台商協会の役員（ブローカー）の行動を効果的に監視することができる。

　そのような監視は，国共両党（パトロン）による利益分配の独占を前提としている。ブローカーには国共両党以外にパトロンの選択肢が存在しないのに対して，パトロンにはブローカーの選択肢はいくらでもある。その結果，台商協会の役員は国共両党とのあいだで，いわゆる「逆説明責任」[14]的関係におかれることになる。ブローカーは，パトロンに対して忠誠とブローカーとしての有能さを継続的に示しておかないと，今後は利益分配を受けられなくなる可能性がある[15]。そのため，利益分配にありつくための競争が，ブローカーたちのあいだで展開されることになると考えられる（斉藤 2010, 8)[16]。いずれにせよ，共産党が代理人である台商協会の役員の機会主義的な行動を抑えて，代理人に対して強い影響力を行使できる可能性は高いといえる。

　他方，共産党は，台商協会の役員という代理人を使って，それ以外の大多

---

14) Stokes（2005）は，民主主義体制において政治エリートが有権者の支持をつなぎとめるために競争するのではなく，逆に有権者が政治エリートからの利益分配を得るために競争しなければならない状況を「逆説明責任」(perverse accountability) とよんでいる（Stokes 2005, 315-316)。

15)「両岸クライアンテリズム」では，パトロンが国共両党であることから，台企聯と台商協会の役員は，共産党だけでなく，国民党のブローカーとしての役割も果たすことになる。国民党の候補者のための後援会の立ち上げや献金活動（劉馥瑜 2011; 仇佩芬 2014），中国各地で開かれる選挙集会への台商の動員（呉介民 2016, 58-59）は，台企聯や台商協会の役員たちが国民党に対して忠誠とブローカーとしての実力をアピールしている事例といえる。

16) 大型選挙のたびに，台企聯や各地の台商協会の役員がメディアを使って，帰台投票を行う台商の数の見通しをこぞってアピールする現象が繰り返されているのは，こうした文脈から理解できる。

数の台商の行動を監視するのが困難である。その結果，利益分配を受けておらず，監視の目も届かない大多数の台商は，裁量の余地をもつことになる。つまり，台商への帰台投票の働きかけという中国による影響力の行使には，大多数の台商の機会主義的な行動を抑えることができないという限界がある。ただし，中国の思惑と，大多数の台商の利害が一致すれば，大きな効果が発揮される可能性は否定できない。

(2) 大型ビジネスグループのオーナー・経営者たちへの働きかけ

大型ビジネスグループのオーナー・経営者たちへの働きかけとは，共産党が台湾社会で影響力のある企業家たちに国民党への支持表明を促すものである。共産党には，そうした企業家たちに国民党への支持を公に表明させることで，台湾の一般有権者の投票行動に影響を与えようとするねらいがあると考えられる。ここでは，大型ビジネスグループのオーナー・経営者たちが共産党の代理人の役割を果たすことになる。したがって，このタイプの影響力行使については，2つのレベル──①中国による代理人に対する影響力行使と，②代理人による影響力行使──に分けて考察する必要がある。

中国による代理人に対する影響力行使のレベルでは，共産党と大型ビジネスグループのオーナー・経営者たちの関係をクライアンテリズムと捉えて分析することができる。利益分配を受けた大型ビジネスグループのオーナー・経営者たち（クライアント）には，共産党（パトロン）による個別的な監視が可能になっている。共産党による監視が効果的に行われていれば，彼（女）たちも台商協会の役員と同様に，共産党とのあいだで「逆説明責任」的関係におかれることになる。

また，大型ビジネスグループのオーナー・経営者たちは，台商のなかでもその規模や影響力の面で突出した，特定のグループを形成している。特定のエスニシティや宗教を共有するグループ，もしくは明確にカテゴリーを特定できる社会グループでは，影響力のあるメンバーが公に支持を表明すると，その波及効果はグループ全体の投票行動にまで及ぶといわれている（Kitschelt and Wilkinson 2007, 15)。大型ビジネスグループのオーナー・経営者たちのあいだでも，誰かが国民党に対する支持を表明すれば，その影響は他の企業家たちにも波及すると考えられる。こうした事情を勘案すれば，中国の代理人に対する影響力行使のレベルでは，大型ビジネスグループのオーナー・経営者たちの機会主義的な行動が抑えられて，中国による影響力行使は大きな効果をあらわす可能性があると判断できる。

　代理人による影響力行使のレベルでは，代理人である大型ビジネスグループのオーナー・経営者たちには，台湾の一般有権者の行動を監視することはできない。そもそも，台湾の一般有権者は，共産党と台商のクライアンテリズムとは基本的に無縁な人々である。代理人による影響力の行使が一般有権者の投票行動にもたらす効果は，一般有権者が台湾社会で影響力のある代理人たちの支持表明をどう受け止めるかにかかっている。一般有権者の受け止め方は，その時々の台湾内部の政治情勢に大きく左右されると考えられる。したがって，中国の影響力行使が一般有権者の投票行動に及ぼした影響については，その当時の台湾内部の政治情勢との関係から考察することが必要となる。

第5節　中国の影響力行使と台湾の選挙

　2012年の総統選挙では，前節で検討した2つのタイプの中国による影響力の行使（選挙介入）が行われた。2014年の統一地方選挙でも類似した現象がみられたが，2つの選挙結果は大きく異なっていた。2012年に勝利をおさめた国民党が，2014年には惨敗したのである。本節では，この2つの選挙の事例を取り上げて，中国による影響力の行使と台湾の選挙との関係について分析する。

5-1　2012年総統選挙
(1)　台商への帰台投票の働きかけ

　2012年の総統選挙において，中国にとって最大の課題は「台独」政権の再来を阻止することだった。選挙戦では馬英九と蔡英文の接戦が伝えられたことから，中国政府は表向き「台湾の選挙には介入しない」（王銘義・連雋偉 2011）と表明していたが，対台湾工作部門では積極的な台商の動員が行われた。国台弁は，各省市の台湾事務弁公室に対して，台商協会と協力して全力を挙げて台商に帰台投票を促すよう指示を出す一方，中台の航空会社には割引航空券の販売への協力を要請した。台企聯と各地の台商協会は，各地の台商に割引航空券の販売について宣伝して，購入を促す役割を担った（阿波罗新聞網 2012）。

　広東省で台商のリーダー的存在である経営者によると，2012年の総統選挙ではかなり徹底した台商の動員が図られていた[17]。選挙前，台湾系企業の経営者には，台湾事務弁公室や統一戦線部門の役人から，幹部たちに帰台投票させるよう指導が行われた（林怡廷・明長蘇 2015）。江蘇省では，台湾系大企業の経営者が現地の台湾事務弁公室から，従業員に帰台投票させて馬英九が勝てば，従業員の航空券代を全額補助するとの提案を受けていたという（阿波罗新聞網 2012）。

　このほかにも，国台弁は割引航空券で台湾に戻る台商の座席を確保するため，中国政府の関係機関（中国民用航空局，国家旅游局）を通じて中国の航空会社に無制限の増便を要請したほか，中国国内の旅行業者には選挙日直前の台湾への団体ツアーの自粛を求めたとも伝えられている（晏明強・張麗娜 2011; 李道成 2011）。一方，投票日が1月に前倒しされて[18] 春節前の繁忙期

17）中国が台商に初めて帰台投票を働きかけた2004年の総統選挙では，接戦の末，国民党陣営（連戦・宋楚瑜ペア）が僅差で敗れていた。こうした苦い経験も，やはり接戦が伝えられた2012年の総統選挙で，国台弁が台商の動員を徹底させようとした一因だったと考えられる。
18）2008年総統選挙の投票日は3月だったが，2012年の総統選挙は1月に行われる立法委員選挙とのダブル選挙となったため，投票日が1月に前倒しされた。

と重なったことから、台商の投票意欲への影響が懸念されていた（徐珮君・呉家翔・陳嘉恩 2011）。これについては、台企聯の働きかけにより、ほとんどの企業で帰台投票を行う従業員には休暇が認められることになった（佘研寧 2011a）。かくして、選挙直前には、台商の帰台投票への意欲はかなりの高まりをみせた[19]。

中国による影響力の行使は、多くの台商の帰台を促すことにつながったといえる。その理由のひとつは、国台弁の徹底した取り組みにあった。選挙戦が接戦であることへの危機感から、国台弁は台商に帰台投票を積極的に働きかけた。台企聯・台商協会の役員たちも、各地の台商に割引航空券の購入を促したり、企業に休暇措置を働きかけたりするなど、国台弁（パトロン）とタイアップしながらブローカーとしての実績と活躍ぶりをアピールした[20]。

しかし、前節でみたとおり、台商協会という監視メカニズムだけでは、大多数の台商を動員することはきわめて難しい。今回、国台弁による台商への働きかけは、台企聯・台商協会を介した間接的なものだけにとどまらず、各地の台湾事務弁公室を使って直接的にも行われていた。個々の台商（クライアント）に直接働きかけたことで、パトロンはクライアントへの効果的な監視もある程度可能になったと考えられる。国台弁のそうした取り組みは、台商協会を利用した監視メカニズムの弱点を補完する効果をもっていたといえ

---

19) 中台の航空各社では選挙直前に台商が集中する上海、深圳や広州ほか、北京、南京、杭州など中国各地から台湾に向かう便で大幅な増便が行われ、投票日前日から当日にかけて台湾の航空会社2社の便は、定期便も夜行便（レッドアイ便）を含む臨時便とも満席となった（藍孝威 2012）。上海からの臨時便は当初の増便計画では足りず再度増便が行われた（佘研寧 2011b）。

20) 台企聯・台商協会の役員というブローカーは、パトロンである共産党が決めた、台商というターゲットの範囲内での動員実績をアピールしなければならない。そのため、ブローカーが動員ネットワークを最大化させようとすれば、台商の党派的属性に関係なく、あらゆる台商の動員に力を入れることになると考えられる。「特定の政党を支持する台商しか割引航空券を購入できないわけではない」という台企聯常務副会長の葉恵徳の発言（湯惠芸 2012）は、それを裏づけるものと理解できる。なお、台商の約70％が国民党を中心とする「汎藍」（ブルー陣営）を支持しており、約30％が民進党を中心とする「汎緑」（グリーン陣営）を支持しているといわれている（Schubert, Lin and Tseng 2017, 867）。

よう。

　もうひとつの理由は，台商による帰台投票の阻害要因を排除する取り組みが行われたことである。単なる帰台投票の奨励にとどまらず，さまざまなコスト削減措置が施されたことで，大多数の台商にとって帰台投票は不利益にはならなかった。中国の思惑と，帰台投票をめぐる台商の利害がうまくかみ合った場合には，中国による影響力の行使が大きな効果をあらわすことが示されたといえる。

　それでは，台湾に戻った台商たちは，馬英九に投票したといえるのだろうか。Schubert, Lin and Tseng（2017）によれば，個人的には民進党を中心とする「汎緑」（グリーン陣営）を支持している企業家も含めて，大多数の台商が「92年コンセンサス」にもとづく国民党の対中政策を支持している（Schubert, Lin and Tseng 2017, 867）。呉介民・廖美（2015）は，2012年の総統選挙では，「92年コンセンサス」を支持する有権者は，馬英九に投票する傾向が強かったと分析している（呉介民・廖美 2015, 106-111）。以上のことから，帰台投票を行った台商の多くが馬英九に投票したものと推測される。

(2)　大企業オーナー・経営者たちへの働きかけ

　まずは，中国による代理人に対する影響力行使のレベルについて考察する。ここでの中国の代理人とは，大型ビジネスグループのオーナー・経営者たちである。2012年の総統選挙では，投票日前の2カ月間に，2011年12月1日の鴻海精密工業グループ董事長（代表取締役）の郭台銘の発言を皮切りに，中国で事業を営む台湾の主要な大型ビジネスグループのオーナー・経営者たちが次々と「92年コンセンサス」と馬英九への支持を表明した（佐藤 2012, 58-59; 呉介民 2016, 52）。

　支持表明を行った企業家には，郭台銘のほか台湾プラスチックグループ総裁の王文淵，宏達国際電子（HTC）董事長の王雪紅といった台湾を代表する企業家が含まれていた（佐藤 2012, 58-59）。企業家たちは，「92年コンセンサス」を支持しない民進党が勝利すれば，中台関係が中断，後退を余儀なくさ

れると主張した（呉介民 2016, 53-54）。

呉介民（2016）によると、「92年コンセンサス」への支持表明を行った19のビジネスグループのうち、12のグループが「台湾上位32ビジネスグループ」にランキングされていた。そして、19名の企業家のうち10名が両岸企業家サミットの理事や監査を務めており、この10名が所有・経営するビジネスグループや企業は、いずれも中国でのビジネスが重要な収益源となっていた（呉介民 2016, 52-53）。両岸企業家サミットを通じた利益誘導が、中国による企業家たちに対する影響力の行使と結びついていたことがわかる。

中国が代理人に対して影響力を効果的に行使できたのは、共産党が、少数の事業規模が非常に大きな企業家たちの行動を、両岸企業家サミットを利用して効果的に監視できたためだと考えられる。企業家たちが相次いで支持を表明したことは、共産党（および国民党）とのあいだで企業家たちが「逆説明責任」的関係におかれていたためとも、郭台銘による支持表明の波及効果のあらわれとも解釈できる。

次に、代理人による一般有権者への影響力行使のレベルについて考察する。当時、台湾では住民の多くが馬英九政権は中国大陸に傾斜しすぎであると考えながらも、その対中政策を支持していた（小笠原 2018）。多くの住民が、2008年以降の中台関係の安定と改善という馬英九政権の実績を評価していたし、「92年コンセンサス」がその前提になっているとみなしていた。その一方で、馬英九の再選を望む共産党が「『92年コンセンサス』は両岸交流の基礎であり、その喪失は両岸同胞の利益を傷つける」と繰り返したことから、「92年コンセンサス」の存在を否定する民進党の蔡英文が当選した場合、中国との経済交流が滞るおそれがあった（小笠原 2012, 37-41）。

中国の代理人である大型ビジネスグループのオーナー・経営者たちが、中台関係の不安定化を望まない一般有権者に向けて、「国民党が負けると、中国との関係が危うくなる」と訴えかけたのは、そうした状況においてのことだった。中国の代理人たちの行動は、台湾社会において、中台関係の安定が損なわれると台湾には経済的な不利益が生じるという認識が広がり、安

定を優先すべきであるという雰囲気を生み出す効果をもったといえる（佐藤 2012, 59; 呉介民・廖美 2015, 123）。

湯晏甄（2013）や呉介民・廖美（2015）によると，2012年の総統選挙では，「中国との関係」がこれまでの「ナショナル・アイデンティティ」に代わってもっとも重要な争点となっていた（湯晏甄 2013; 呉介民・廖美 2015, 118-119）。そして，「92年コンセンサス」を支持した有権者のあいだでは，馬英九に投票する傾向が強かった。中国の代理人による影響力行使は，台湾の多くの一般有権者に中台関係の安定という「公共財」の重要性を強く認識させ，実際に馬英九への投票に向かわせたものと思われる。

5-2　2014年統一地方選挙
(1)　影響力の行使と思しき現象

中国は，2014年統一地方選挙にあまり強い関心を寄せていなかった。台商への帰台投票の働きかけは，2012年の総統選挙のときほど徹底したものではなかった，という台商の声は少なくない[21]。2012年の総統選挙と比べて，中国側の姿勢に違いが生まれたのは，2014年の選挙が政権の帰趨にかかわらない地方選挙だったからである。投票日の直前，広東省で長年事業を営む台商が語った話では，今回は総統選挙ではないことから，中国政府（国台弁）の台商への「配慮」もこれまでとは雲泥の差で，中央（国台弁）がそういう状況だから，地方の台湾事務弁公室もあまり足を突っ込もうとしなかったという（李道成 2014）。

その一方で，2012年の総統選挙で中国が行った影響力の行使と似たような現象が，2014年の統一地方選挙でもみられた。たとえば，台商への帰台投票の働きかけである。中国国内のある地域では，現地政府の台湾事務弁公

---

21) たとえば，江蘇省昆山市を拠点とする台商は，2008年と2012年の総統選挙の際には，中央レベルの国台弁や省・市レベルの台湾事務弁公室からの指示で，台商の会社や工場のある町（鎮）の鎮長や鎮書記までもが帰台投票を働きかけていたが，今回は投票日の1カ月前になってもそのような動きはないと証言している（施曉光 2014）。

室が台湾系大企業に対して，とくに台北市，台中市に戸籍をおく幹部たちの帰台投票を強く働きかけていた（李道成 2014）。一般有権者に国民党への支持を訴える台湾の大型ビジネスグループのオーナー・経営者もあらわれた。鴻海精密工業グループ董事長の郭台銘は，国民党の地方首長候補の応援のために各地を奔走し[22]，「彼（女）が当選したら，必ずこの地に投資する」と公言するなど，利益誘導を材料に支持を求める露骨な発言を繰り返した。

さらに，国台弁のトップ自らが選挙に介入した。台北市長選挙では，無所属候補の柯文哲が「藍緑対立（ブルー陣営とグリーン陣営の対立）の超越」を掲げて選挙戦を有利に進め，連戦の息子である国民党候補の連勝文は苦戦を強いられていた。選挙戦を「藍緑対立」の構図にもち込むため，国台弁主任の張志軍が柯文哲に「92年コンセンサス」の受入れを迫ると，それを受けて連戦も「国民党が負けると，中国との関係が危うくなる」と訴えた（松本 2015, 29-30）。「92年コンセンサス」という言葉が飛び出すなど，2012年の総統選挙さながらのやり取りが繰り広げられたが，2012年の総統選挙では国台弁主任による露骨な介入までは行われていなかった。中国の姿勢が2012年の総統選挙のときとは異なっていたとすれば，以上のような現象をどのように理解すればよいのだろうか。

(2) 影響力は行使されたのか

中国による影響力の行使と思しき現象は，2012年の総統選挙での影響力の行使とは性格を異にするものだったと考えられる。さらにいえば，連戦が，張志軍や郭台銘との個人的な関係にもとづいて，彼らから引き出した個人的な利益だったとの仮説が可能になる[23]。

---

22) 郭台銘が支持を訴えたのは台北市長候補の連勝文，台中市長候補の胡志強，高雄市長候補の楊秋興，雲林県長候補の張麗善（女性）の4人である。
23) 呉伯雄の場合，息子の呉志揚が選挙戦を優勢に進めていたことから，連戦のような動機を抱くことはなかったと推測できる。なお，呉志揚についても後述する「両岸権貴」との批判が高まり，最終的には落選した。

台商への帰台投票の働きかけが行われた場合でも，動員のターゲットとされたのは，台北市と台中市で投票権をもつ企業の経営者や幹部だった。台中市長選挙では連戦に近いことで知られる現職の胡志強が接戦を強いられ，台北市長選挙は連勝文の支持率が一向に上がらず危機的状況にあった。張志軍による介入は，そんな連勝文のための「援護射撃」だったとみることができる[24]。

　郭台銘の出現についても，2012年の総統選挙での影響力ある企業家たちによる「92年コンセンサス」への支持表明と同種のものだとすると，今回はなぜ彼だけが表にあらわれたのか，うまく説明できない。しかし，郭台銘があくまでも連戦との個人的なつながりからとった行動だったとすれば，郭台銘が連勝文と胡志強の応援に駆けつけたこと，とくに連勝文の選挙集会には繰り返し登壇し，選挙戦最終日も「必ず連勝文に投票する」として支持を訴えたことも，ある程度説明がつく（財經中心 2014）。

　連戦が，中国側から張志軍の選挙介入や台北市と台中市をターゲットにした帰台投票の働きかけを引き出せたのは，連戦の突出した政治的資源の大きさによるものと考えられる。連戦は，中国側にとっては台湾側の窓口としても別格の存在だった。連戦が台商にきわめて大きな影響力を有したことは，共産党（パトロン）に対する連戦（ブローカー）の交渉力を高め，連戦はそれを巧みに運用して中国側から個人的な利益を引き出したとみることができる。一方，連戦（パトロン）が中国とのきわめて太いパイプを有したことは，台商（クライアント）に対する連戦の影響力をさらに高めることになった。連戦はパトロンのなかでも利益分配にもっとも影響力のある人物である。ク

24）張志軍の介入が連戦の要請を受けたものと仮定すると，国民党の戦況が連戦から国台弁に誤って伝わった可能性がある。連戦による台北市と台中市への応援要請から，張志軍が「国民党は2つの都市では接戦だが，他の都市では優勢であり問題ない」という誤ったメッセージを受け取っていたとすれば，台湾メディアが報じたように，2014年統一地方選挙で国台弁が判断ミスを犯したことも理解できる。国台弁はこの選挙での国民党の惨敗をまったく予想できず，直後の共産党の内部会議で習近平が強い不満を示したという（林三白 2014, 113）。

ライアントの郭台銘としては,今後さらに大きな利益を手にするためにも,連戦に忠誠を示しておく必要があったものと思われる。

　要するに,2014年の統一地方選挙では,2012年の総統選挙でみられたような中国による影響力の行使は行われなかったということができる。地方選挙だったことが,その最大の理由である。台商への帰台投票の働きかけが行われたとしても,国台弁が全力を挙げて組織的に行ったものではなく,連戦の要請を受けての限定的な取り組みにすぎなかったと考えられる。ただし,パトロン(国台弁)の姿勢はどうであれ,ブローカー(台企聯・台商協会の役員)としてはパトロンに実績をアピールしておく必要があった。そのため,台企聯や中国各地の台商協会の役員たちは格安航空券の宣伝に力を入れていたが,会員の反応は鈍かった(藍孝威2014)。

　その理由のひとつは,監視メカニズムとしての台商協会の限界によるものである。今回,その限界を補おうとする国台弁の取り組みはほとんどみられなかった。もうひとつの理由は,台商を帰台投票へと駆り立てるインセンティブを欠いていたためである。今回の選挙は地方選挙であり,国民党の対中政策や政権の帰趨に直接関係する選挙ではなかったし,投票日も春節のような長期休暇にかかる時期でもなかった。中国では2010年代に入り経済成長率が急速に低下しており,不景気に陥った企業にとっては投票どころではないというのが実情だっただろう。

　そしてなによりも,中台の経済交流の恩恵が,大多数の台商には十分行き渡っていなかったからである。同時に,共産党の監視が及ばなかったことで,大多数の台商は裁量の余地を手にしていた。はたして,選挙直前になっても,大多数の台商たちの選挙への関心は低く,帰台投票への意欲が高まることはなかった[25]。

　本章の分析枠組みによれば,帰台投票への働きかけに比較的熱心に応じた

---

25) 台湾の航空各社の予約状況は投票日半月前でも,どの便にも空席が目立ち,増便の必要はない状況だった(藍孝威2014)。

台商は，台企聯のメンバーや台商協会の役員を務める大企業の経営者や幹部が中心だったと推測される。ただし，彼（女）たちが帰台投票を行ったとしても，実際に国民党の候補者に投票したかどうかは判断できない。台湾で選挙は秘密投票で行われるため，ブローカーたち（台企聯のメンバーや台商協会の役員）にとっては，帰台投票を行ったという目にみえる実績をパトロン（国共両党）に示しておくことこそがもっとも重要だったのである。

(3) 一般有権者への影響

最後に，郭台銘による応援活動が，台湾の一般有権者に国民党の候補者への投票を促したといえるのかどうかについても検討しておきたい。上述のとおり，郭台銘の言動を，2012年の選挙で行われた中国による代理人に対する影響力の行使と同種のものとみなすのは難しい。しかし，一般有権者の目には，彼が中国の代理人と映った可能性がある。なぜなら，2012年の総統選挙直前，中国の代理人として「92年コンセンサス」への支持表明の口火を切ったのが，郭台銘だったからである。

台湾社会では当時，中国との経済交流への不満や反発，馬英九政権の対中政策への批判の高まりがすでに相当なレベルに達していた。2014年春の「ひまわり学生運動」が，台湾社会の雰囲気を一変させていた。運動の担い手だった学生たちによる「中国との経済交流による利益は，中国と結託した台湾の一部の大企業や政治家に独占されている」との批判や，「中国との経済の緊密化により，若者が低賃金や失業問題に直面している」という不満の声は，瞬く間に広く社会で共有されていき，馬英九政権が進めてきた中国との経済交流の進展にブレーキをかけた（川上 2016, 9）。馬英九政権に対する住民の異議申し立てが投票を通じて行われたのが，2014年の統一地方選挙だった。

選挙戦では，台北市長選挙において，連勝文が巨額の財産を有していることが話題となり，連戦の一族が中台の政治経済構造に深く入り込んで巨額の利益を得ているとの批判が繰り返された。そうしたなかで，「両岸権貴」

という言葉が使われるようになった。「権貴」とは特権階層を意味する。要するに，「両岸権貴」とは，中台の経済交流の利益を独占している「中国と結託した台湾の一部の大企業や政治家」のことである。こうして，連勝文は「両岸権貴」であるというイメージが有権者のあいだに広まった（小笠原 2015）[26]。

そのような状況のなかで，郭台銘は国民党の候補者への支持を訴えて奔走した。とくに連勝文のためには，応援を繰り返した。郭台銘の姿を目にした有権者の多くが，彼を中国の代理人と受け止め，彼もまた「両岸権貴」であると認識したものと推測される[27]。

台湾のシンクタンクである台湾智庫が投票日直後に行った世論調査（2014）によると，43.1％の回答者がどの候補に投票するのかを「個人の資質」で決めたと答えている。また，大型ビジネスグループが選挙に介入するのは「適当ではない」とする回答者の割合は 73.5％に達し，「国民党が敗北したのは，人々が馬英九政権の親中国・親大型ビジネスグループ政策に反対したため」という見方には 52.7％の回答者が「同意する」と答えている（台灣智庫 2014）。こうした世論の状況から判断すると，郭台銘の出現は，台湾各地での「両岸権貴」の可視化につながり，一般有権者の批判や反発を招いたと考えられる。国民党の候補者への投票を促すという点では，むしろ逆効果だったといえよう[28]。

---

26) 台商のあいだでも同様の状況が生まれていた。ある台商の話では，上海の台商協会が台北市に戸籍のある台商に連勝文への支持を呼びかけていたが，現地の台商の多くが連勝文のイメージを理由に彼を支持していなかったという（施曉光 2014）。なお，選挙戦終盤，上海の台商協会が主催した選挙集会では，連勝文と胡志強に対する支持ばかりが呼びかけられていた（邱燕玲・彭顯鈞 2014）。
27) 台北市長選挙に介入した張志軍や連戦も，有権者には同様に受け止められたと考えられる。
28) 郭台銘が応援に立った各候補者と当選者の得票率の差は，連勝文（16.33 ポイント），胡志強（14.13 ポイント），楊秋興（37.19 ポイント），張麗善（13.95 ポイント）でいずれも大差で敗れている（中央選舉委員會 2014a, 2014b）。

おわりに

　本章では，中国の台湾に対する影響力行使のメカニズムを，クライアンテリズムという比較政治学の分析枠組みを用いて考察した。中国による台商への働きかけに焦点を当て，国共両党で形成されたパトロンの一体性，台商への利益分配，台商の行動への監視という3つの側面から，「両岸クライアンテリズム」の機能を分析することで，中国の台湾に対する影響力行使の特徴と効果について検討した。

　本章の分析からは，中国の影響力行使の可能性と限界が明らかにされた。中国が効果的に影響力を行使できたのは，台商のなかでも大型ビジネスグループや大企業に限られており，それ以外の中小企業を中心とした大多数の台商には，中国の影響力はほとんど及ばなかったと考えられる。胡錦濤政権は，同盟相手である国民党，とりわけ台商への利益分配を委ねた国民党の有力政治家による機会主義的な行動を許してしまった。その結果，台商への利益誘導では大型ビジネスグループや大企業がおもな利益分配先となったわけだが，中国はいずれの行動も効果的に監視することができた。他方，それ以外の大多数の台商は，利益分配にあずかることもできず，また監視の目も届いていなかった。

　したがって，2012年の台湾での総統選挙において，多くの台商が帰台投票を行い，馬英九に投票したと考えられるのは，中国の影響力行使だけによるものではなく，むしろ台商の自らの判断によるところが大きい。中国の代理人としての影響力ある企業家たちの言動も，中台関係の安定を重視する一般有権者が肯定的に受け止めたからこそ，馬英九への投票につながったのだといえる。2012年総統選挙で行われたような中国の影響力行使は，2014年統一地方選挙ではみられなかった。そのため，両者を直接比較することはできないが，中国との経済交流に否定的な世論を前にして実施された統一地方選挙では，影響力ある企業家の言動は，逆に一般有権者の反感を招き，国民

党候補者への投票を促すには逆効果だった。中国の影響力行使が大多数の台商に及ばなかったことは，中国側の限定的な取り組みでも確認できた。

　台湾では，大型選挙のたびに中国による選挙介入，とりわけ台商の帰台投票がメディアの注目を集め，中国の影響力の大きさを台湾社会に強く印象づける一因となってきた。だが，本章の分析からは，むしろ中国による影響力の行使は限界を抱えていたことが明らかになった。従来の一般的なイメージとはかけ離れたかたちで，中国の影響力の実像が示されたとすれば，これまでは虚像が実像を上回っていたといえるのかもしれない。少なくとも胡錦濤政権のもとでは，中国の影響力メカニズムの限界ゆえに，選挙介入もある程度制約されたものにならざるをえない可能性は存在していた。その意味では，中国の影響力の大きさやその台湾の選挙への影響を過大評価すべきではないであろう。

　総じて，本章での中国の影響力メカニズムの分析をとおして，クライアンテリズムという包括的な分析枠組みの有効性が示されたといえる。代理人問題の可能性を視野に入れたことにより，代理人が介在する影響力の行使では，その可能性と限界を明らかにすることができた。同時に，本章の分析枠組みの限界も示された。中国の経済的関与による影響力行使が，台湾の不特定多数の一般有権者（あるいは台湾社会全般）にもたらした影響については，特定のターゲットを対象とした影響力の行使ではないため，クライアンテリズムでは考察できない。

　その一方で，本章の冒頭でも触れたように，中国の台湾に対する影響力行使は，中国の経済的手段による対外的な影響力行使のひとつとしてとらえることができる。そうした事例においても，中国から相手国内の特定のターゲットに対する利益誘導が行われていれば，クライアンテリズムという分析枠組みの適用可能性が生まれてくるかもしれない。

　最高指導者が習近平に代わった現在においても，中国の台湾に対する経済的関与は続いており[29]，これからも拡大していくことが予想される。中国による台湾への影響力の行使が，「両岸三党」政治の枠組みのなかでの利益

誘導政治として展開されていくかぎり[30]，クライアンテリズムという分析枠組みの有効性が失われることはないものと考えられる。

〔参考文献〕

〈日本語文献〉
小笠原欣幸 2010.「中国の対台湾政策の展開——江沢民から胡錦濤へ」天児慧・三船恵美編著『膨張する中国の対外関係——パクス・シニカと周辺国』勁草書房．
——— 2012.「選挙プロセスと勝敗を決めた要因」小笠原欣幸・佐藤幸人編『馬英九再選——2012年台湾総統選挙の結果とその影響』アジア経済研究所．
——— 2015.「台湾地方選挙——馬英九・国民党の敗北と中華民国」『朝日新聞AJWフォーラム』(http://www.asahi.com/shimbun/aan/column/2015 0119.html，最終閲覧日：2017年3月3日)．
——— 2018.「馬英九政権の8年を回顧する——支持率の推移と中台関係の角度から」松田康博・清水麗編著『現代台湾の政治経済と中台関係』晃洋書房．
郭永興 2006.「中国の税関問題に関する台湾企業のロビー活動」『アジア経済』47(9): 22-40.
川上桃子 2015.「中台関係のポリティカルエコノミー分析試論——『中国の影響力メカニズム』を中心に」川上桃子編「馬英九政権下・台湾の経済社会学的分析」アジア経済研究所．

---

29) 恵台政策では，2018年2月28日に台湾の企業・個人への幅広い優遇策を盛り込んだ31項目の台湾優遇措置が発表され，各地の地方政府によって具体的な政策が次々と打ち出されている。同年9月1日には台湾住民に対して，中国国民と同等の公共サービスを受けられる「居住証」を付与する制度が実施された。
30) 中国側では最近，台湾住民の支持を奪い合う「両岸三党」政治のイメージを念頭に語られたと解釈できる発言が見受けられる。たとえば，国台弁の安峰山報道官は2018年5月30日の定例記者会見で，台湾には「国民党，民進党と共産党を一緒に競争させて，誰がより台湾を愛しているのか，民衆にもっと多くの選択肢を与えるべきだと考える世論もある」と指摘したうえで，「政党が魅力的であるかどうかの鍵は，人々が憧れて追い求める良き生活を自らの奮闘目標にできるのか，人々が実際に恩恵を得られるようにできるのか，人々にさらなる発展の機会と空間を提供できるのか，人々にもっとすばらしい希望やビジョンを示すことができるのかどうかにある」と述べている（中共中央台湾工作弁公室・国務院台湾事務弁公室 2018）。

―――― 2016.「中国の『恵台政策』と対峙する台湾社会」『アジ研ワールド・トレンド』(254): 8-9.

―――― 2017.「馬英九政権期の台湾における『中国の影響力メカニズム』の深化――予備的考察」川上桃子・松本はる香編「馬英九政権期の中台関係と台湾の政治経済変動」アジア経済研究所.

久米郁男・河野勝 2011.『改訂新版 現代日本の政治』放送大学教育振興会.

呉介民 2016.「政治ゲームとしてのビジネス――台湾企業の政治的役割をめぐって」園田茂人・蕭新煌編『チャイナ・リスクといかに向きあうか――日韓台の企業の挑戦』東京大学出版会.

呉介民・平井新訳 2015.「『太陽花運動』への道――台湾市民社会の中国要因に対する抵抗」『日本台湾学会報』(17): 1-37.

黄偉修 2014.「馬英九政権の大陸政策決定過程における与党・中国国民党の役割――国共プラットフォームを事例として」『東洋文化』(94): 147-179.

斉藤淳 2010.『自民党長期政権の政治経済学――利益誘導政治の自己矛盾』勁草書房.

佐藤幸人 2012.「選挙の争点に浮上した経済問題」小笠原欣幸・佐藤幸人編『馬英九再選――2012年台湾総統選挙の結果とその影響』アジア経済研究所.

田所昌幸 2008.『国際政治経済学』名古屋大学出版会.

陳志柔 2016.「中国における『台商』――その政治的リスク下の生存戦略」園田茂人・蕭新煌編『チャイナ・リスクといかに向きあうか――日韓台の企業の挑戦』東京大学出版会.

松田康博 2010.「改善の『機会』は存在したか？――中台対立の構造変化」若林正丈編『ポスト民主化期の台湾政治――陳水扁政権の8年』アジア経済研究所.

松本充豊 2015.「台湾の民意をめぐる『両岸三党』政治」『東亜』(571): 24-33.

―――― 2017.「中台関係と『両岸三党』政治――『海峡を越えたパトロン・クライアント関係』の分析を中心に」川上桃子・松本はる香編『馬英九政権期の中台関係と台湾の政治経済変動』アジア経済研究所.

林成蔚 2017.「[台湾]ナショナリズム政党と保守――台湾政党システムの試論」阪野智一・近藤正基編『刷新する保守――保守政党の国際比較』弘文堂.

〈中国語文献〉

阿波罗新闻网 2012.「蓝绿争1%关键票 中共国台办利诱20万台商挺马」『阿波罗新闻网』(http://www.aboluowang.com/2012/0105/231345.html, 最終閲覧日：2018年1月3日).

財經中心 2014.「挺4席全敗 郭董拜關公 吸『經濟選民』失靈 鴻海：持續愛台」『蘋果日報』2014年12月1日（https://tw.appledaily.com/forum/daily/201412

01/36239680，最終閲覧日：2017 年 12 月 30 日）．
陳華昇 2015.「台灣政治新局下的國共論壇新定位」『國政評論』（2015 年 2 月 10 日）財團法人國家政策研究基金會（https://www.npf.org.tw/1/14744，最終閲覧日：2018 年 5 月 5 日）．
耿曙 2009.「經濟扭轉政治？──中共『惠台政策』的政治影響」『問題與研究』48(3): 1-32.
郭宏治 2014.「買辦政治大崩潰 中國還想找權貴代理人？」『新新聞』1448 期: 114-116.
藍孝威 2012.「台商滿天飛 逾 20 萬人返台投票」『中國時報』2012 年 1 月 13 日．
────── 2014.「九合一選舉 只剩半個月 台商訂位冷 尚不須加班機」『中國時報』2014 年 11 月 14 日．
李道成 2011.「台商返台投票 機位增票價減」『中國時報』2011 年 12 月 10 日．
────── 2014.「返鄉投票台商 估約 15 萬人」『中國時報』2014 年 11 月 28 日．
李學章 2016.「台企聯會長選舉翻盤始末 台商陣前反撲 何世忠規畫人選意外落馬」『財訊雙週刊』501 期 : 74-75.
梁式榮 2013.「『2013 兩岸企業家紫金山峰會』召開情形及對兩岸關係影響」『展望與探索』11(11): 111-118.
兩岸企業家峰會 2013.「2013 兩岸企業家紫金山峰會」（http://www.ceosummit.org.tw/summit/?K=34，最終閲覧日：2018 年 9 月 9 日）．
林瑞華・耿曙 2012.「中國大陸的自發協會與公民社會──昆山與東莞台協的個案研究」耿曙・舒耕德・林瑞華主編『台商研究』五南圖書出版．
林三白 2014.「習近平下令──研究邀蔡英文訪中的可能性」『新新聞』1448 期 : 113.
林怡廷・明長蘇 2015.「這一次，還有多少大陸台商回台投票？」『端傳媒』2015 年 12 月 31 日（https://theinitium.com/article/20151231-taiwan-presidential-election-taiwan-businessmen/，最終閲覧日：2017 年 12 月 30 日）．
林哲良 2014.「【封面故事】張志軍當門神 台企聯高調救援連勝文」『新新聞』1443 期 : 22.
劉馥瑜 2011.「大陸台商挺馬 將動員投票」『工商時報』2011 年 9 月 15 日．
施曉光 2014.「國民黨動員返台投票 台商反應冷」『自由時報』2014 年 10 月 26 日．
台灣智庫 2014.「九合一選舉投票行為調查 選後民調分析記者會」『苦勞網』2014 年 12 月 2 日（https://www.coolloud.org.tw/node/80934，最終閲覧日：2017 年 12 月 30 日）
湯晏甄 2013.「『兩岸關係因素』真的影響了 2012 年的台灣總統大選嗎？」『台灣民主季刊』10(3): 91-130.
湯惠芸 2012.「大陸台商回台投票總統選舉意願高」『VOA（美國之音）』2012 年 1 月 11 日（https://www.voacantonese.com/a/article-20120111many-china-taiwan-businessmen-vote-in-presidential-election-137088338/936947.html，最終閲覧

日：2017 年 12 月 30 日）.
唐永瑞 2009.「『國共論壇』回顧與展望」『展望與探索』7(10): 32-48.
邱燕玲・彭顯鈞 2014.「中國特許？上海設看板 搶救連胡」『自由時報』2014 年 11 月 24 日.
仇佩芬 2014.「為國民黨催票 大陸台商將推優惠機票」『風傳媒』2014 年 9 月 9 日 (http://www.storm.mg/article/35535, 最終閱覽日：2018 年 1 月 3 日）.
全国台湾同胞投资企业联谊会 2010.「台企联章程（日期：2010 年 11 月 7 日）」(http://www.qgtql.com/dsq/zc/200711/t20071107_480318.htm, 最終閱覽日：2018 年 1 月 3 日）.
────── 2016a.「全国台企联第四届名誉会长，荣誉会长及顾问名单（日期：2016 年 8 月 6 日）」(http://www.qgtql.com/dsq/hzjgw/2016 06/t20160606_11475781. htm, 最終閱覽日：2018 年 1 月 3 日）.
────── 2016b.「全国台企联第四届常务理事名单」（日期：2016 年 6 月 6 日）」(http://www.qgtql.com/dsq/cwlsh/201606/t20160606_11 475783.htm, 最終閱覽日：2018 年 1 月 3 日）.
王銘義・連雋偉 2011.「國台辦：沒介入台灣大選」『中國時報』2011 年 12 月 8 日.
吳介民 2012.『第三種中國想像』左岸文化事業.
吳介民・廖美 2015.「從統獨到中國因素：政治認同變動對投票行為的影響」『台灣社會學』29: 89-132.
徐珮君・吳家翔・陳嘉恩 2011.「返台投票過年 台商機票 5 折」『蘋果日報』(https:// tw.news.appledaily.com/headline/daily/20110912/33662122/, 最終閱覽日：2018 年 1 月 3 日）.
佘研寧 2011a.「總統大選 20 萬台商返台投票 台企聯會長郭山輝：機票一票難求，極力爭取再增加返台投票航班」『工商時報』2011 年 12 月 18 日.
────── 2011b.「第 2 波 1 月 10 至 13 號將再加開班次 上海返台加班機月底開賣」『工商時報』2011 年 12 月 19 日.
中共中央台湾工作办公室・国务院台湾事务办公室 2018.「国台办新闻发布会辑录（2018-05-30）」(http://www.gwytb.gov.cn/xwfbh/201805/t20180530_11960283.htm, 最終閱覽日：2018 年 6 月 5 日）.
中央選舉委員會 2014a.「103 年直轄市長選舉 候選人得票數（投票日期：中華民國 103 年 11 月 29 日）」中央選舉委員會選舉資料庫 (http://db.cec.gov.tw/ histQuery.jsp?voteCode=20141101B1B1&qryType=ctks, 最終閱覽日：2018 年 1 月 5 日）.
────── 2014b.「103 年縣市長選舉 候選人得票數（投票日期：中華民國 103 年 11 月 29 日）」中央選舉委員會選舉資料庫 (http://db.cec.gov.tw/histQuery.jsp?vote Code=20141101C1C1&qryType=ctks, 最終閱覽日：2018 年 1 月 5 日）.

〈英語文献〉

Chu, Yun-han 1994. "The Realignment of Business-Government Relations and Regime Transition in Taiwan." In *Business and Government in Industrialising Asia*, edited by Andrew MacIntyre, Ithaca: Cornell University Press.

Fields, Karl J. 1995. *Enterprise and the State in Korea and Taiwan*. Ithaca: Cornell University Press.

Kitschelt, Herbert and Steven I. Wilkinson 2007. "Citizen-Politician Linkages: An Introduction." In *Patrons, Clients, and Policies: Patterns of Democratic Accountability and Political Competition*, edited by Herbert Kitschelt and Steven I. Wilkinson, Cambridge: Cambridge University Press.

Lee, Chun-yi 2012. *Taiwanese Business or Chinese Security Asset? : A Changing Pattern of Interaction between Taiwanese Business and Chinese Government*. London: Routledge.

Norris, William J. 2016. *Chinese Economic Statecraft: Commercial Actors, Grand Strategy, and State Control*. Ithaca: Cornell University Press.

Schubert, Gunter, Ruihua Lin and Jean Yu-chen Tseng 2017. "Are Taiwanese Entrepreneurs a Strategic Group? : Reassessing Taishang Political Agency across the Taiwan Strait." *Asian Survey*, 57(5): 856-884.

Stokes, Susan C. 2005. "Perverse Accountability: A Formal Model of Machine Politics with Evidence from Argentina." *American Political Science Review*, 99(3): 315-325.

Stokes, Susan C., Thad Dunning, Marcelo Nazareno and Valeria Brusco 2013. *Brokers, Voters, and Clientelism: The Puzzle of Distributive Politics*. Cambridge: Cambridge University Press.

Walker, Christopher and Jessica Ludwig 2017. "From 'Soft Power' to 'Sharp Power': Rising Authoritarian Influence in the Democratic World." In *Sharp Power: Rising Authoritarian Influence: New Forum Report*. Washington DC: National Endowment for Democracy (https://www.ned.org/sharp-power-rising-authoritarian-influence-forum-report/: accessed 3 January 2018).

第 2 章

「恵台政策」のポリティカル・エコノミー

川 上 桃 子

はじめに

　中国の台湾統一政策の中核的な構成要素のひとつに，台湾との経済関係を深め，統一に有利な環境を醸成し，台湾への影響力を高めようとする方策（松田 1996; 耿曙 2009; 伊藤 2011）——いわゆる「ビジネスをもって政治を囲い，経済をもって統一を促す」（中国語：以商囲政，以経促統）戦略がある。30 余年に及んだ交流断絶ののち，1980 年代半ばに中国と台湾の人的・経済的往来が再開すると，中国は台湾との経済関係の強化とその操作を通じた台湾に対する政治的取り込み策を積極的に行うようになった。1990 年代に中国による取り込み策の対象となったのは，生産拠点や市場を求めて中国に進出した台湾系企業のオーナー経営者や経営幹部らであった。「台商」とよばれるこれらの企業関係者らは，不確実性の高い中国の経済環境のもとで事業を営むなかで，中国共産党（以下，「共産党」）や地方政府の関係者らへの依存を深め，中国政府の影響力行使の対象となった。

　2005 年に中国共産党と中国国民党（以下，「国民党」）が歴史的な和解を遂げると，新たに国民党というパートナーを得た中国・胡錦濤政権は，「ビジネスをもって政治を囲い，経済をもって統一を促す」戦略の対象を台湾島内へと広げた。2008 年には台湾で国民党・馬英九政権が成立し，中国は，観光客の送り出し（2008 年～），両岸経済協力枠組協定（Economic Cooperation

Framework Agreement: ECFA）の締結（2010年），余剰農産品や工業製品の買い付け団の派遣（2010〜11年）等を矢継ぎ早に実行に移した。これらの施策は「利益を譲り，台湾に恩恵を与える政策」（中国語：譲利恵台政策。以下「恵台政策」と略）とよばれる（耿曙2009）。恵台政策の実施にあたり，中国による重点的な取り込みの対象とされたのが，民進党の支持基盤であり，それまでの対中経済交流の拡大から十分な利益を受けてこなかったと考えられた台湾の中南部地域，中下層所得者，中小企業（「三中」）であった。こうして，2000年代半ば以降，中国による経済手段を通じた台湾の政治的取り込み策には，中国において台商を取り込み，これを通じて台湾の人々に影響力を行使しようとする間接的な働きかけに加えて，恵台政策を通じて，台湾に住む人々へと直接的に働きかけようとする新たな手法が加わった。

　しかし，馬英九政権期に中国が推進した恵台政策は，結果的に，中国が意図した政治効果を生むにはいたらなかった。2014年3月の「ひまわり学生運動」の勃発，同年秋の統一地方選挙と2016年の総統選挙・立法委員選挙における国民党の敗北は，いずれも，馬英九政権下での中台関係（両岸関係）の深まりとその帰結に対する台湾の人々の反発のあらわれであった（呉介民・平井訳2015）。恵台政策は，中国が意図した統一に有利な環境醸成にも，共産党のパートナーとなった国民党への支持拡大にもつながらず，結果的に頓挫した。

　馬英九政権期に推進された中国による台湾への利益供与戦略は，なぜ所期の目的を達成することができなかったのか。本章ではこの問いの考察を通じて，馬英九政権期に新たな展開をみた中国の台湾に対する取り込み策とこれに対する台湾社会の反応を分析する。考察にあたっては，恵台政策が経済利益の供与を通じた政治的取り込み策であることに注目し，経済事象と政治事象の相互作用に着目する。

　本章の構成は次のとおりである。第1節では，本章の分析視点を導入する。第2節では，中国の対台湾戦略の展開を整理し，馬英九政権期をこの流れのなかに位置づける。第3節では，馬英九政権期に中国が行った恵台政策

のなかから複数の事例を選んで検討し，これらの取り込み策が所期の目的を遂げられなかった背景を考察する．むすびは本章の議論のまとめである．

第 1 節　分析視点

　中国が台湾に対して行う「ビジネスをもって政治を囲う」政策が機能するためには，中国側アクターが台湾側アクターに対して行う経済的な働きかけが，両岸間に存在する実質的な国境を越えて台湾のなかに波及するチャネル（境界横断チャネル），および中国が操作する経済的利益が台湾の人々の政治的な意識や行動に影響を与えるチャネル（経済・政治転換チャネル）が必要となる．本章では，台湾の政治社会学者・呉介民による「中国の影響力メカニズム」論を手がかりとして，中国による台湾への経済チャネルを通じた政治的働きかけへの分析視点を導入する．

1-1　「中国の影響力メカニズム」論の視角

　呉介民は，「中国の影響力メカニズム」を，「中国政府が資本やその他の関連する手段を用いて，他国ないし他の地域に対して投資や取り込みを行い，中国に経済的に依頼させ，政治目的の実現の助けとすること」（呉介民 2017, 34）と定義づけ，一連の論考を通じてそのメカニズムを分析した（呉介民 2012; 呉介民・平井訳 2015; 呉介民 2016；2017; Wu 2016)[1]．呉によれば，台

---

1) 経済交流の促進を通じて外交関係の強化や政治的関係の改善を図る「経済国策」の試みは，比較的リスクの小さい選択であることもあって，関係改善に向けた政策として古くから多用されてきた（田所 2008, 160)．中国は東南アジア，中央アジア，アフリカ等に対して経済国策を展開してきたが，台湾に対する戦略において特異なのは，中国が「台湾統一」という国家目標の一環としてこれを体系的に追求してきたこと，両者の経済規模の違いと中国の経済体制ゆえに，台湾の対中依存度が非対称に高く（松田 2014)，また個々の在中国台湾企業に対して中国の中央・地方政府が及ぼしうる影響力が非常に高いこと等である．

湾に対する中国の影響力メカニズムは，①「海峡を越えた政治・ビジネス関係ネットワーク」の形成と，②台湾における「現地協力者ネットワーク」の形成，という2つの要素から構成される。このうち①は主に，中国の中央・地方政府，党，官僚組織と台商のあいだで形成される利益交換関係のネットワークである。②は台湾内部のローカル・ネットワークであり，台湾の政治アクター，経済アクター，さらにはマスメディアや一部の宗教界までを含む広範な広がりをもつ。台湾側のアクターは，中国による経済利益の分配ネットワークや中国との政治的コネクションへのアクセスを得ることと引き換えに，中国の政治アクターの「代理人」（エージェント）となって，「本人」（プリンシパル）である中国の政治意図が台湾社会のなかに伝播・拡散されていくプロセスを担う。「中国の影響力メカニズム」論では，この2つのネットワークが組み合わさり，境界横断チャネルおよび経済・政治転換チャネルが生まれ，中国の政治的な意図が台湾社会のさまざまな領域に浸透していくメカニズムが描き出されている。

1-2 本章の視点

呉介民の一連の著作は，中国の台湾に対する経済利益の操作を通じた政治的影響力行使の構図を定型化した先駆的研究である。その貢献は，中国による台湾社会への政治的浸透の生々しい現実を可視化し，その背後に，台湾海峡の両岸にまたがり，台湾内部に広がる利益供与ネットワークが存在することを指摘して，台湾社会に対する問題提起を行ったことにある[2]。

他方で，呉の「中国の影響力メカニズム」論では，馬英九政権期に中国が行った恵台政策が所期の目的を達成できずに終わった理由を説明することができない。これに関連して以下の点を指摘したい。第1に，呉らの議論

---

2) 呉・蔡・鄭主編（2017）では，教育，宗教，メディアといった社会のさまざまな領域での中国の政治的影響力の実態が論じられている。また Hung（2017）は，中国が有力な台商や退役軍人，国民党系の政治家をさまざまなかたちで厚遇し，エージェントとして取り込んでいることを具体的な事例を交えて論じている。

は，中国内で台商に対して行う取り込み策と，台湾を舞台として不特定多数の人々に対して行う取り込み策を明示的に区別していない。これは，呉のおもな関心が，台商を介して台湾内に中国の影響力がもち込まれる経路を可視化することにあり，またその分析上の焦点が，台湾の市民社会にとって切実な問題である中国の影響力浸透のメカニズムの解明におかれていることに由来すると考えられる。このような問題意識ゆえ，呉の研究では，中国の政治的影響力行使の成功事例に光が当てられることが多い。第2に呉は，「ひまわり学生運動」の勃発とこれに続く国民党の大敗といった中国の影響力行使の失敗局面を，おもに台湾の市民社会の抵抗力という要因から説明しており（呉介民・平井訳 2015），影響力行使のあり方自体に限界が存在した可能性に目を向けていない。恵台政策の内容やその執行過程に，失敗へとつながる問題があった可能性は検討されねばならない。第3に，これと関連して，「中国の影響力メカニズム」論では，中国側のアクターを一枚岩にみなす傾向がある。この想定の妥当性も問いなおされる必要がある。

　本章では，2005年の共産党と国民党の歴史的和解を機に始まり，馬英九政権の成立とともに本格化した恵台政策を分析するにあたり，「中国の影響力メカニズム」論の視点を引き継ぎ，中国の政治的影響力の台湾社会への搬入・拡散を担うアクター間の利益交換ネットワークに着目しつつ，以下の視点を新たに導入する。第1に，川上（2015; 2017）の議論を発展させて，中国による影響力行使の場と働きかけの対象に着目する。具体的には，中国の台湾に対する影響力行使を，1990年代に始まり現在まで続く「中国における台商を対象とした取り込み策」と，2005年以降に開始された「台湾に住む人々を対象とした利益供与策」に分けたうえで，後者が頓挫することとなった背景を分析する。第2に，恵台政策の不成功の背景として，台湾の市民社会の抵抗力以外の要因にも目を向け，政策およびその実施過程に内在する問題があった可能性を探る。とくに，中国政府が，台湾住民への直接的利益供与を行うにあたって依存することになった「海峡を越えた政治・ビジネス関係ネットワーク」では，依頼人が代理人の効率的な統御に失敗する「代理人

問題」（エージェンシー問題）が起きていた可能性がある。本章ではこの点を考察する。第3にこれと関連して，「海峡を越えた政治・ビジネス関係ネットワーク」に参加する代理人は，台湾側だけではなく中国側にも存在したことに光を当てる。呉らの議論では，中国という一つの「本人」（プリンシパル）に対して，海峡を越え，台湾に広がるネットワークを構成する台湾側の多数の「代理人」（エージェント）たちの存在という構図が暗黙裏に想定されていた。しかし，恵台政策の実施に際しては，中国内にも政府の政策に協力・対応することを求められた代理人たちがいた。本章では中台双方の代理人の存在とそのインセンティブに注目して議論を進めていく。

第2節　中国による「ビジネスをもって政治を囲う」戦略の展開過程

　中国による経済手段を通じた台湾の民意の取り込み策は，1980年代後半以降の中台経済交流の拡大・深化，および中国の経済的な興隆の過程と平行して推進されてきた。その速度や内容は，中国・台湾の時々の政権の両岸政策にも規定されてきた。このうち，本章が着目する中国の影響力行使の「場と対象」という視点から重要な転換点となったのが，2005年の国共和解から2008年の馬英九政権成立にかけての時期である。本節では，この時期の前と後の局面に分けて，中国の台湾に対する「ビジネスをもって政治を囲い，経済をもって統一を促す」戦略の展開を整理する。

2-1　2000年代半ばまで——中国を舞台とする台商の取り込み策の展開——

(1)　両岸関係の再始動まで

　1945年，台湾は半世紀にわたった日本による植民地支配から解放され，中華民国へと編入された。1949年，国民党政権は，共産党との内戦（国共内

戦）に敗れ，台湾へと敗走した。朝鮮戦争の勃発を契機としてアメリカが台湾海峡に軍事介入し，さらに東西冷戦体制が固定化したことにより，自らの正統性を主張する2つの中国政権が台湾海峡を隔てて対峙・競争する「分裂国家」の局面が形成された（若林 1992, 63）。

1980年代半ばに至るまで，中台間の人的往来や貿易投資関係はほぼ途絶状態にあった。この間，中国は，米国との国交が正常化された1979年元日に「台湾同胞に告げる書」を発表し，「祖国の平和統一」と「三通」（通商，通航，通郵），文化交流等を呼びかけたが，国民党政府は「三不」（接触せず，交渉せず，妥協せず）政策をとり，これを拒絶した。

この状況が大きく変わり，長らく途絶していた両岸関係が再び始動する転機となったのが，1980年代後半に台湾が直面した経済環境の変化である。この時期，プラザ合意（1985年）以後の台湾元の対米ドルレートの持続的上昇，賃金の上昇といった経営環境の変化が重なり，約20年にわたって台湾の輸出主導型工業化を牽引してきた労働集約的産業では，低廉な労働力を求めて対外投資を模索する動きが生じた。1987年に，親族訪問を名目とする中国への渡航が解禁され，米ドルの海外持ち出し制限が緩和されると，労働集約型産業の中小企業は，政府の禁止政策にもかかわらず，第三国・地域経由での中国への進出を開始した。政府はこのような動きを追認するほかなく，1987年には第三国・地域経由の貿易が，1990年には第三国・地域経由での対中投資が，それぞれ条件つきで解禁された。以後，台湾と中国の経済関係は急速に拡大し，政府は対中貿易，投資を条件つきで段階的に追認していくこととなった[3]。

1990年代前半には，中台間の準公式的な対話も始まった。1993年には，双方の窓口機関である中国の海峡両岸関係協会と台湾の海峡交流基金会のトップ会談（「汪道涵・辜振甫会談」）が実現した。しかし，1999年の李登

---

3) 1980〜1990年代の中台経済関係の展開については，劉（2010），伊藤（2011）等を参照。

輝による「二国論」発言[4]を機に，対話は中断され，以後，陳水扁政権期（2000〜2008年）を通じて両者間の準公式関係は途絶した。

ただし，この間にも，中国の急速な経済成長に牽引されて台湾から中国への投資は急増し，貿易関係も拡大の一途をたどった（**図序-2**，**図序-3**〔p13〕）。台湾の対外投資および輸出額に占める中国の比率は，それぞれ1995年の45％，26％から2000年には34％，23％，2008年には71％，39％に達した。中国と台湾の経済規模の差および中国の貿易額の急増ゆえに，台湾の貿易，投資面での対中依存度は，中国の台湾に対する依存度に比べて著しく高くなり，両者間の相互依存は非対称な関係（伊藤2011）となった。

(2) 対中投資の急増と台商の「人質化」

1990年代から2000年代を通じて進んだ両岸経済関係の緊密化——とくに台湾企業による対中投資の急増——は，中国による「ビジネスをもって政治を囲う」政策の実行可能性を大きく高めた。この時期，中国による働きかけの対象となったのが，在中台湾系企業とその経営者や幹部ら——いわゆる「台商」——である。中国による台商の政治的取り込みが有効となりえた背景には，中国に進出した台湾系企業が直面することとなったリスクや不確実性の高さと，その解決策としての党・地方政府の官僚とのコネクションの有用性があった。

郭（2006）は，華南地域で加工貿易に従事する台湾企業が，個別的なロビー活動を通じた税関との人脈づくりや集団的なロビー活動を活発に行い，さまざまなリスクやトラブルを回避しようと努力してきた様子を活写した。加工貿易に従事する台湾企業は，その事業上の特性もあって密輸の可能性を疑われやすく，罰金，帳簿の押収，経営者や従業員の拘束といった深刻なト

---

[4] 1999年7月，李登輝はドイツのメディアのインタビューに答えるなかで，中国と台湾の関係は「少なくとも特殊な国と国の関係」であると述べた。これは中国政府による強い非難と威嚇を引き起こした。詳しくは若林（2008, 225-231）を参照。

ラブルに見舞われるリスクに常にさらされている。それゆえ台商にとって，税関関係者との人脈づくりは非常に大きな意味をもつ。陳（2016）も，台商たちが支払う税金，社会保険関係の支払い等が地方政府の裁量のもとにおかれており，トラブルが生じた際には，しばしば地方政府の役人とのつながりを通じて解決にあたっていることを論じている[5]。このような状況のもと，台湾企業が中国の影響力のもとにおかれ，「中国政府の安全上ないし政治上の資産（security or political assets）（Lee 2012, 5），「人質」（耿曙・林琮盛 2005）となっていくこととなった。

台商の「人質」化の比較的早い時期の事例として，2004 〜 2005 年に起きた奇美実業グループの許文龍をめぐる事件がある。世界最大手の ABS 樹脂メーカーである奇美実業は，1996 年より江蘇省鎮江市で大規模な工場を操業していた。同社の創業者であり董事長（代表取締役）でもあった許は，台湾独立志向の持ち主として，また陳水扁の支持者として，台湾社会で影響力をもっていた。陳水扁の総統再選（2004 年 1 月）から間もない 2004 年 5 月，『人民日報』に，許を歓迎されざる「緑色台商」（民進党を支持する独立路線寄りの台商）の代表格として名指しする記事が掲載され，ほどなくして許は奇美実業の董事長を辞職した。許はさらに翌年，台湾の新聞で「台湾と大陸は一つの中国に属しており，両岸の人民は同胞姉妹である」「（胡錦濤主席の講話と反国家分裂法が）あってこそ，安心していられる」といった内容の「引退の辞」を発表した。

事柄の性質上，この事件の真相は明らかになっていない。しかし，中国政府は 2000 年代初頭から奇美グループの中国工場に対して認可権の行使や税金調査の実施等を通じてさまざまなハラスメントを行っていたと報じられており（徐乃夫 2005; 童振源 2003, 238-243），従来の自身の言動とは大きく矛盾する許の一連の行動がこれと無関係であるとは考えにくい。この事件は，中国

---

[5] Lee（2012）では，中国の中央政府が台湾企業に対して政治的，戦略的視点からの利害と関心を寄せたのに対し，地方政府は主として地方の経済利益の立場から台湾企業に関心を寄せたことを論じている。

で事業を営む台湾企業の関係者が中国の意に反する政治的行動をとれば厳しい「懲罰」の対象となることを広く認識させることとなり，台商が中国政府の「人質」となっている現状を可視化して，台湾の政財界および台商関係者たちに強い衝撃を与えた[6]（江今葉 2005）。

2004 年以降，総統選挙のたびに繰り返されるようになった中国政府による台商の帰台投票の促進——実際の含意においては国民党への投票の働きかけ——も，台商には投票の秘密が確保されているにせよ，中国による台商への影響力行使の一形態に挙げられる（本書第 1 章）。台商を通じた中国の影響力メカニズムは，後述する 2012 年の総統選挙の際に頂点に達することとなった。

2-2　2005 年以降——馬英九政権の成立と胡錦濤政権による恵台政策の展開——

(1)　「国共プラットフォーム」の成立

2004 年の正副総統選挙において，民進党から出馬した陳水扁・呂秀蓮ペアはわずか 3 万票（得票率で 0.2 ポイント）の僅差で，国民党系野党連合候補の連戦・宋楚瑜に競り勝った。国民党の政権復帰を予想していた中国の胡錦濤政権はこの展開に衝撃を受け，長らく敵対関係にあった国民党との関係改善へと動いた。

松田（2010）によれば，胡錦濤政権の対台湾政策の特徴は，統一促進という最大限の目標達成をめざす「マキシマリスト・アプローチ」ではなく，台湾の独立を阻止し，当面は現状維持を図るという最低限の目標達成をめざす「ミニマリスト・アプローチ」をとった点にある。2000 年に続いて総統選挙での敗北を喫することとなった国民党にとって，胡錦濤政権の比較的柔軟な台湾政策に呼応して共産党との和解を遂げ，対中関係改善カードを独占的に

---

[6]　Leng（2005, 76）は，地方政府の官僚は，中央からの直接の指示がなくとも，上部の意向を忖度して「緑色台商」を識別し，税務調査の実施や環境アセスメントの機会を利用してこれに対する懲罰を行っていると指摘している。

掌握することには政治的なメリットがあった。こうした利害関係の一致を背景として，国共両党は2005年に歴史的な和解を遂げた。

こうして成立した国共両党の政党間交流・対話のメカニズムは「国共プラットフォーム」とよばれる[7]。中国はこの枠組みを利用し，国民党をおもな相手として春節チャーター便や台湾産農水産物の優遇等の協議を行い，台湾に実利をもたらす施策をおもに国民党を相手として公表する手法を用いて，台湾に対する選別的な利益供与を行った（松田 2010; 小笠原 2010）。中国との交渉チャネルの排他的掌握は，国民党に，民進党のもとでは実現不可能な対中関係の改善というカードを与えた。これは国民党が2008年の総統選挙，立法委員選挙を戦ううえでの重要な政治資源となった。国民党は，「中国ナショナリズムを再び抱擁し，中国経済に食い込むことによって生じた利権の分配者になった」のである（林 2017, 116）。

(2) 馬英九政権の成立と両岸関係の改善

2008年の総統選挙では，馬英九・蕭萬長の正副総統候補ペアが当選し，国民党は8年ぶりに政権与党の座に復帰した。この選挙では，陳水扁政権末期の政治的混乱に加え，中国との関係改善に期待を寄せる有権者の声が，国民党陣営に有利に働いた。すでに2005年から「国共プラットフォーム」をベースに政党間協議が始動していたこともあり，馬英九政権の成立直後から，中台関係は急速な進展をみせた。窓口機関間での両岸協議が再開され，2008年6月から2015年8月までに，23の両岸協定が締結された。一連の協議により，中国人団体観光客および個人観光客の来台の開始（2008年以降），中国資本による台湾への投資の規制の大幅緩和（2009年），中国人の台湾留学の解禁（2010年）等が矢継ぎ早に実現された。さらに，2010年にはECFAが締結され，アーリーハーベストとして一部品目の関税撤廃へ向けた動きが

---

7) 国共プラットフォームの成立の経緯やその機能については張榮恭（2013），高輝（2013），黄（2014）等を参照。

始動した。

　馬英九政権下で起きた両岸関係の緊密化の特徴は，両岸往来の「双方向化」（川上 2016）を引き起こした。1980 年代半ばから陳水扁政権期までの時期の両岸間の経済統合は，もっぱら，台湾から中国への財・人・資金の流れの拡大というかたちをとって進んできた。これに対して，馬英九政権期，とりわけその第一期に締結された両岸協議の内容は，中国から台湾への財・人・資金の流れをめぐる制度的障壁を引き下げ，両岸間の往来の「双方向化」をもたらした。これによって，中国による観光客や留学生の台湾への送り出しが可能になり，「中国の影響力メカニズム」の新たなチャネルが作り出された。

(3)　胡錦濤政権による恵台政策の本格的推進

　馬英九政権の成立を機に，それまで政党間交流の枠組みを通じて行われてきた中国による恵台政策は，さらに本格的に推進されることとなった。胡錦濤政権は，それまでの台湾に対する強硬なアプローチが台湾人の中国に対する感情に負の影響をもたらしてきたとの認識のうえに，「台湾人民に希望を託す」との方針を掲げ，台湾の人々に対する計画的，直接的かつ大規模な利益供与政策——恵台政策——を通じて，台湾の人々に中国との経済交流の成果を実感させ，その対中世論を変えていくことを狙うようになった（耿曙 2009, 11-13; 曾予蓁 2015, 97-98; Lin 2016）。共産党があたかも台湾政治の実質的なアクターであるかのように，国民党・民進党の二大政党に加わって台湾住民の支持を争うようになったこの状況を，松本（2015; 本書第 1 章）は「両岸三党」政治とよんでいる。

　具体的には，胡錦濤政権はこの時期，農産物の買い付けや観光客の送り出し，ECFA の締結による台湾の工業製品，農産物への市場開放等を通じて中台間の経済関係の拡大・深化を促進した。なかでも恵台政策の実施にあたって重視されたのが，民進党の支持基盤であり，かつそれまでの中台交流の拡大から恩恵を受けてこなかったとみられてきた台湾の中南部，中小企業，中

下層所得者への重点的な利益供与策である。これら3つのグループに焦点を当てた利益供与策は，そのターゲットの頭文字をとって「三中政策」とよばれる[8]。その典型的な事例である農産物の買い付けや観光客の送り出しについては，次節で論じる。

このほか，2009〜2010年にかけては，中国から多数の買い付け団が来台し，電子製品・部品，機械類，日用消費財，農産品と多岐にわたる財の大量購入を行った（林文正2012）。とくに，リーマンショック後の不況に苦しんでいた台湾の液晶パネル産業は，恵台政策の格好のターゲットとなり，数度にわたって「液晶パネル買い付け団」が訪台して大きな話題をよんだ。これらはいずれも，台湾の人々に中国市場の潜在力の高さと，ここへの優先的なアクセスを得ることの価値を知らしめ，中国との経済交流への関心を高めて，国民党への支持や中国のイメージの改善につなげようとする戦略であった。

他方で，中国による台商を代理人とした影響力行使のメカニズムは，この時期にも引き続き作用した。これが顕著にあらわれたのが，2012年の総統選挙直前の「92年コンセンサス」をめぐる台商の動きである。「92年コンセンサス」とは，1992年に中台の窓口機関のあいだで交したとされる「一つの中国」をめぐる双方の解釈上の「コンセンサス」である（詳しくは小笠原〔2018〕，本書第1章）。この時期，中国側はこれを「一つの中国原則を口頭で確認した合意」とし，国民党はその内容を「一つの中国の内容については（中台の）それぞれが述べることで合意した」と説明していた[9]。胡錦濤政権と国民党は，「92年コンセンサス」のもつこの曖昧さを利用することに

---

8) 2014年の「ひまわり学生運動」後はこれに「青年層」が加わり，「三中一青」がターゲットとされるようになった。

9) このように「92年コンセンサス」は，中国と台湾のあいだで異なる定義をもつ「コンセンサス」であるが，それゆえ両者にとっては話し合いの出発点として利用することが可能であり，「交渉の知恵」としての効用があった（小笠原2012；松田・清水2018，3）。「92年コンセンサス」については，小笠原欣幸ホームページの「『92年コンセンサ ス』をどうみるべきか」も参考になる（http://www.tufs.ac.jp/ts/personal/ogasawara/analysis/92consensus.html，2018年11月1日アクセス）。

利益の一致を見出し,「国共プラットフォーム」による提携関係を築いてきた。一方,民進党は「92年コンセンサス」には合意文書が存在せず,中国が台湾側の解釈を公式には認めていないことから,コンセンサスの存在自体に否定的な立場をとっていた。このような背景のもと,馬英九が再選を賭けて戦った2012年総統選挙では,この「92年コンセンサス」をめぐる立場が,主要な争点のひとつとなった(小笠原2012)。

こうした状況のもと,総統選挙の投票直前の2カ月間に,中国で事業を営む台湾の大型企業のオーナー・経営者ら数十人が,数日ずつの間をおいて記者会見や新聞広告を通じて,「92年コンセンサス」の支持を相次いで表明した(佐藤2012)。湯晏甄(2013)や呉介民・廖美(2015)の分析から,この選挙では,中国との関係というイシューが従来の統独問題(中国と統一すべきか,独立すべきか)に代わって選挙の最重要議題となったことが明らかになっている。選挙の帰趨を決する重要なタイミングで,台湾を代表する企業家らが「92年コンセンサス」の支持を次々に表明し,国民党政権の継続による中台関係の安定を訴えたことは,選挙結果に一定の影響を与えたと考えられる。中国で大規模な事業を営んでいる企業の経営トップにとって,「92年コンセンサス」への支持表明は,共産党とそのパートナーである国民党への支持を表明する踏み絵としての意味をもったのであった。

(4) 「ひまわり学生運動」の勃発と恵台政策の挫折

2014年3月18日,立法院の委員会において2013年6月に締結された「海峡両岸サービス貿易協定」の審議が一方的に打ち切られ,法案が本会議に送付された。これに憤慨した学生たちが立法院に突入し,以後,24日間にわたって本会議場を占拠した。立法院の外では,若者を中心に,学生らの行動に共感・呼応した幅広い年齢層の市民が座り込みやデモ等を行った[10]。4月

---

10) 最大規模となった3月30日の集会には,約50万人(主催者による発表)の市民が集結した。

上旬，立法院院長の王金平は，中台間の協議に対する立法院の監視機能を定める「両岸協議監督条例」が法制化されるまで両岸サービス貿易協定の審議は行わないことを表明し，学生らによる立法院の占拠行動は，一定の成果を挙げて終結した。これが，「ひまわり学生運動」とよばれる，台湾社会を大きく揺るがした学生・市民運動の経緯の概略である[11]。

「ひまわり学生運動」に対する台湾社会の広範な支持の背景としては，政権側の政治手法の強引さへの怒り，さらなる対中経済開放の推進がもたらす雇用・賃金面の影響への不安，経済グローバル化への懸念といったいくつもの背景が挙げられる。しかしこの社会運動はなによりも，「経済だけではなく，政治的にも中国に飲み込まれることへの恐怖感」（竹内 2014, 3）のあらわれであった。通信，出版といった民主主義の社会的基盤やプライバシーともかかわる領域を中国資本に開放することへの不安や，対中経済依存の深まりが台湾の民主主義と自由にもたらす負の影響への懸念が，幅広い世代の人々を馬英九政権への異議申し立てへと駆り立てた。またこの運動は，中国との経済関係の拡大から利益を得ているのは，共産党とアライアンスを組んだ国民党の関係者たちや，政治的取り込みの対象となった大企業の関係者らといった少数の「両岸特権層」（中国語：両岸権貴）であるという批判の声が，社会的に広く共有されていくプロセスでもあった[12]。それは，台湾社会のアイデンティティ・ポリティクスであるとともに，中台関係のポリティカル・エコノミーの歪んだ構造に対する台湾の人々からの異議申し立てでも

---

11)「ひまわり学生運動」の経緯については竹内（2014），この運動の背後にある対中経済交流の帰結に対する台湾社会の認識の変化については川上（2016），この運動の政治的，経済的文脈および台湾の政党システムへのインパクトについては林（2017）を参照せよ。
12) この過程は 2014 年 11 月の統一地方選挙を通じて全面化した。この選挙では，台北市長に連戦の息子・連勝文が，桃園市長に呉伯雄の息子・呉志揚がそれぞれ立候補したが，両者とも，中国との特別な関係から利益を得ている「両岸特権層」の一員であるとの批判を受け，落選した。また，中国に巨額の投資を行っている世界最大の電子製品受託製造サービス企業，鴻海精密工業グループ董事長（代表取締役）の郭台銘が，利益誘導を材料とした発言を繰り返して国民党系候補者の応援演説を行ったが，これも助けにはならなかった（松本 2015）。

あった。

　中国との経済関係の拡大に対する世論の変化はこの運動に先立ってすでに起きていたが，「ひまわり学生運動」を境に，中国との経済関係の拡大・深化をめぐる台湾社会の世論は変わり，国民党は，同年11月の統一地方選挙，2016年の総統選挙・立法委員選挙において大敗を喫した。中国による恵台政策は，統一に有利な環境を醸成することも，パートナー政党である国民党の政治基盤の強化も実現できないまま，挫折を余儀なくされたのである[13]。

第3節　事例分析——台湾産農水産物の優遇策と台湾への観光客の送り出し——

　本節では，中国による恵台政策の代表的な事例として，台湾産農水産物の優遇策と中国人観光客の送り出しについて考察する。農水産物の買い付けは，共産党がもっとも早い時期に打ち出した恵台政策であり，「三中政策」のねらいや内容をみるうえで最適の事例である。一方，観光客の送り出しは，馬英九政権期を特徴づける両岸間往来の「双方向化」を象徴する事例であった。本節ではこの2つの恵台政策が中国の意図した効果を十分に生まなかったことを示したうえで，その背景を，協力者ネットワークにおける「代理人問題」に即して考察する。

---

13) 2018年2月，中国国務院台湾事務弁公室（国台弁）は，31項目の台湾優遇措置を発表した。その多くは，台湾企業に中国での事業機会を開放したり，台湾人に中国での就労や起業の門戸を開くものであり，そのねらいは，興隆著しい中国の経済的磁力を通じて，台湾の企業と人々（特に若者）を中国へと引き寄せ，両岸間の経済統合をいっそう進めることにある。このように，民進党政権の成立後の中国の対台湾政策は，恵台政策が所期の成果を達成できなかったことを受け，利益供与を通じた取り込み策から，企業や人の中国への引き寄せへと舵をきっている。なお，恵台政策の失敗に対する中国国内の批判の声については Yu, Yu and Lin（2016）を参照。

3-1 2つの恵台政策

(1) 農水産物の買い付け策

　台湾との農業交流および農業協力は，2005年の国共和解とともに中国が真っ先に打ち出した肝いりの恵台政策のひとつである。なかでもその焦点のひとつとなったのが，台湾の重要な農産物輸出品である果物類であった[14]。果物の主要産地である南部・中部は所得水準が相対的に低く，かつ民進党の地盤として政治的に重要な意味をもつ地域である。この地域の政治的取り込み，なかでも対中経済交流から恩恵を受けてこなかった農民たちへの働きかけは，中国による恵台政策の目的に合致した取り組みであった。また，鮮度保持の必要性が高く，物流面での技術的制約が厳しい果物の貿易が活発になれば，台湾のなかから「三通」の解禁を求める声が上がり，当時の陳水扁政権への圧力となることも期待されていたと見られる[15]（焦鈞 2015）。

　国共両党が歴史的和解を遂げることとなった2005年5月の国民党主席・連戦の訪中時には，両岸直航等のテーマとともに台湾産農産物の中国市場での販売や両岸の農業協力に関する協議と合意が行われた。中国側は「台湾農産品輸入工作小組」を設立し，輸入許可の拡大や，マンゴー，パパイヤ，パイナップルといった台湾産果物の輸入関税の撤廃ないし大幅引き下げ，販売促進といった施策を次々と打ち出した（小笠原 2010, 215-216）。2006年以降も台湾産の果物や野菜の関税撤廃，販売促進のための措置が打ち出された[16]。両党間の重要な協議と交流の場である「両岸経済貿易文化フォーラム」でも，台湾の農産物の対中輸出の促進は一貫して重要なテーマであった。

　曾予蓁（2015, 105）によれば，中国による台湾産農水産品の買い付け政策の重点は，「①余剰果物の臨時買い付け（2006年頃）→②買い付け団による

---

14) 2000年代半ばの時点で，「果物，ナッツ及びその製品」は「農耕産品」の輸出金額の1割を占める最大輸出品目であった（行政院農業委員会「農産貿易統計要覧」各年版）。
15) 福建省アモイ（中国側）と金門島（台湾側）のあいだでは，2001年1月より，限定的な「三通」（「小三通」）が実施されるようになっていた。
16) 台湾の中国・香港向け農産物輸出額とその総額に対する比率は，2005年の9億ドル（24%）から2012年には13億ドル（26%）へと拡大した。

大量調達方式（2009年頃）→③固定した対象からの買い付け→④契約栽培・養殖方式」と段階的な進化を遂げてきた。

　このうち，国共和解を契機として始まり，馬英九政権の成立とともに拡大した①や②の恵台政策，なかでも台湾産果物の優遇策については，焦鈞（2015）による詳細なルポルタージュがある。焦によれば，両岸農業交流の拡大・深化の過程で，この両岸交流から利益を得ようとする買弁集団があらわれ，本来は農業と縁遠く，果物の貿易実務やマーケティングに関する専門的知識を欠くような人々が多数介入して取引を攪乱した。また，取引の各段階にあまりに多くの中間業者が介在したため，利益供与が農民まで行き届かないという問題が起きた（焦鈞 2015, 68; 126-128）。焦は，中国が2006年4月に「両岸経済貿易文化フォーラム」で発表した台湾産農産品の供給過剰時の緊急購入メカニズム，およびこれに基づいて2006〜2008年にかけて実施された果物の緊急購入制度についても，これが結果として中国側による買い取り価格に見合った質の低い品物の輸出につながってしまったこと，この政策の恩恵を受けることができた農民は一部にとどまったことを指摘している。さらに，中国側の流通業者についても，政府との付き合いのため取引に参加したというのが実態であり，市場開拓に向けた積極的な動機を欠いていたことを指摘している（焦鈞 2015, 138-155）。曾予蓁（2015）も，初期の余剰作物の緊急買い付け方式（①）が台湾産果物のイメージを損ねる結果となったこと，経済的にも割に合わない取引であったこと，一時的な取引では農民との信頼関係が醸成できなかったこと，また買い付け団方式（②）では，台湾側の窓口となる地方の農会や貿易業者に利権が発生し，地方派閥の介入を招いて農民への利益の裨益に限界があったことを指摘している。

　①と②に挙げた限界をふまえて中国側が新たに着手したのが，③と④の方策であった。なかでも④の契約栽培・養殖方式は，中間業者を排除し，ターゲットに直接的に経済利益を供与できる方策として，中国側が期待を寄せたものであった。そしてそのテストケースとして大きな意味をもったのが，台南市学甲区（旧・台南県学甲鎮[17]）で2011年から5年間行われたミルク

フィッシュ（中国語：虱目魚）の中国向け契約養殖であった[18]。以下では各種資料と，筆者が 2015 ～ 2016 年に学甲区で関係者に対して行ったインタビュー調査に基づき，川上（2017）をふまえてその経緯を整理する。

2010 年夏，台湾社会の草の根に深く分け入るという任務を帯びて，台湾の農村部を回っていた中国国務院台湾事務弁公室（国台弁）の鄭立中・副主任[19]が，国民党系地方派閥の人士[20]の招きで学甲区を訪れ，ミルクフィッシュの養殖業者たちと座談会をもった。出席した漁業者らは，ミルクフィッシュの不安定な市況に悩まされていることを訴え，中国向けの契約養殖が実現すれば，収益の安定化が見込まれると語った。これが契機となり，2011 年から，国台弁の仲介により，中国側の大手食品事業者である上海水産集団公司を買い手として，100～150 戸の漁民から，養殖コストに一定額を上乗せした固定額でミルクフィッシュを買い取る契約養殖が始まった[21]。ミルクフィッシュは、2010年6月のECFA　　　　　　　　　　　　として中国側の輸入関税の引き下げが決まった農水産物のひとつである。この契約養殖の取り組みには ECFA の成果に光を当てるねらいもあった（頼寧寧 201

---

17) 台南県学甲鎮は 2010 年 12 月の台南県の台南市への統合に伴い，台南市学甲区となった。なお，中国向けのミルクフィッシュの契約養殖は学甲区から始まったが，徐々に周辺の地域の漁民も対象とされるようになった。
18) ミルクフィッシュは台湾の中南部で広く食されてきた大衆魚であるが，近年は消費者の嗜好の変化により，需要が低迷気味である。　　た，鮮度保持が難しく流通上の制約が厳しいうえ，寒波到来時にはしばしば大量死が発生するなど，その養殖環境には難しさがある。
19) 鄭は 2008 年以降，20 数回にわたって台湾を訪れ，台湾の 340 を超す郷や鎮を精力的に踏破して，各地の農民・漁民との対話を行った（曾予蓁 2015, 98）。
20) その中心人物は，国民党の元立法委員である李全教（2014　　からは台南市議員，さらに台南市議会議長を務めたが，選挙時に買収を行った容疑で，民権を停止された），学甲鎮の鎮長を務めたのち無党籍の台南市議員となった謝財旺，学　鎮の鎮民代表会主席を務めた王文宗といった人々であった。
21) 具体的には，契約開始後 1 ～ 2 年目（2011 ～ 2012 年度）は台湾斤（　グラム）あたり 45 元，2013 年度は 42.5 元，2014 年度は 41 元，2015 年度は 40 元で買い上げを行った。参加者数は，2011 年度は 100 人，その後増加し 2014 年度は 156 人であ　　。2011 年の中国による契約養殖金額は，漁民 1 名につき，台湾斤あたり 45 元で 3 万斤　買い取る分と，加工費用 4000 万元を合わせて 1 億 7500 万元であった（張語羚 2016, 41　曾予蓁 2015, 107-108）。

128)。契約先の選定にあたっては，低所得世帯や帰郷就労者を優先するなど，社会福祉的な発想も取り入れられた（丁仁方 2012, 55）。

　この契約養殖取引の特徴は，国台弁のイニシアチブのもと，両岸交流の窓口機関である海峡交流基金会と海峡両岸関係協会を飛び越え，また台湾側では水産物を扱う中間業者を排除して，中国側が台湾の漁民と直接的な取引を行った点にあった（頼寧寧 2011a, 131; 丁仁方 2012, 54）。これは，政治的取り込み策のターゲットである漁民たちに直接的に利益を届けることをねらったものであった。

　ミルクフィッシュの契約取引において台湾側のとりまとめ役となったのは，台南を地盤とする国民党系地方派閥の政治家らであった。彼らが設立した学甲食品[22]が，漁民からミルクフィッシュを買い取り，中国への輸出の窓口となった（図 2-1）。彼らは，地域の漁民たちとの人的つながりは有していたものの，ミルクフィッシュの養殖に関する実務的・専門的知識を欠いており，とくに取引開始の初年度には鮮度や品質の管理，寒波到来時等に行う緊急水揚げへの対応，水揚品の等級分類といった水産物のサプライチェーンを構成する重要な局面で多くの問題にぶつかった。経験・知識不足から発生した損失は，学甲食品が負担した（王嘉州・謝旻臻 2014, 59）。一方，中国側でこの取引に参与した上海水産集団は大手の業者であった。しかし，同社は，中国の消費者になじみが薄く，好みにも合わないミルクフィッシュの販路開拓へのインセンティブを欠いていた。

　この取引は，中国側が取り込みを図った学甲区の漁民からは概して好評を得た（丁仁方 2012）。曾予蓁（2015）は，この取引を通じて漁民たちの中国に対する敵対的な心情が変化したこと，契約養殖が価格の乱高下に悩まされていた漁民たちのリスクを引き下げ収入を安定化する効果をもったこと，中国

---

22) 同社の株主は，董事長の王文宗，謝財旺一家，李全教の支持者が大株主であるとみられる会社等であった（頼寧寧 2011b, 140）。同社は，謝財旺と王文宗が，学甲鎮（当時）と中国・深圳市の福永鎮が姉妹鎮関係を締結した機をとらえてミルクフィッシュの魚団子の対中輸出のために設立した会社であった（王嘉州・謝旻臻 2014, 56）。

図2-1 ミルクフィッシュの契約養殖にみる利益供与ネットワーク

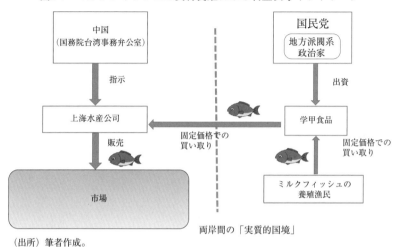

(出所) 筆者作成。

は台湾政府からの支援や関心の対象から外れ続けてきた漁民たちのニーズに焦点をあわせて、利益供与対象を巧みに広げたこと、を指摘している。

しかし契約取引は、5年間行われたのち、2016年に中止された[23]。中止の直接の理由とされたのは、寒波の影響でミルクフィッシュの稚魚の価格が高騰し、中国側の買い取り価格では割が合わなくなったことである。しかし実際には、ミルクフィッシュの中国での売れ行きが芳しくなく（曾予蓁2016）、中国側の輸入業者に取引を続けるインセンティブが弱かったこと、そして「ひまわり学生運動」以降の台湾政治の情勢変化により、中国側がこの利益供与策への関心を失ったことがおもな要因であるとみられる。

学甲区の住民の政治意識を分析した「商業周刊」の調査結果（頼寧寧2011a, 136）および曾予蓁（2016）が紹介する2011～2016年の学甲の投票結果からは、恵台政策が人々の対中観や政治行動に与えた影響は、たとえあっ

---

[23] 中国向け契約養殖に参加したのは、学甲区のミルクフィッシュ養殖業者の約3分の1に及んだが（張語羚 2016, 41）、1戸あたりの契約量は限られたものであったため、取引中止が漁民たちに与えた打撃はさほど大きなものとはならなかったとみられる。

たとしてもきわめて限定的であったことがうかがわれる。新たなタイプの恵台政策の実験として始まったミルクフィッシュの契約養殖は，結局その政治的有効性を示すことができないまま頓挫した。

(2) 観光客の送り出し

中国は伝統的に，自国民の海外観光を厳しく管理するとともに，その送り出しを外交ツールとして利用してきた（范世平 2011）。2002年に施行された「中国公民の出国観光管理条例」（中国語：中国公民出国旅遊管理弁法）では，国務院の観光行政部門が国民の観光訪問対象国を認可すること，前年度の観光客来訪および出国状況の実績等に応じて当該年度の出国観光客の人数を定め，各省・直轄市等に通達することが定められている。このように中国では，観光客の送り出しは国家による強い統制の下にある。

台湾では，民進党・陳水扁政権期の2001年に，「両岸関係の正常化」の旗印のもと，「大陸地区人民の台湾観光開放促進方案」およびこれに付随する弁法（行政命令）を定めて第三国に住む中国人の台湾観光を開放した。しかし，中国側は敵対する民進党政権に対して観光客の送り出しを開放することはせず，馬英九政権が成立した後，恵台政策の一環としてこれを開放した[24]。この「観光を通じた統一戦」の目的は，台湾の中国に対する経済依存度を高めることにあった（蔡宏政 2017, 222）。

図2-2に示したように，中国人観光客の数は，2009年以降急激に増加し，2014-15年には400万人前後に達して訪台者総数の4割を占めるようになった。とくに，従来海外からの観光客が比較的少なかった南部や東部の観光業にとって，台湾一周旅行を基本パターンとする中国人団体ツアーの急増は，特需をもたらした。

---

24) これに先立ち，中国側は国共和解を受けて，2006年に「訪台旅行管理条例」（中国語：大陸居民赴台湾地区旅遊管理弁法）を公布し，観光客送り出し開放に向けた準備を開始し，この情報のアナウンスを国民党に委ね，花をもたせた（蔡宏政 2017, 226-227）。

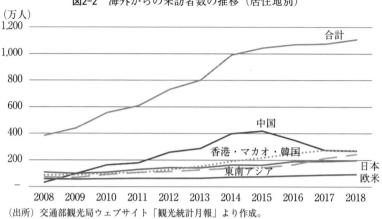
図2-2　海外からの来訪者数の推移（居住地別）
（出所）交通部観光局ウェブサイト「観光統計月報」より作成。

　中国からの観光客の急増は，観光収入の増加という実利[25]を台湾側にもたらしたが，一方で，台湾のメディアでは「観光客増加の利益は台湾の人々に十分に裨益していない」という批判の声が報じられるようになった。このような不満や批判の背後には，中国人団体観光客ツアーをめぐる事業モデルの歪んだ構図（川上2013）がある。

　図2-3には，2010年代前半の状況を念頭に，中国人団体観光客の台湾向けツアーの基本的な流れと構図を示した。送り出し側の中国では，省・市ごとに，国家旅游局（現・文化和旅游局）が指定した旅行業者が台湾向けのツアーを組織する。これらの旅行業者は，各地域で寡占的な地位を占めるとともに，政府のコントロールの下にある。

　他方，台湾側では数百社の民間の旅行業者がツアー客を受け入れている。その多くは中小の事業者であり，相互に激しい競争を繰り広げている。受入れコストを下回る赤字で中国からの団体ツアーを受け入れることも少なくない。彼らは，赤字で受け入れた観光客を提携先の商店に連れて行き，半ば強

---

[25] 台湾の観光外貨収入は2006年の51億米ドルから2015年には144億米ドルへと急速に増加した。

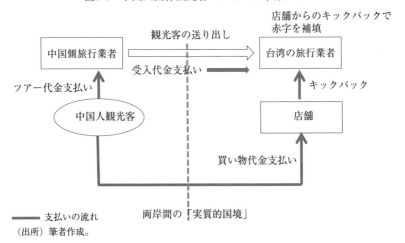

図2-3　中国人団体観光客ビジネスの事業モデル

制的にショッピングをさせ、商店からリベートを得て赤字を補填するという事業モデル（林倖妃2012，林哲良2013）をとっている。

　台湾への観光ツアーの増加とともに、中国人観光客ビジネスの経験が豊富な香港系の観光業資本が台湾に進出して土産物店、ホテル、レストランに投資し、観光バスからホテル、食事、買い物までを統合的に提供する垂直統合型のバリューチェーンを形成するようになった（田習如2011）。これらの香港系業者は中国の旅行業者とのパイプを活かして中国人観光客を安定的に受け入れ、移動、飲食、ショッピングまでを囲い込み、次第に影響力を増した。傘下に宝石・高級時計、珊瑚・大理石、化粧品、茶葉等を手がける店舗を擁し、豊富な資金力を誇る業者もある。激しい競争に直面し、資金繰りに悩む台湾の中小旅行業者のなかには、これらの香港系観光資本に借金を通じて深く依存するものも少なくない（董以斯帖2016）。中国人観光客ビジネスに精通した香港系資本の台湾市場進出は、寡占的な中国側の旅行業者によるレントの獲得とあいまって、中国政府が意図していた台湾社会の草の根への広範な利益供与の効果を希釈することとなった。

　さらに中国人団体観光客の受入れは、台湾にとって中国の政治的影響力の

浸透につながる諸刃の剣ともなった。2009年に高雄市の映画祭で，亡命ウイグル人組織の指導者に関するドキュメンタリー映画が上映された際には，中国人団体客の高雄での宿泊が大量に取り消され，観光業者や一部の立法委員が高雄市に上映を中止するよう圧力をかけるという出来事が起こった。民進党や民間団体の運動もあって，映画の上映は予定どおり行われたが，この映画の上映を許可した高雄市新聞局は，国民党系の高雄市議会議員らによる制裁を受けることとなった（蔡宏政 2017）。さらに，中国は，2016年1月の総統選挙・立法委員選挙の結果を受けて，観光客の訪台数を削減する動きに出た[26]（図 2-2）。観光客の送り出しという利益与は，中国による台湾への懲罰供与のチャネルともなったのである。

3-2 恵台政策の実施過程における「代理人問題」の発生
(1) 恵台政策の帰結

以上では，馬英九政権のもとで中国により行われた2つの恵台政策を分析した。これらの施策はいずれも，中国がその政治的意図に基づき，商取引関係を通じて中国との経済交流のメリットを広範かつ直接的に台湾住民に裨益しようとするものであった。その目的は，中国の広大な市場がもつ魅力を実感させ，中国に対する好感度を高め，国民党への支持の拡大と将来の統一に有利な環境の醸成につなげることにあった。

しかしその効果は，かりにあったとしても局所的，限定的なものにとどまった。学甲の住民の投票行動については上述したとおり，目につく変化は生じなかった。林文正（2012）も，2009-10年の中国の大型買い付け団の来訪の前後で，人々の「中国政府の台湾に対する非友好的な態度」や統独問題をめぐる世論に変化があったか否かを検討し，恵台政策は人々の対中観には一定の影響を及ぼすものの，統独問題をめぐる世論への影響は，たとえあっ

---

[26] このため同年9月には，台湾の観光業者たちが街頭デモを行い，苦境を訴える事態となった。

たとしても限定的であったことを指摘している。なにより，2012年の総統選挙では国民党勝利の鍵要因となった「中国との関係強化」カードが，選挙後ほどなくしてその効力を失ったことは，2014年の「ひまわり学生運動」の発生から同年の地方統一選挙，2016年の総統選挙・立法委員選挙に至る一連の政治変動から明らかである。

呉による「中国の影響力メカニズム」の定義に立ち戻るなら，恵台政策は，その「政治目的の実現の助け」とはならなかったのであり，控えめにいっても「不成功」に終わったといえよう。

(2) 不成功の背景要因

それでは，恵台政策はなぜ失敗に終わったのであろうか。上でみた2つの事例からわかるように，恵台政策は，財（農水産物や各種の工業製品），サービス（観光）等の取引を通じて，対中経済関係の拡大から取り残されてきた中南部地域，中下層所得者，中小企業（「三中」）への利益分配の実現を図るものであった。これは，1990年代以来，中国政府が行ってきた在中台湾系企業の取り込みが，共産党や政府のもつ行政権限を背景として，個々の台湾企業やそのオーナーに対する直接的な働きかけを通じて実現されてきたこと，すなわち中国を舞台とし，なおかつ市場メカニズムの枠外で，行政権限・政治力の行使を通じて実現されてきたこととは大きく異なる。

以下では，本章3-1でみた2つの事例に即して，恵台政策について，①その政治的意図の効果が市場による制約を受けたこと，②協力者ネットワークを構成する「本人＝代理人（プリンシパル＝エージェント）関係」において「代理人問題」が発生し，利益供与の効果が低減したこと，を論じ，恵台政策の実行過程に由来する内在的な困難を論じる。

①市場メカニズムによる制約

農水産物の買い付けと観光客の台湾訪問は，強い政治的色彩をもつものではあるが，いずれも需要と供給のマッチングを通じて行われる経済取引であ

る。丁仁方（2012, 55）は，ミルクフィッシュの契約養殖が，政治的要因を契機として始まったとはいえ，市場原理に制約されていることを指して，これを「調整された市場経済取引」とよんだ。実際，中国による経済取引を通じた経済利益のスピルオーバーの効果は，市場メカニズムからの制約を受けることとなった。これは具体的には以下のようなかたちであらわれた。

第1に，中国側が「好意」として行った政策的買い付けの魅力度は，通常の市場取引との比較のもとにおかれ，常に後者からの制約を受けた。たとえばミルクフィッシュの契約養殖において中国が設定した買い取り価格は，内需市場の需給が逼迫した際には市価を下回ったし，そもそも，高品質・高価格の品を出荷している漁民にとっては魅力的な価格ではなかったという（2016年8月に学甲区の漁業養殖業者に対して行ったインタビュー）。中国向け契約養殖に魅力を感じたのは，ミルクフィッシュ養殖業者のなかでも相対的に競争力が弱く，高値での取引が困難な業者たちであった。逆に，中国が2016年の台湾総統選挙の後に，懲罰的に行った観光客送り出しの削減策も，台湾への外国人観光客が増加する趨勢のなかで，中国側が意図したほどの強い効果を生み出さなかった。図2-2にみるように，2015〜18年のあいだに中国からの観光客は149万人減少したが，同時期に日本（34万人増），東南アジア（100万人増）からの来訪者数は合計で135万人増えた。一人当たり平均消費額の減少にともない，2015〜17年のあいだに観光外貨収入は約20億ドル減少したが，世界的な観光産業の成長や，観光地としての台湾の優位性の高まりといった産業と市場のロジックが，中国側の意図とした懲罰の効果を制約する効果をもったのである。

第2に，果物やミルクフィッシュの買い付けにおいては，輸出先の中国市場による受容がスムーズにいかず，恵台政策の効果を制約した。食品市場には，地域ごとの消費者の好みや習慣，知名度といった参入障壁がある。これを打破するためには巧みなプロモーションや宣伝が必要になるが，政府主導の政策的買い付けへの「付き合い」としてこの取引に参加した中国側の業者はそのような動機づけをもっておらず，台湾産農水産物の中国市場における

受容度を高める試みは有効には行われなかったとみられる。台湾産の果物やミルクフィッシュが中国人消費者に好まれず，その障壁打破に求められる努力を関係者が行わなかった以上，その持続性には根本的な問題があった。

②利益分配ネットワークに内在する問題——「代理人」の規律づけの困難——

恵台政策の不成功は，海峡を越えた協力者ネットワークに内在した問題，とくに「代理人」の規律づけにおいて生じた困難に即して理解する必要がある。

第1に，2つの事例からは，中国側が台湾社会の末端に向けて放出したはずの経済的利益が，協力者ネットワークに参加する代理人たちによって蚕食された可能性がみてとれる。果物の事例については，焦鈞（2015）に沿って紹介したとおりである。観光客送り出しについては，香港・中国の旅行業者が中国人団体観光客の訪台ビジネスから生み出される利益を獲得し，本来の受益者となるべき台湾の中小旅行業者，中南部の飲食業，小売業関係者らへの利益のスピルオーバー効果を希釈した。中国はあるいは，恵台政策の実施にあたり，協力者ネットワークの構成員たちへの利益供与と，末端の有権者である漁民や農民たちへの利益供与の双方を目的としていたのかもしれない。しかし，「本人」である中国が「代理人」たちの機会主義的行動を有効に統御できなかったことは，広範な大衆への利益供与，中国の活力ある消費市場へのアクセスの価値の認識，といった中国の政治目的の実現を妨げることとなった。

第2にこれと関連して，当該取引に必要な専門的知識をもたない代理人たちが取引に関与したことも，取引の効率性を損ない，中国が意図した利益の末端へのスピルオーバーの妨げとなった可能性がある。焦鈞（2015）が論じた農産物輸出への国民党系の人物の関与や，政治コネクションはあるが鮮魚流通の経験はもたない王文宗らが担ったミルクフィッシュの契約養殖の取引過程の事例からは，そのようなかたちで利益の裨益が阻害された可能性がう

かがわれる。

　第3に，中国側の目的である台湾住民への直接的な利益供与が，協力者ネットワークを担う代理人たちのインセンティブと合致せず，そのサボタージュを生んでいた可能性である。台湾産果物の国内流通を担うこととなった中国側の青果流通業者の態度はあくまで政府への「付き合い」程度であり，本腰を入れたビジネスとはならなかった。また，国台弁の仲介によりミルクフィッシュの中国側の買い手となった上海水産集団も，中国市場での潜在的可能性を欠くこの魚の販路開拓に取り組む動機づけを欠いていた[27]。これらはいずれも，代理人側のインセンティブが不十分であったことを示唆する。

　第4に，台湾内での代理人や台湾の有権者の行動をコントロールし，モニタリングすることの困難である（本書第1章参照）。2012年総統選挙における有力な台商による92年コンセンサスへの支持表明が，利益供与者（ないし懲罰付与者）としての中国にも監視・確認可能なものであったのに対して，本章で取り上げた恵台政策においては，中国側が，台湾海峡に横たわる実質的な国境を越えて，農民，漁民，観光業界関係者らの台湾での投票行動をコントロールしたり監視したりすることはほぼ不可能であった。農民や漁民らは，中国との取引を行いつつ，投票行動においてはまったく異なる行動をとることが可能であった。

　このように，協力者ネットワークに数多くの代理人が参加したことに起因する問題，および代理人たちの適切な動機づけやモニタリングの欠如に起因する問題があいまって，中国の台湾に対する利益供与策の効果には大きな限

---

27) 上海水産集団の総経理（当時）は学甲食品の王文宗董事長に対して「われわれがこれをやるのは，国台弁からの要求に応えてのことだ」「みんなが喜ぶなら長めにやってもよい。1年は赤字，2年目は小幅の赤字，3年目で収支があう… もし3年目でも赤字になるようなら，ダメだ」と発言している。また，王に対して「あなたは（中略）ビジネスをやるのであって政治をやるのではないのだから，ビジネスとしてこれをどうやっていくのか考えねばならない」とも語っている。上海水産集団の側はこの取引をビジネスとしての視点から突き放してみていた様子がうかがわれる（頼寧寧 2011a, 133）。

界が存在していた。

　　むすび

　本章では，中国による台湾統一政策の中核的な構成要素である「ビジネスをもって政治を囲い，経済をもって統一を促す」戦略のなかから，2008年の馬英九政権の成立とともに本格的に推進されることとなった恵台政策を取り上げ，これが不成功に終わった背景を分析した。分析にあたっては，恵台政策をめぐる政治現象と経済現象の相互作用に光を当てた。

　中国は1990年代以来，中国において，党や政府が有する行政権限を背景として在中台湾企業への働きかけを行い，台湾に対する政治的影響力を行使してきた。さらに2005年の「国共プラットフォーム」の成立，2008年の馬英九政権の発足を機に，台湾住民に対して両岸交流の生む経済利益をより直接的に波及させることを意図した施策（恵台政策）を行うようになった。しかし，恵台政策の全般的な効果をみるなら，これらの利益供与策は，結果的に中国が意図した政治効果を生むには至らなかった。

　本章ではこの経緯を考察するにあたり，台湾の政治社会学者・呉介民の「中国の影響力メカニズム」の分析視点を援用し，さらに①中国による影響力行使の「場と対象」の区別の導入，②恵台政策の実施過程に問題が内在した可能性，③中台双方の「協力者ネットワーク」の構成員のインセンティブへの着目，といった視点を追加して，事例分析を行った。

　恵台政策の代表的な事例である農産物の買い付けと観光客の送り出しの事例分析からは，以下の点が明らかになった。第1に，中国との財やサービスの取引を通じて，中国の広大な消費市場の魅力とここへの優先的アクセスの恩恵を台湾の人々に実感させ，国民党への支持の調達と中国の好感度の引き上げをめざすという中国側の目的を実現するうえで，代理人を巻き込んだ利益分配ネットワークは鍵となる役割を担った。しかし，政策実施の過程で，

「本人」としての中国は，ネットワークを構成する多数の代理人たちの機会主義を統御したり，その行動を効果的に監視したりすることができなかった。このような「代理人問題」の発生により，恵台政策が本来の利益供与のターゲットとした農民や漁民，中南部の観光サービス業関係者らの利益の取り分は希釈される結果となった。

　この点と関連して，第2に，恵台政策は市場を介した取引であるがゆえ，対象となる財やサービスに対する人々の選好に制約されることとなった。たとえば中国市場におけるミルクフィッシュの受容度は決して高くなく，これが恵台政策の持続可能性と利益の裨益効果を大きく制約した。さらに，中国側の代理人が販路開拓の努力に向けたインセンティブをもたなかったことも，この市場メカニズムによる制約の打開努力を妨げた。2009年に高雄市をターゲットとして行われ，2016年の政権交代の後にさらに全面的に行われた中国人観光客送り出しの削減策は，たしかに一定の懲罰効果を発揮したが，台湾のインバウンド観光が全体として拡大するなかで，その効果は限定された。

　恵台政策は，台湾住民に「直接的」に働きかけ，利益を供与しようとする点にその特徴があった。しかし，その実施プロセスをみれば，それは幾層もの代理人のネットワークを介在した「間接的」な働きかけのプロセスであり，その過程では不可避的に「代理人問題」が発生した。広範な台湾住民への直接的な働きかけという，一見シンプルな手法のようにみえる恵台政策は，代理人ネットワークの複雑さという点でも，代理人の行動のモニタリングの効率という点でも，より難度の高い試みであった。

　そしてこの難しさは，つまるところ，中国と台湾のあいだに「実質的な国境」が横たわっているという台湾海峡の現実に起因している。中国の政治アクターは，台湾の人々に働きかけるうえで幾層にもなる代理人ネットワークに依存するほかなく，しかも台湾内での代理人や台湾の有権者の行動を実際にモニタリングできるわけではない。中国がその変更を試み続けてきた台湾海峡のこの現実こそが，恵台政策を介した中国の影響力メカニズムの台湾社

会への浸透の最大の防御壁となってきたのである。

〔参考文献〕

〈日本語文献〉

伊藤信悟 2011.「中国の経済大国化と中台関係の行方」独立行政法人経済産業研究所　RIETI Discussion Paper Series 11-J-003.

小笠原欣幸 2010.「中国の対台湾政策の展開――江沢民から胡錦濤へ」天児慧・三船恵美編著『膨張する中国の対外関係――パクス・シニカと周辺国』勁草書房.

――― 2012.「選挙のプロセスと勝敗を決めた要因」小笠原欣幸・佐藤幸人編『馬英九再選――2012年台湾総統選挙の結果とその影響』アジア経済研究所.

――― 2018.「馬英九政権の8年を回顧する――支持率の推移と中台関係の角度から」松田康博・清水麗編著『現代台湾の政治経済と中台関係』晃洋書房.

郭永興 2006.「中国の税関問題に関する台湾企業のロビー活動」『アジア経済』47(9): 22-40.

川上桃子 2013.「『中国人団体観光客ビジネス』の歪んだ構図」アジア経済研究所 海外研究員レポート（http://www.ide.go.jp/library/Japanese/Publish/Download/Overseas_report/pdf/1307_kawakami.pdf）.

――― 2015.「中台関係のポリティカルエコノミー分析試論――『中国の影響力メカニズム』を中心に」川上桃子編『馬英九政権下・台湾の経済社会学的分析』基礎理論研究会成果報告書 アジア経済研究所.

――― 2016.「馬英九政権期の中台経済関係の変容と『中国ファクター』」『問題と研究』45(3): 33-59.

――― 2017.「馬英九政権期の台湾における『中国の影響力メカニズム』の深化――予備的考察」川上桃子・松本はる香編「馬英九政権期の中台関係と台湾の政治経済変動」調査研究報告書 アジア経済研究所.

呉介民・平井新訳 2015.「『太陽花運動』への道――台湾市民社会の中国要因に対する抵抗」『日本台湾学会報』(17): 1-37.

呉介民 2016.「政治ゲームとしてのビジネス――台湾企業の政治的役割をめぐって」園田茂人・蕭新煌編『チャイナ・リスクといかに向きあうか――日韓台の企業の挑戦』東京大学出版会.

黄偉修 2014.「馬英九政権の大陸政策決定過程における与党・中国国民党の役割――国共プラットフォームを事例として」『東洋文化』(94): 147-179.

佐藤幸人 2012.「選挙の争点に浮上した経済問題」小笠原欣幸・佐藤幸人編『馬英九再選——2012年台湾総統選挙の結果とその影響』アジア経済研究所.

竹内孝之 2014.「学生による立法院占拠事件と両岸サービス貿易協定（前編）」海外研究員レポート （http://www.ide.go.jp/library/Japanese/Publish/Download/Overseas_report/pdf/1404_takeuchi.pdf）.

田所昌幸 2008.『国際政治経済学』名古屋大学出版会.

陳志柔 2016.「中国における『台商』——その政治的リスク下の生存戦略」園田茂人・蕭新煌編『チャイナ・リスクといかに向きあうか——日韓台の企業の挑戦』東京大学出版会.

松田康博 1996.「中国の対台湾政策——一九七九～一九八七年」日本国際政治学会編『国際政治』112（5月）: 123-138.

——— 2010.「改善の『機会』は存在したか？——中台対立の構造変化」若林正丈編『ポスト民主化期の台湾政治——陳水扁政権の8年』アジア経済研究所.

——— 2014.「馬英九政権下の中台関係（2008-2013）——経済的依存から政治的依存へ？」『東洋文化』(94): 205-233.

松田康博・清水麗 2018.「台湾の抱える『繁栄と自立のディレンマ』に答えはあるか？」松田康博・清水麗編著『現代台湾の政治経済と中台関係』晃洋書房.

松本充豊 2015.「台湾の民意をめぐる『両岸三党』政治」『東亜』571(1): 24-33.

劉文甫 2010.「対中経済関係と今後の展望——対中貿易と投資を中心に」渡辺利夫・朝元照雄『台湾経済読本』勁草書房.

林成蔚 2017.「［台湾］ナショナリズム政党と保守——台湾政党システムの試論」阪野智一・近藤正基編著『刷新する保守——保守政党の国際比較』弘文堂.

若林正丈 1992.『台湾——分裂国家と民主化』東京大学出版会.

——— 2008.『台湾の政治——中華民国台湾化の戦後史』東京大学出版会.

〈中国語文献〉

蔡宏政 2017.「陸客觀光的政治經濟學」吳介民・蔡宏政・鄭祖邦主編『吊燈裡的巨蟒 中國因素作用力與反作用力』新北市，左岸文化（出版），遠足文化（發行）.

丁仁方 2012.「南台灣與中國大陸交流深化芻議之一 台南學甲虱目魚契作經驗的參照」『中國評論』2012年1月號: 54-56.

董以斯帖 2016.「誰在操控低價遊台灣的陸客團？」台灣端傳媒 2016年9月13日（https://theinitium.com/article/20160913-taiwan-Chinese-tourists, 最終閱覽日：2018年2月2日）.

范世平 2011.『大陸觀光客來台對兩岸關係影響的政治經濟分析』臺北市，秀威資訊科技公司.

高輝 2013.「國共論壇的現況與發展」蘇起・童振源主編『兩岸關係的機遇與挑戰』

台北市,五南圖書出版.
耿曙 2009.「經濟扭轉政治?中共『惠台政策』的政治影響」『問題與研究』48(3): 1-32.
耿曙・林琮盛 2005.「全球化背景下的兩岸關係與台商角色」『中國大陸研究』48(1): 1-28.
焦鈞 2015.『水果政治學——兩岸農業交流十年回顧與展望』高雄市,巨流圖書.
賴寧寧 2011a.「阿共銀彈虱目魚」『商業周刊』1249 期:122-136.
────2011b.「虱目魚登陸牽線人就是他!」『商業周刊』1249 期:138-142.
林文正 2012.「中國大陸對台採購之政治經濟分析」國立台灣師範大學 政治學研究所 碩士學位論文.
林倖妃 2012.「追蹤陸客賣台地圖」『天下雜誌』10 月 31 日号:114-120.
林哲良 2013.「低價陸客團 40% 的危機」『新新聞』1369 期:50-56.
湯晏甄 2013.「『兩岸關係因素』真的影響了 2012 年的台灣總統大選嗎?」『台灣民主季刊』10(3): 91-130.
田習如 2011.「你聽到『錢的聲音』嗎?」『財訊雙週刊』5 月 26 日号:98-103.
童振源 2003.『全球化下的兩岸經濟關係』台北,生智文化事業有限公司.
徐乃夫 2005.「驚爆許文龍自白書內幕——北京使出三絕招 讓奇美照單全收」『今周刊』第 436 期:30-32.
王嘉州・謝旻臻 2014.「學甲虱目魚契作之公私協力與政策過程分析」『展望與探索』12(6): 49-65.
吳介民 2012.『第三種中國想像』新北市,左岸文化事業(出版),遠足事業(發行).
────2017.「中國因素作用力與反作用力」吳介民・蔡宏政・鄭祖邦主編『吊燈裡的巨蟒——中國因素作用力與反作用力』新北市,左岸文化(出版),遠足事業(發行).
吳介民・蔡宏政・鄭祖邦主編 2017.『吊燈裡的巨蟒:中國因素作用力與反作用力』新北市,左岸文化(出版),遠足事業(發行).
吳介民・廖美 2015.「從統獨到中國因素:政治認同變動對投票行為的影響」『台灣社會學』29 期:89-132.
曾予蓁 2015.「大陸對臺農漁採購政策變化——『契作』機制及其效果」『問題與研究』54(1): 95-128.
────2016.「虱目魚躍不過龍門:兩岸漁業契作戛然而止」自由時報,自由評論網 4 月 3 日(http://talk.ltn.com.tw/article/breakingnews/1657932,最終閱覽日:2018 年 2 月 1 日).
張榮恭 2013.「國共平台的現況與展望」蘇起・童振源主編『兩岸關係的機遇與挑戰』台北市,五南圖書出版.
張語羚 2016.「不談九二共識 虱目魚契作就免談?」『新新聞』1536 期:40-41.

〈中国語新聞記事〉
江今葉 「許文龍公開信 引爆震撼弾 台商憂心 投資大陸得先効忠」『経済日報』
2005年3月27日, A2面.

〈英語文献〉
Hung, Tzu-Chieh 2017. "Buying Hearts and Minds: China's Proxy Agent in Taiwan."『アジア研究』63(3): 1-11.
Lee, Chun-Yi 2012. *Taiwanese Business or Chinese Security Asset? A Changing Pattern of Interactions between Taiwanese Businesses and Chinese Governments*. London and New York: Routledge.
Leng Tse-Kang 2005. "State and Business in the Era of Globalization: The Case of Cross-Strait Linkages in the Computer Industry." *The China Journal*, (53): 63-79.
Lin, Gang 2016. "Beiing's New Strategies toward a Changing Taiwan." *Journal of Contemporary China* 25(99): 321-335.
Wu, Jieh-Min 2016. "The China Factor in Taiwan: Impact and Response." In *Routledge Handbook of Contemporary Taiwan*, edited by Gunter Schubert. London and New York: Routledge.
Yu, Yi-Wen, Ko-Chia Yu and Tse-chun Lin 2016. "Political Economy of Cross-Strait Relations: is Beijin's Patronage Policy on Taiwanese Business Sustainable?" *Journal of Contemporary China*, 25(99): 372-388.

第 3 章

馬英九政権期における中台関係の緊密化と台湾の安全保障

――平和協議と台湾海峡の「現状維持」をめぐる問題――

松 本 は る 香

はじめに

　馬英九政権期の 8 年間（2008〜2016 年）には，中国と台湾の関係（中台関係）の改善が進んだ。2008 年に総統に就任した馬英九は，「新三不政策」（統一せず，独立せず，武力行使せず）を掲げ，中台関係の「現状維持」をするという立場を明らかにした。

　その一方で，中国側は，中台交渉の議題を従来の経済の問題にとどまらず，将来的な統一問題に関する議題をも含む政治の問題に関する交渉にまで広げる姿勢を徐々に打ち出すようになった。これによって，中国と台湾のあいだで，将来の統一問題をも視野に入れた平和協定の締結などを目指す，平和協議の実現の可能性が浮上した。このような動きは，中台関係史上かつてない出来事として注目された。

　本章では，2005 年の国共和解を経て，2008 年以降の馬英九政権期において浮上した，平和協議をはじめとする政治的対話の実現をめぐる中国と台

---

1) 本稿は，松本（2012; 2013; 2014）などの論考に基づき、その後の中台関係の情勢の推移などをふまえ、大幅に改稿したものである。あわせて，川上桃子・松本はる香編（2018）を参照。

湾の関係に焦点を当て，双方の立場や意図について分析を行う[1]。そのうえで，中台関係の緊密化が，台湾海峡の「現状維持」にいかなる影響をもたらしたのかについて，欧米などにおける主要な専門家や有識者の見解をふまえつつ，中台の軍事バランスや，台湾とアメリカとの関係性，台湾の地理上の戦略的重要性などの視点から分析を行う。なお，本章でいうところの，台湾海峡の「現状維持」とは，中国と台湾が統一せず，かつ台湾が独立をしないという状態を指すこととする。

　馬英九政権期における中台関係は，いわば同時代史的な研究テーマである。このため中台関係の平和協議や平和協定について焦点を当てて分析をした先行研究はいまだ数が限られている。それでもなお，欧米をはじめとする専門家や有識者らが，馬政権期の中台関係の改善のインプリケーションに関して論じてきた。たとえば，馬英九が総統に就任した翌年には，国際安全保障問題の学術専門誌『インターナショナル・セキュリティー』（International Security）において，サンダース（Phillip C. Saunders）とカトナー（Scott L. Kastner）らが，中台関係の平和協議や平和協定に焦点を当てた論文を発表した。サンダーらは，中台関係の改善を積極的に推進すべきであるという立場に立ち，海峡両岸の平和と安定のために平和協議を行って，平和協定の締結を積極的に進めるべきであるという見解を示した。さらに，中台関係の改善が，米中関係の改善に繋がると論じた（Saunders and Kastner 2009）。このように，当時，中台関係の緊密化については，国際社会において歓迎する声が高まる傾向にあった。たとえば，2009年にアメリカの大統領に就任した直後のバラク・オバマ（Barack H. Obama）なども，基本的には中台関係の改善を歓迎する姿勢を示していた。

　だが，馬英九政権期における中台関係の緊密化は，はたして台湾に「薔薇色の未来」を約束することになったのであろうか。本章では，上述のような，中台間の平和協議や平和協定の実現――結果的には中台間の政治的対話が実現することはなかったが――に対する推進派の見方が果たして妥当なのかという問題意識を出発点として，馬政権期において浮上した平和協議や平

和協定などが台湾にもたらす影響，とりわけ「現状維持」の変更が台湾にもたらしうるマイナスの側面を中心として分析を行う。さらに，馬政権期における史上初の中国と台湾の緊密化という歴史的な経験が，今後の台湾の行方に与えるインプリケーションについても視野に入れて論じたい。

本章の構成は以下のとおりである。第1節では，2005年から馬英九政権誕生までの時期の準公式的な中台交流の再開の過程に焦点を当て，同政権が誕生した2008年当時の中国に対する立場について論じる。第2節では，胡錦濤政権の台湾政策に焦点を当て，中台交流を進めるなかで，政治的対話にもち込もうとした中国側の姿勢および意図などについて分析する。第3節では，中台関係の改善にともなう，中国側の台湾との政治的対話の実現をめぐる攻勢や，アメリカにおいてもち上がった台湾政策の見直しの議論などについて焦点を当てる。第4節では，2012年の馬英九再選後の中台関係の展開に焦点を当て，台湾世論の変化による中台交流の行き詰まりなどについて論じる。第5節では，第1節から第4節で論じてきた馬政権と中台関係の変遷をふまえて，台湾が直面した台湾海峡の「現状維持」をめぐる問題や，中台の軍事バランスの変化と台湾の戦略的重要性などについて論じる。最後に，中台関係の緊密化がもたらしたさまざまな影響について，本章の論点について振り返りつつ，台湾が中長期的に直面している安全保障上の問題などについても展望する。

第1節　準公式的な中台交流の再開

1-1　国共両党の歴史的和解

台湾では，2008年3月に国民党の馬英九が総統選挙に勝利して，民進党から国民党へと政権交代が起こった。これによって，李登輝政権末期から陳水扁政権期（2000〜2008年）に凍結状態となっていた中国と台湾の準公式レベルでの交流が再開した。ただし，中台関係は，馬英九政権発足後に突然開

始したわけではない。むしろ,それより少し遡った中台交流がごく限られていた民進党政権時期に,中国共産党政府は国民党関係者との接触を開始していた。陳水扁政権の8年間（2000〜2008年）の時期,胡錦濤政権は,台湾独立志向が強い民進党政権と公式的な交流をもつことはなかったものの,国民党系の政治家との接触を行っていた。

　2005年3月には,国民党主席の連戦の訪中の実現に向けた準備調整のために,江丙坤国民党副主席を団長とする国民党代表団が中国の公式訪問を行って,国務院台湾事務弁公室（国台弁）主任の陳雲林と会談を実施した。その後,同年4月には連戦の「平和の旅」と称する中国訪問が実現して,胡錦濤総書記との会談が北京で行われた。さらに,5月には,国民党から分裂した親民党主席であった宋楚瑜が訪中して胡錦濤との会談を実施した。中国政府は台湾における親民党を含む国民党と民進党の対立に乗じて,当時,在野にあった保守系の国民党系の政治家等に対する積極的な取り込みを図ろうとしていたのである。

　2005年4月に行われた胡錦濤＝連戦会談後,国共両党が発表した共同コミュニケには,①「92年コンセンサス」[2]に基づき,中断している対話再開を促進すること,②敵対状態を終結して,平和協定の締結の促進と,安全保障面における信頼醸成措置を構築すること,③「三通」（通航,通商,通信）実現等の経済交流を強化すること,④世界保健機関（WHO）への参加をはじめとする台湾の国際活動に関する協議を促進すること,⑤国共両党間の定期交流メカニズムを構築すること等の五項目の合意が示された。同コミュニケは,事実上,その3年後に誕生することになった馬英九政権の中台関係の方向性を示すものになった。とくに,同コミュニケの第二項目が示すと

---

2) 「92年コンセンサス」とは,1992年に取り決めたとされている,中台間の会談における口頭の合意のことを指す。2000年代半ば以降,中国側は「92年コンセンサス」とは,「一つの中国」原則を指すという立場をとってきている。その一方で,国民党関係者はこれに関して「一つの中国の内容については,（中台の）それぞれが述べること」（中国語：一個中国各自表述）という立場をとってきた。

おり，2005年の時点で，すでに国共両党が，中台の敵対状態を終結させて，平和協定の締結の促進や，軍事的な信頼醸成措置の形成を目指すことで一致していたのである。

　同コミュニケの発表の後，国共両党のあいだには「国共プラットフォーム」とよばれる，各種のセカンド・トラックの交流の場が新たに形成された。そこには国共両党のトップ会談の枠組みをはじめとして，「両岸経済貿易文化フォーラム」や，「海峡フォーラム」等が含まれていた。これらの国共プラットフォームは，中台間の主要な交流のチャンネルとして，海峡両岸関係協会と海峡交流基金会の交流を補完する役割を果たすようになった。また，国共プラットフォームの枠組みを通じた交流が進展するなかで，将来的に国民党が政権をとれば，中台の経済関係が改善するであろうという見通しが強まった（松田 2014, 206-207）。そのような状況のなかで，2008年5月に馬英九政権が誕生したのである。

1-2　馬英九政権の誕生と中台交流の加速

　2008年5月20日には第12代総統就任式が行われ，馬英九は中台関係について「『統一せず，独立せず，武力行使せず』の理念に立って台湾海峡の現状を維持する」として，選挙キャンペーン中に掲げてきた，いわゆる「新三不政策」を改めて強調するとともに，自らの在任中は，中台関係の「現状維持」をはかることを明言した[3]。馬英九は総統就任演説のなかで「1992年に両岸は『一個中国各自表述』のコンセンサスに達した。この『92年コンセンサス』の基礎の上に，一刻も早く協議を再開するように改めて表明する…（中略）…これからわれわれは大陸と台湾の国際空間や両岸の平和協定について協議を進めていかなければならない。台湾は安全，繁栄だけではなく，尊厳を求めている。大陸が国際社会において台湾に対する圧力をやめてこそ，初めて両岸関係が安定して前向きに発展できる…（中略）…両岸は

---

3)「馬英九中華民国第12代総統就任演説」中華民国総統府（2008年5月23日）。

海峡と国際社会において和平休戦しなければならない」という立場を表明した。馬英九は,「92年コンセンサス」に基づき,停滞していた中台間の協議の早期再開を呼びかけるとともに,平和協定の締結を目指す立場を示唆した。

民進党からの政権交代を契機として,国民党は中台関係の強化に注力した。2008年5月の馬英九の総統就任を目前に控えて,同年4月12日には同時に副総統に就任する予定となっていた蕭萬長が,30日には連戦が相次いで中国を訪問して胡錦濤と会談を行った。さらに,総統就任後の5月下旬には国民党主席であった呉伯雄が訪中して,北京の人民大会堂において共産党と国民党の現党首という立場で胡錦濤と会談を行った。同会談では,「92年コンセンサス」に基づいて,1998年以降,およそ10年間にわたって凍結状態となっていた海峡両岸関係協会と海峡交流基金会の協議を早期に再開することで一致した。

馬英九の総統就任を境にして,中台関係窓口機関の人事改編が加速した。台湾側では,5月26日には国民党副主席の江丙坤が海峡交流基金会の理事長に就任した。また,中国側では,6月3日に海峡両岸関係協会の理事会において,国台弁主任の陳雲林が新しい会長に選出され,その後任として,外交部党委書記・元駐日大使の王毅が新たに就任した。さらに,6月12日には,北京において,新たな中台トップ会談が陳雲林・海峡両岸関係協会代表と江丙坤・海峡交流基金会代表の新体制のもとで再開した。

第2節　中台関係の緊密化をめぐる中国側の立場

2-1 「胡4点」と台湾に対する「平和的発展」路線

国共両党の関係構築を進めるなかで,中国共産党政府は,中台関係の議題を従来の経済の分野にとどまらず,中国と台湾のあいだの統一問題をも視野に入れた政治分野にまで踏み込もうとする姿勢をみせた。これに関して,前

述の 2005 年 4 月の共同コミュニケの発表に先立ち，中国の胡錦濤政権は，2005 年 3 月に「胡 4 点」とよばれる台湾政策の基本方針を打ち出した。「胡 4 点」には，①「一つの中国」原則を堅持する，②平和統一を達成する努力を決して放棄しない。平和統一とは，一方が他方を併呑することではなく，平等な協議によって達成されるものである，③台湾人民が望む方針を変更することはない，④「台湾独立」の分裂活動に対しては決して妥協しない。国家主権と領土の保全を守ることは国家の核心的利益である，という 4 つの点が掲げられた[4]。中国側は「胡 4 点」のなかで，平和的手段による統一を目指すという方針を示しつつ，第 4 の点が示すとおり，台湾問題を「核心的利益」であるとして，「台湾独立」の動きに対しては軍事力をも含む断固たる措置をとるという用意があるという立場を明らかにした。

　また，中国政府は，対外政策の基本路線の「平和的発展」路線を打ち出すとともに，それに沿って台湾との関係改善を進めていく方針を示した。2007 年 10 月の中国共産党第 17 回党大会において，胡錦濤総書記は「平和，発展，協力の旗印を高く掲げ，独立自主の平和的外交政策を遂行し，国の主権，安全，発展の利益を守り…（中略）…平和的発展の道を終始変わることなく歩んでいく。平和共存五原則を堅持することを基礎として，すべての国と友好協力関係を発展させる。近隣国と友好関係を深め，パートナーシップを構築する周辺外交方針を引き続き貫徹し，周辺国との善隣友好，実務協力を強化し，域内協力を積極的に展開し，平和・安定，平等・相互信頼，協力・互恵の地域環境を共に築いていく…（中略）…引き続き多国間実務に積極的に参加し，国際的責務を担い，建設的役割を果たし，国際秩序がさらに公正かつ合理的な方向へと発展するよう推し進めていく」という方針を打ち出して，中国の対外政策の基本路線として「平和的発展」路線をとる方針を掲げた。また，同演説のなかで，中国が台湾に対しても「平和的発展」路線にしたがって，関係を構築していくという立場を明らかにした。それと同時

---

4)　「胡錦濤关于新形势下发展两岸关系的四点意见」『人民日報』（2005 年 3 月 5 日）。

に，胡錦濤は，中台双方が「一つの中国」に属することを認めることを前提とすれば，いかなる台湾の政党とも対話する用意があるという意向を示した（胡錦濤 2007）。さらに，胡は，「一つの中国」を基礎として，平和的合意を達成して，中台関係の「平和的発展」の枠組みを構築するべきであるという立場を示した（胡錦濤 2007）。なお，このときに示された，中国の統一に向けて台湾とのあいだに「平和的合意」を追求するという立場は，後に提起された中台間の平和協議や平和協定の伏線となった。

2-2 「胡6点」と中台間の平和協議と平和協定

2008年5月，台湾において国民党の馬英九政権が誕生すると，胡錦濤政権は，中台関係の敵対状態を終結させて，平和的合意を目指すという立場をさらに先鋭化させていった。2008年12月31日，「台湾同胞に告げる書」発表30周年記念座談会において，胡錦濤が「胡6点」とよばれる6項目の提案を行った。「胡6点」には，「一つの中国」原則の遵守をはじめとして，中台間の経済協力の拡大や実務協議の推進，人的往来の強化と多分野交流の拡大などが盛り込まれていた。それとともに，「われわれは『一つの中国』の原則を基礎に，協議によって両岸の敵対状態を正式に終わらせ，平和的合意を目指し，中台関係の平和的発展の枠組みを構築するように呼びかける」という中国側の立場が公式的に示され，平和協議によって敵対状態を終結することや，平和協定の締結などを含む，中台間の平和的合意を目標にすることが掲げられた（中華人民共和国国務院台湾事務弁公室 2008）。

また，2009年3月5日の第11期全国人民代表大会（全人代）における温家宝の政治活動報告では「海峡両岸の政治，軍事問題を検討して，敵対状態の終了と平和的合意のための環境を整えることを願っている」として，平和協定の締結を望む中国側の立場が再度示された[5]。さらに，2011年3月には中国国務院新聞弁公室が2011年の中国の「国防白書」を発表した。同

5）「十一全国人大二次会议开幕」『人民日報』（2009年3月6日）。

白書は両岸関係の平和協議の必要性にふれて「両岸統一は中華民族が偉大な復興へ向かう歴史の必然である。海峡両岸の中国人は両岸の敵対的な歴史に共同して終止符を打つ責任を負っていて，骨肉の同胞が戦争をすることは極力避けなければならない。両岸は積極的な未来に向けて，条件作りに努力して，平等な協議を通じて，歴史が残した問題及び両岸関係の発展の過程で発生する問題を逐一解決していかなければならない。…（中略）…両岸は一つの中国原則を基礎にして正式に敵対状態を終結させる交渉によって，平和協議を達成しなければならない」という立場を示した（中華人民共和国政府 2011）。

以上，2005年以降の胡錦濤政権の台湾に対する姿勢について概観してきたが，2005年から，馬英九政権発足後の数年間の時期，中国側は，台湾の国民党関係者との関係強化に注力する一方で，中台間の平和的合意を視野に入れて政治的対話を行う必要があるという意向を示してきた。その際，中国側は対外政策の基調である平和的発展路線にしたがって台湾との関係改善を行っていく方針を示してきた。

だが，それと同時に，中国は台湾問題を「核心的利益」と位置づけることによって，台湾独立を強く牽制する姿勢を打ち出した。2005年3月の全人代では，台湾の独立に対抗するための「反国家分裂法」が満場一致で可決・成立した。「反国家分裂法」には，「統一を実現するために，台湾が中国から分裂することを許さず，分裂が現実となった場合には非平和的手段を含む必要な措置を採らなければならない」ことが定められ，台湾独立の動きに対する軍事力行使が合法化された。このように，胡錦濤政権は，台湾に対して「平和的発展」路線を適応するという立場を示す一方で，台湾を「核心的利益」であると位置づけ，「反国家分裂法」を制定することによって，硬軟両構えの姿勢で臨んだのである。国共和解が進展する一方で，「反国家分裂法」の制定によって，当時の民進党の陳水扁政権と中国のあいだの亀裂は決定的となった。

第3節　中台関係の緊密化と台湾をめぐる安全保障問題

3-1　台湾の「フィンランド化」の議論

　2008年の馬英九政権の成立以来，中国と台湾は急速に関係改善を進め，2008年末には「三通」が実現した。また，2010年9月には中台間の自由貿易協定に相当する，両岸経済協力枠組協定（Economic Cooperation Framework Agreement: ECFA）が発効した。2008年には24万人であった中国大陸からの観光客は，中国政府による観光客の積極的な送り出し政策の後押しもあり，2014年には330万人に達した。さらに，中台関係の改善にともなって，中国政府は台湾の国際組織への参加を一部認める姿勢を示した。従来，中国は，アジア開発銀行，アジア太平洋経済協力会議（APEC），世界貿易機関（WTO）等の経済分野における台湾の国際機関への加盟を一部認めてきた。だが，2009年4月には，さらに踏み込んで国連の専門機関である世界保健機関（WHO）が初めて台湾に年次総会（WHA）へのオブザーバー参加を招請した。かつて，2003年の新型肺炎（SARS）の流行を契機として，台湾はWHOの年次総会への参加の許可を長年にわたって強く求めてきたが，中国の反対によって退けられてきた。台湾のWHOのオブザーバー参加が認められることになった決定の背後には中国政府の積極的な後押しがあった。そのほかにも，当時，中国は，民間航空や海運，気象，気候変動に関する国連の関連機関への台湾の参加にも前向きな姿勢を示した。

　馬英九政権発足後，中国側が台湾の国際空間における活動の一部を認めるなどの友好的な姿勢をみせるなかで，国際社会においては中台関係の改善を期待する声が高まった。馬政権の発足からおよそ1年後の2009年にアメリカ大統領に就任したオバマは，当時の中国と台湾のあいだの関係改善の動きを歓迎する姿勢をみせた。これに関して，オバマ政権の国家安全保障会議アジア担当上級部長のジェフリー・ベーダー（Jeffrey Bader）は「2009年の時点で，台湾に急を要する脅威は存在しなかった。それどころか，中国と台

湾は，馬英九総統の就任以来，緊張関係が劇的に緩和され，関与を強めていた」として，米国政府が，中台関係の改善を積極的に評価するとともに，台湾の安全保障上の脅威が低減したとオバマ政権が考えていた当時の状況を振り返っている（Bader 2012, 71）。

このように，中台関係の改善を期待する機運が，米国政府はもとより，国際社会に広まりつつある状況において，これに関して，アメリカの主要な外交問題の専門誌『フォーリン・アフェアーズ』（Foreign Affairs）に，米国の政治学者のブルース・ジリー（Bruce Gilley）が，台湾が自らを「フィンランド化」（Finlandization）すべきであると提起したことが注目を集めた。ジリーの主張は次のようなものであった。

「馬英九政権が誕生した後，中台関係が急速に改善しつつあるなかで，台湾は，冷戦時代のフィンランドがソ連に対してとった政策に学ぶべきである。すなわち，かつてフィンランドがソ連の懐に入って，西側と東側の和解の橋渡しをしたように，台湾がフィンランド化して中国の軌道に入れば，その存在が，中国における前向きな変化をこれまで以上に刺激し，中国が平和的に台頭する可能性を高めることができる。つまり，台湾の事実上の独立という現状と，民主主義を守るため，中国に対する批判を自粛して，台湾は『中立化』の道を歩むべきである。中国の台湾政策はナショナリズムに基づく失地回復の実現ではなく，むしろ台湾を戦略的地政学的な観点からとらえるようになっていることから，台湾が中立的な立場をとるかぎり，中国が台湾の占領や統治に関心を寄せることはない」（Gilley 2010）。

ただし，上述のジリーの議論は，中国と台湾の関係性をリアリズム的な視点を離れて，極端なリベラルな観点からとらえているという点において，現実との乖離があったといわざるをえない。また，現実には，中台双方が同議論を受け入れることはなかったのも事実である。だが，『フォーリン・アフェアーズ』誌上にこのような問題提起がなされたこと自体が，馬英九政権期における中台の蜜月関係が，かつてない新たな展開が想定されうるものであると国際社会で受けとめられていたことの一面を象徴するものであった。

3-2 中台間の信頼醸成措置の構築の可能性

　2005年以降，準公式レベルでの中台交流が再開した当初，中台対話の議題は経済分野に限られていたが，馬英九政権期における関係改善を契機として，中国側はさまざまなチャンネルを通じて政治的対話の実現を台湾側に呼びかけるようになった。その一方で，当時，中国側の外交的な攻勢とは対照的に，台湾では中国との政治的対話の実施についてはいまだ機が熟していないという見方が優勢であった。たとえば，2008年12月，海峡交流基金会代表の江丙坤は記者会見のなかで「（現在の中台対話は）台湾の主権問題を棚上げした状態で行っており，政治問題を話し合うのは時期尚早である」と述べた[6]。さらに，2009年4月，馬英九総統は日本のメディアに対して「現在のところは平和協定には着手しないが，時機が来たらわれわれの主張を打ち出す」という趣旨の見解を示すとともに，胡錦濤主席との会談の可能性については「中台関係の発展が台湾の人々に有利になるならば，正当性が出てきて人々の支持を得られる。だが時機はまだ早い」と述べた[7]。

　他方，台湾側の反応とはうらはらに，政治的対話を呼びかける中国政府は，将来的には台湾とのあいだで平和協議や平和協定の実現などを視野に入れていたといえよう（松本 2014）。これに関して，馬英九総統が再選した後の2012年11月に行われた第十八回中国共産党党大会の政治報告では，中台関係に関して「海峡両岸関係の重要な転換を促し，両岸間の全面的かつ直接的な双方向の『三通』を実現して，両岸経済協力枠組協定（ECFA）を締結して，さらにそれを実施に移したうえ，両岸間の全方位的交流の枠組みを築き上げ，両岸関係が平和的に発展する新しい局面を切り開いた」として，これまでの中国と台湾の間の経済面における関係改善の実績を強調した。その上で，「国家がまだ統一されていないという特殊な状況下での両岸間の政治

---

6) 「台湾，政治問題議論は時期尚早」『日本経済新聞』（2008年12月6日）。
7) 「馬英九単独会見 中台融和，急進展の一方…」『毎日新聞』（2009年4月23日）。

関係を検討して，情と理にかなった取り決めを行うことや，両岸間の軍事・安全保障相互信頼のメカニズム構築を話し合って，台湾海峡の情勢を安定させることや，双方の協議により両岸間の平和的合意を達成して，両岸関係の平和的発展の新たな展望を切り開くことをわれわれは願っている」という中国側の立場が示された（胡錦濤 2012）。これによって，胡錦濤から習近平へと政権が移行した後も，台湾との関係改善を続けていくという中国側の立場が明らかになった。

また，中国側は中台間の平和協定の締結を目標に掲げて，その議題となりうるものとして，「軍事・安全保障相互信頼」（中国語：軍事互信）を掲げて，両者の安全保障面における信頼醸成を進めていくべきであるという方針を示した（李家泉 2008, 120; 陈先才 2009, 23; 徐暁迪 2011）。中国政府が掲げた「軍事・安全保障相互信頼」には，中国と台湾の間で，①敵対状態を終息させること，②トップ同士のホットラインを設置すること，③共同で軍事交流や軍事演習を実施すること等の構想が含まれていた。さらには，④軍事関係の情報を交換すること，⑤共同で領土と領海の主権を防衛すること等の踏み込んだ内容も構想のなかに含まれていた。これに関して，中国側は中台間の安全保障面における信頼醸成が深化すれば，直接的軍事衝突の危険性が減少すると主張してきた。

3-3 台湾との政治的対話に向けた中国の攻勢

中国と台湾の関係改善が進むなかで，中国側の強い要望によって，統一問題を含めた政治的な議題が俎上に載せられる可能性が浮上した。とくに，中国側による台湾に対する一連の歩み寄りによって，中台双方が統一問題をも含めた政治的対話を行うことについて，欧米をはじめとする国際社会の支持を得ることは必ずしも困難ではない環境が形成されつつあった。これに関して，国際関係の専門家の一部のあいだには，中台の和解に強い期待を寄せる声が高まった。本章の冒頭に挙げた，Saunders and Kastner（2009）による平和協議や平和協定の実現を積極的に支持する立場などが示されたのもちょ

うどその頃の時期とも重なっていた。

　また，中国専門家のケネス・リバーソール（Kenneth Liberthal）などが，2005年の国共和解が実現した比較的早い時期より，中台間の軍事衝突を防ぐための枠組み合意を形成する必要があることを提唱してきた（Lieberthal 2005）。これについては，その歴史的背景を若干補足すべきであろう。当時，こうした声があがった背景には，もともとは中台関係の緊張が大きく作用していた。2000年の陳水扁政権発足の当初，ジョージ・W・ブッシュ（George W. Bush）大統領は，台湾に対して積極的な防衛的支援を行う姿勢を示していた。だが，2002年の「一辺一国」（中国と台湾はそれぞれ異なる国家である）の発言にみられるように，陳水扁は台湾の主権を強く主張するような政策を次々と打ち出した。このように，陳水扁政権は台湾独立への傾斜を強め，台湾海峡の「現状維持」を突き崩すような動きをみせたため，米国政府は警戒感を強めた。さらに，中国側は反国家分裂法を制定したことによって，中台関係の緊張緩和のために政治的対話が必要であるという声が，欧米などの第三者的立場からあがったのである。

　だが，馬英九政権発足以降に浮上した中台間の政治的対話の推進は，陳水扁政権とは様相を異にするものであった。政治的対話の推進の背後には，むしろ中国側のより主体的な関与が顕著にみられたのである。2008年以降，国民党が政権を奪還して中台関係の緊張が大幅に緩和された後，今度は中国自らが台湾に対して，統一問題をはじめとする政治的対話の呼びかけによって，「現状維持」の変更を試みようとしたのである。中台関係の改善にともなって，中国政府は，台湾の国際空間における活動の幅を認めるなど，かつてない友好的かつ柔軟な姿勢を示すなかで，中台間の政治的な協議を進めていくための国際的な支持を獲得しようとした。また，当時の状況を振り返れば，中台関係の改善を歓迎する国際社会の声は非常に高く，中台間の政治的対話の実現をめぐって国際社会の支持を得ることは必ずしも難しくはないことが明らかになった。このように，中国側は，台湾が政治的対話に応じざるをえないような状況を作り出そうとしたのである。これによって，台湾自ら

が中国との統一を選択した場合には，台湾海峡の「現状維持」を支持し，台湾関係法によって安全保障上のコミットメントを一貫して継続してきた米国政府でさえも，それを妨げる余地はないことが明らかになったのである（Tucker and Glaser 2011）。

3-4　中台関係の緊密化にともなう台湾政策の見直しの議論

　中国と台湾のあいだの平和的合意をめぐっては，それを支持する声が国際社会の一部において高まった。また，それにともなって，台湾側に思わぬマイナスの影響がもたらされることになった。中台関係の緊密化によって，アメリカ，中国，台湾のパワー・バランスを含めた従来の関係性が変化しているなかで，アメリカの台湾政策を見直すべきであるといった議論が，欧米の専門家や有識者の一部にもち上がった。このような台湾政策の見直しに関する議論は，当時，ワシントン D.C. における政策コミュニティーや，オバマ政権の政権運営に影響を及ぼしうるものとして注目を集めた。

　たとえば，チャールズ・グレーザー（Charles Glaser）は，『フォーリン・アフェアーズ』において，中台関係の急速な改善にともなって，アメリカは台湾に対する安全保障上のコミットメントを段階的に削減すべきであると主張した（Glaser 2011, 86-88）。これに関して，Glaser（2011）は，最近の中国の台頭による米中関係のパワー・バランスの変化はあるものの，両者の軍事的な衝突が発生する可能性が低いと分析した。そのうえで，アメリカにとって必ずしも最重要とは言えない台湾に対する安全保障上のコミットメントについては，台湾から手を引くことをも視野に入れて政策の見直しを行うべきであると主張した。

　中台関係の緊密化にともなって，武器供与などを通じて安全保障上のコミットメントを続けてきたアメリカと台湾の関係にも影響が及ぶ可能性が出てきた。これに関して，Swaine（2011）は，アメリカが，台湾への武器供与が決定するたびに繰り返される米中対立の危険性を避けるため，中台間の政治的対話と信頼醸成を促進させるとともに，台湾に対する武器供与を控える

べきだと指摘した。

　当時，オバマ大統領は，第一期目（2009年1月〜）の政権発足直後，馬英九政権に対する武器供与を遅らせていた。その要因のひとつには，中台間の安全保障面における信頼醸成が進めば，台湾に対して提供されたアメリカの武器の軍事技術の中国への移転や，機密の漏えい問題などが出てくる可能性が危険視されていたことが推測される。最終的には，2010年2月に，台湾への武器売却が決定された。だが，台湾側が購入を希望してきたF16C/D戦闘機やディーゼル潜水艦等の高性能の武器の売却は見送られることになった。それは，従来のアメリカの路線に沿った決定ではあったが，中国と台湾の蜜月によって，米国側が対台湾武器供与により慎重にならざるをえなかったという事情ともかかわりがあったといえよう。

　さらに，アメリカの台湾政策の見直しのもうひとつの背景についていえば，米国内において，いわゆる「オフショア・バランシング戦略」を支持する声が高まっていたことが挙げられよう。オフショア・バランシング戦略とは，アメリカの国内財政の悪化をくい止めるために軍事費を削減するとともに，国際的な軍事展開や介入を極力少なくして，できるかぎり同盟国の力を借りることによって周辺地域の抑止力を高めようというものである。オバマ政権期の頃から今日に至るまで，オフショア・バランシング戦略を支持する声が，米国政府関係者はもとより米国国民にはあって，さらに強まっているのは事実である。その背景には，超大国としてのアメリカの衰退があり，のちに次の大統領に当選したトランプが掲げた「アメリカ・ファースト」という言葉に象徴されるように，内向きの外交政策が国内的支持を広く得たことにもつながっている。なお，オフショア・バランシング戦略の文脈によれば，台湾に対する安全保障上のコミットメントはアメリカにとっての負担であり，台湾放棄も選択肢に入れるべきであるととらえられてきた。

　たとえば，オフショア・バランシング戦略の代表的な論者のひとりであるクリストファー・レイン（Christopher Layne）は，アメリカがオフショア・バランシング戦略をとれば，紛争勃発の危険性が高い台湾などにおける緊

張緩和によって，米中対決のリスクは低下するであろうと主張した。Layne (2014) は「アメリカが中国の攻撃から台湾を守るという事実上のコミットメントは，冷戦の名残である。そもそも朝鮮戦争が勃発していなければ，アメリカは台湾から手を引いていたであろう。中国にとって統一問題は最重要課題である。だが，アメリカにとっては，統一を防ぐことに対して切迫した利害はない」と分析した。そのうえで，Layne (2014) は「アメリカはオフショア・バランサーとして，台湾を守るために軍事力を行使しないという立場を明確にすべきだ。そうなれば，台湾の政策担当者は，中国との妥協を検討せざるをえなくなるだろう」と論じた。

第4節　馬英九再選後の中台関係

4-1　馬英九二期目の台湾世論の変化

2012年1月14日，台湾において総統選挙が行われ，国民党の馬英九候補が約680万票（得票率51.6%）を獲得することによって再当選を果たして，第二期政権が誕生した。これによって当面は中台交流が継続する見通しが強まった。

当時，中国側は，民進党の蔡英文候補の当選を回避して，馬英九の再選へ導くために，総統選挙期間中に中国大陸に居住する台湾人ビジネスマンに対して帰台投票を呼びかけるなどして，国民党を勝利に導くための間接的な支援策を打ち出した。また，中国側は，馬英九再選を契機として，政治的対話をさらに一歩前に進めようとしていたが，中国側の思惑とはうらはらに，台湾世論の中国との政治的対話に対する風当たりは予想以上に強いものとなった。総統選挙戦終盤の2011年10月半ば，馬英九は次期総統選挙を間近に控え，対中国政策に関して「今後10年のうちに中国との平和協定を結べるかどうか検討している」という立場を示して，将来的な中国との平和協定締結の可能性について言及した。だが，その直後，馬英九政権の支持率は急落し

て，蔡英文候補の支持率が上昇して拮抗するという結果をもたらした。このため，馬英九は「平和協定を結ぶ場合には，その可否を公民投票（レファレンダム）にかける」とすぐさま弁明せざるをえない状況となった。当時，総統選挙を目前に控えた台湾では，中国との政治的対話の見通しについて正面から論じることが事実上難しい状況となったのである。

このため，馬英九は総統に再任された後，中国とのあいだの政治的対話の実現について，慎重な姿勢をみせるようになった。これに関して，馬英九は「中台間の平和協議は最優先事項ではなく，台湾民衆の多くは両岸交流を支持しているものの，中台両岸交流が早急に進み過ぎないことを望んでいる」という立場を明らかにした[8]。

4-2 習近平政権の台湾政策

2012年秋，中国では胡錦濤から習近平へと政権が移行した。習近平は長年にわたって福建省長を務めた経験を有しており，従来から台湾問題に高い関心を寄せていると目されてきた。このことから，当初，習近平の在任中に中台関係を新たな方向に導くための具体的な方策を打ち出すのではないかといった観測などもみられた。

2012年11月に行われた中国共産党第18回党大会の政治報告では，中台関係に関して「海峡両岸関係の重要な転換を促し，両岸間の全面的かつ直接的な双方向の『三通』を実現して，両岸経済協力枠組協定（ECFA）を締結して，それを実施に移したうえで，両岸間の全方位的交流の枠組みを築き上げ，両岸関係が平和的に発展する新しい局面を切り開いた」として，これまでの中台関係改善の実績が強調され，基本的には胡錦濤政権の台湾政策を継承するという習近平政権の方向性が示された（胡錦濤2012）。これによって，従来の台湾との経済協調はもとより，政治的対話の実現を通じて中台の平和協定の締結を目指す中国側の意向が改めて示された。また，中国側は「台湾

---

[8] 「独家専訪問馬英九論中共十八大與両岸関係」『亜洲週間』18（2012年11月18日）。

のいかなる政党にしても,『台湾の独立』を主張せず,一つの中国を認めるかぎり,われわれは彼らと交流,対話,協力したいと望んでいる」として,国民党のみならず,当時の野党民進党の関係者とのあいだにおいても対話の扉を閉ざすことはないと姿勢を示した(胡錦濤 2012)。また,これに関して,2012 年 10 月には,陳水扁政権下で閣僚経験のある,民進党元主席の謝長廷が中国を私的に訪問した際には,当時の国務委員の戴秉国をはじめとして,王毅や陳雲林らとの会談が行われた。

2013 年 10 月 6 日,習近平は第 21 回アジア太平洋経済協力会議(APEC)の非公式首脳会談に出席するためにインドネシアのバリ島を訪問した際,台湾の元副総統の蕭万長と会談を行った。習近平は会談上で中台関係に関して「将来を見据え,双方の間に横たわる政治的な意見の相違は徐々に解決しなければならず,次の世代に先送りすべきではない」という立場を示した[9]。そのうえで,習は「一つの中国」の枠組みの下で台湾との平等な協議を行いたいという立場を表明して,台湾に対して政治的対話の早期実現を強く呼びかけた。さらに,同月上海で行われた両岸平和フォーラムにおいて,国台弁主任の張志軍が中台間の「政治的対立を一時的に棚上げすることはできても,長期間にわたって完全に回避することはできない」として,政治的対話の実現を台湾側に改めて呼びかけた[10]。

4-3 馬英九政権の支持率急落と中台交流の行き詰まり

2012 年以降,馬英九政権の二期目に入って,政治的対話をめぐる中国側の圧力がさらに強まるなかで,馬英九の中国に対する姿勢は,台湾の世論と乖離するような姿勢をみせるようになっていった。これに関して,2013 年 10 月 10 日の中華民国建国を祝う双十節において,馬英九は「海峡両岸

---

[9] 「习近平总书记会见萧万长一行」新華社(2013 年 10 月 6 日)。
[10] 「中台,初の平和フォーラム 習指導部 公的対話へ地ならし」『朝日新聞』(2013 年 10 月 11 日)。

の人々は同じ中華民族に属する。両岸関係は国際関係ではない」と演説した。さらに，「中国と台湾のあいだに存在するのは，特殊な関係であり，国際的な関係でも国内的な関係でもない」として，「一国両区」の立場を示した。**図 3-1** が示すように，台湾の主権をめぐって馬英九の発言が迷走するなかで，台湾の世論の反発は強まり，当時の立法院長の王金平との政争スキャンダルなどもあいまって，馬政権の支持率は下降線をたどり，10％台に低迷した。

その一方で，中台間のハイレベルの交流は，台湾の民意を置き去りにしたまま推し進められようとしていた。従来，中台間の交流は，民間窓口機関を通じて実施されてきた。2014 年 2 月 11～14 日には，台湾の王郁琦・行政院大陸委員会主任委員が南京を訪問して，張志軍・国台弁主任と会談を行った。これによって，1949 年の中台分断以来初の政府当局間の閣僚級公式会談が実現した。

中台間で進められてきた政治的対話をも視野に入れたハイレベルの交流の推進とはうらはらに，台湾ではついに民意の反発が頂点に達し，大規模な反対運動へと発展することになった。2014 年 3 月 18 日，台湾において「ひまわり学生運動」が発生し，「海峡両岸サービス貿易協定」の撤回を要求する学生らが立法院を数週間にわたって占拠した[11]。

また，同年 6 月 25 日，張志軍主任が台湾を訪問した際には，台湾各地で民衆の激しい抗議活動が発生したため，予定の大幅な変更を余儀なくされ，帰国を早める事態となった。このように，馬英九政権二期目の折り返し地点に入った頃より，中台関係のあり方をめぐって，台湾の民意の反発が強まり，国民党政権の対中融和策は軌道修正を余儀なくされた。中国側の思惑ど

---

11)「ひまわり学生運動」とは，2014 年 3 月に台湾で行われた学生運動のことである。2013 年 6 月に中台間で調印された「海峡両岸サービス貿易協定」に関する立法院での委員会審議での可決を国民党の一部の立法委員が一方的に宣言し，総統府，行政院，国民党が是認する声明を出した。これに反発した学生グループが立法院内に侵入して議場を占拠した。その後，立法院の周辺で市民を含む座り込みなどの大規模なデモ運動が行われた。それに関する詳しい経緯については，竹内（2014）を参照。

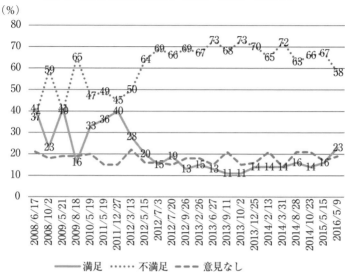

図3-1 馬英九総統の支持率の推移（2008〜2016年）

（出所）TVBS民意調査中心「馬英九総統施政八年満意度民調査」に基づいて筆者作成。

おりに政治的対話の実現を進めることが難しい状況となった結果，その年の秋に予定されていた北京APECにおける中台首脳会談の実施は見送られることになった。

翌年の2016年1月の総統選挙戦に向けて，民進党の蔡英文候補の勢いが増し，政権交代の可能性が色濃くなるなかで，2015年11月7日には，馬英九がシンガポールを訪問して，習近平とのあいだで初の非公式的な首脳会談を行った。これによって，中台双方の関係事務閣僚間の「両岸ホットライン」を設置することで合意をみたものの，それ以外には中台関係の進展に大きな成果をもたらすことはなかった。また，中国と台湾のあいだの平和協議は実現することなく，馬英九政権は幕引きを迎えることになったのである。

第5節　台湾海峡の「現状維持」と中台の軍事バランス

5-1　台湾海峡の「現状維持」の変化の可能性

　従来，台湾海峡においては，中国と台湾が統一せず，かつ台湾が独立をしないという「現状維持」の状態が保たれてきた。だが，2000年以降，民進党の陳水扁が総統に当選すると，台湾の独立志向の高まり，台湾海峡における「現状維持」という前提が突き崩される可能性を危ぶむ声が国際社会においてあがった。そして，馬英九政権期に入って中台関係が急速な改善をみせると，中国側は統一に向けて新たな攻勢を強め，台湾への接近によって「現状維持」という前提の切り崩しを図ろうとした。

　台湾海峡における「現状維持」に関して「長期的な両岸の現状維持は不可能である。（馬英九の）新三不政策の立場は，台湾の政治的な矛盾と統一・独立問題の根本的な解決にはならず，台湾社会あるいは両岸関係を長期的安定的なものにすることはできない」といった見方も中国側には存在する（林立憲 2009, 144）。また，台湾海峡における「現状維持」については，「馬英九の両岸政策の基本の『統一せず，独立せず，武力行使せず』という主張は，ある種の「現状維持」の主張である…（中略）…だが，『現状維持』とは相対的なものである」（傍点筆者付記）といった解釈も中国側にはみられた（方焔 2008, 56-58）。これらは，「現状維持」の意味合いが中国側の解釈次第によって，その内容が修正・変更される可能性があることを示唆している。

　馬英九政権期における中台関係の緊密化によって，直接的な軍事衝突といった事態が突発的に発生する危険性はかつてに比べて大幅に低減した。それとともに，中台間の本格的な経済交流の拡大に乗じて，中国側は統一問題を視野に入れた政治的対話にもち込むためのある種の外交攻勢をかけたのである。中国との経済交流によって台湾側がある程度の利益を得る以上は，その見返りとして，政治的対話の実施へ向けて譲歩すべきであるという考え方が中国側の根底にはあったといえよう。

このような状況下で，中台関係が進展するほど，中国の統一攻勢が強まり，台湾海峡における「現状維持」が難しくなるという，かつてない状況に台湾側は向き合うことになった。これに関して，2014年春，『ナショナル・インタレスト』(National Interest) において，ミアシャイマー (John Mearsheimer) は，台湾の将来に関して，今後，生き残るためには香港型の統一を受け入れる以外にないという悲観的な予測を示した（Mearsheimer 2014）。

　また，中台関係が緊密化するなかで，台湾が中国とのあいだによりいっそう統一を視野に入れた政治的対話を行うことを将来は避けることは難しい状況にあり，「現状維持」が困難になりつつあるといった認識が有識者の一部のあいだにみられるようになった。たとえば，カーター元大統領の安全保障担当補佐官のブレジンスキー (Zbigniew Brezinski) は，両岸交流が急速に拡大している現状では，台湾が将来的に中国とのあいだで統一交渉をも含むなんらかの政治的な協議をもつことを回避するのは難しいとして，台湾海峡の「現状維持」が事実上困難になりつつあると指摘した（Brzezinski 2012, 103）。また，ロバート・サッター (Robert G. Sutter) は，中国側の圧倒的な攻勢によって，中台の「現状維持」が困難になりつつあると分析した（Sutter 2011）。このように，台湾自らが「現状維持」の変更を望んで，中国との統一を選択した場合には，台湾海峡の「現状維持」を支持し，台湾への安全保障上のコミットメントを継続してきた米国でさえも，それに異議を唱えるのは難しいことが明らかになったのである。

5-2　中台の軍事バランスと台湾の戦略的重要性

　だが，中台間の政治的対話に関していえば，中国政府が統一を平和的に進めるという保証はなく，台湾問題を「核心的利益」と位置づけている以上，妥協を示す可能性は低い。むしろ，台湾独立の動きに対しては軍事力行使を含む強い態度で臨むという中国側の姿勢は基本的には変わらないといえよう。このことは，馬英九政権下における中台関係の改善が進む時期でさえ

も，中国は軍事面においては台湾に対して一切の妥協をみせていないことにもあらわれている。当時，中台関係の改善にもかかわらず，中国から台湾に向けられている弾道ミサイルや巡航ミサイルの配備数は10年前に比べて大幅に増加してきた（Sutter 2011, 11）。当時，中国が台湾に向けて配備している短距離弾道ミサイルの数は約1,100基余りにのぼり，年々増加しているとみられている（Office of the Secretary of Defense 2010）。

中国人民解放軍は，台湾海峡での緊急事態に備えて，海軍や空軍の大規模な増強を続けてきた。図3-2が示すとおり，中台の近代的戦闘機の数に関していえば，1990年代後半から2000年初頭の頃は台湾が数の上において中国側を凌駕してきた。しかし，2007年頃を境にして拮抗した後，中国側の数が徐々に増え，馬英九政権末期の時期には，圧倒的に優位に立つという逆転現象が生じた。このように，中国側は軍事力の増強によって，台湾海峡の「現状維持」を変更する能力を強化してきたのである。

その一方で，図3-3が示すとおり，2007年以降の台湾の防衛費の推移をみれば，2016年までのおよそ10年間においてほぼ横ばいの状況が続いてきた。

図3-2や図3-3が示すとおり，馬英九政権期の8年のあいだに，中台関係が緊密化する一方で，中国側は近代戦闘機の導入数の増加が示すとおり，軍事力の増強を着実に進めてきた。その一方で，台湾の国防費の数字の上からみれば，軍事力の維持に関して変化がないことが明らかになった。阿部（2016, 144）によれば，中国が国境を接した外部に深刻な脅威が存在しないにもかかわらず，およそ四半世紀にわたって，国防費を増加させてきたのは，軍事力による台湾の侵攻や統一が想定されてきたことに起因している。また，図3-4が示すとおり，台湾は，東シナ海と南シナ海の結節点に位置し，中国海軍の艦船が東シナ海から宮古島を通過し，また南シナ海からバシー海峡を通って西太平洋に出るのを監視することのできる戦略的要衝である。逆に，中国の海軍および空軍が台湾を戦略的拠点とすることができれば，アジア太平洋地域において戦略上圧倒的に優位に立つことが可能となる（阿部

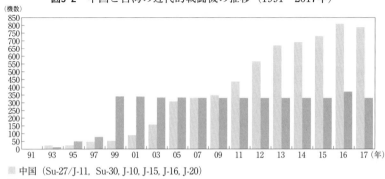

図3-2 中国と台湾の近代的戦闘機の推移（1991〜2017年）

中国（Su-27/J-11, Su-30, J-10, J-15, J-16, J-20）
台湾（経国, F-16, ミラージュ2000）

（出所）防衛白書2017年度版。

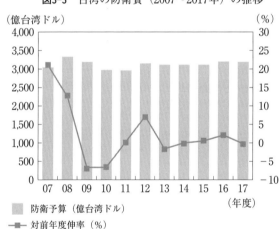

図3-3 台湾の防衛費（2007〜2017年）の推移

防衛予算（億台湾ドル）
対前年度伸率（%）

（出所）防衛白書2017年度版。

2016, 144）。

そのような台湾の地理上の戦略的重要性を考慮に入れれば，周辺海域において急速に勢力拡大の動きをみせる中国を牽制するという意味においても，台湾海峡の「現状維持」は，周辺諸国にとって，その存在は重要であるといえよう。また，かつての開発独裁体制から脱却して，平和的な手段によって

図3-4　台湾の地理的位置

（出所）『アジア動向年報』各年版をもとに筆者作成。

　民主化を達成した台湾は、「民主主義の価値観」をアメリカや日本などとともに共有するという点において、独裁体制下にある中国とは異なる独自の存在感を発揮してきた。

　その一方で、2005年以降、台湾における国民党や親民党などの一部の勢力が主導して、中国との接近を図った結果として、「台湾放棄論」にみられるような、台湾政策の見直しの声が米国国内の一部においてあがったのも事実である。なお、それに対する反発として、当時の台湾のおかれている現状を憂慮して、逆にアメリカが台湾へのコミットメントを強化すべきであるといった論調も存在したこともあわせて付記しておきたい（Tucker and Glaser 2011）。

　いずれにせよ、本章でこれまで論じてきたように、馬英九政権期における中台関係の緊密化をめぐって、さまざまな論議がもち上がったが、最終的には、オバマ政権が「台湾放棄論」を政策として選択することはなかった。これに関して、2012年10月、当時、東アジア・太平洋担当国務次官補であったカート・キャンベル（Kurt M. Cambell）は、「台湾放棄論」を支持しない

立場を公式的に示した（Bush 2013, 222-223）。だが，オフショア・バランシング戦略を支持する声にみられるように，今後の情勢の推移によっては，トランプ政権下のアメリカにおいてそのような傾向が再び強まる可能性も残されているといえよう。

おわりに

　本章では，馬英九政権期における中台関係の緊密化と，台湾海峡の「現状維持」をめぐる問題に焦点を当て，平和協議や平和協定の実現をめぐる台湾と中国の双方の立場や意図や，それらがもたらしうる影響などを中心にして分析を行った。馬政権期における中台関係の緊密化によって，一触即発の軍事衝突といった事態が突発的に発生する危険性は低減した。だが，両者の関係改善によって，中国側が統一攻勢を強め，台湾海峡の「現状維持」に変化がもたらされる可能性などが生じた。

　長年にわたり台湾海峡においては「現状維持」という状態が保たれてきた。2000年に民進党の陳水扁政権が誕生すると，台湾の独立志向の高まりや，台湾の独立によって，台湾海峡における「現状維持」という前提が突き崩される可能性を危ぶむ声が，国際社会においてあがった。さらに，2008年に馬英九政権期に入って中台関係が急速な改善をみせると，今度は中国側が統一に向けて新たな攻勢を強め，台湾への接近によって「現状維持」という前提の切り崩しを図ろうとしたのである。

　本章でみてきたとおり，2005年以降，準公式的な中台交流を主導してきたのは，中国側からの利益供与を受けていた一部の国民党系などの政治家が中心であった。このため，中台関係の方向性をめぐっては民意のコンセンサスを得ることのないままで関係改善が推し進められてきたという側面が強かった。結果的には，そのことが，後の2014年3月の「ひまわり学生運動」や，その後行われた2014年11月の統一地方選挙や2016年1月の総統選挙・

立法委員選挙などでの国民党の歴史的な敗北などにみられるように，台湾の民衆の反発の引き金のひとつになったといえよう。馬英九政権二期目における台湾の世論の強い反発を受け，その対中国政策は軌道修正を余儀なくされた。その後，台湾において政権交代が起こり，2016年5月に民進党の蔡英文政権が誕生したことによって，中国政府も台湾との距離をおかざるをえない状況となり，事実上，中台関係は仕切り直しの状態におかれたのである。

なお，馬英九政権のレームダック化が進んで，民進党への政権交代の見通しが強まりつつあった時期の2015年3月に開かれた全国政治協商会議の台湾分科会の場で，習近平は，台湾における民進党政権の誕生を見据えて，「92年コンセンサス」という基礎を台湾側が堅持しなれば，地は動き，山は揺れる」（中国語：基礎不牢地动山摇）という強い表現を用いて台湾に対する牽制を行った[12]。習近平の言葉に象徴されるように，中国側が武力行使を含む強硬な手段によって台湾海峡の「現状維持」の状況を変更する措置をとるという選択肢は依然として残されているといえよう。

また，中台関係の改善の一方で，中国側が統一攻勢を強めるなかで，従来，台湾に対する安全保障上のコミットメントを続けてきたアメリカとの関係性に変化が生じる可能性があったことを銘記すべきである。これに関して，松田（2012, 120）は，「中台関係の進展にともない米台関係を緊密化するという（馬英九の）戦略的目標は，簡単に達成できるものではない」と指摘している。たしかに，中台関係の緊密化は，必ずしも米台関係の緊密化にはつながらなかった。むしろ，中台関係の緊密化によって，従来の米台間の安全保障上の結びつきを揺るがす可能性があることが明らかになったのである。

2016年1月16日，次期総統に当選した民進党の蔡英文は，「現状維持」を中台関係の基本方針とする立場を全面に打ち出した。同年5月20日の総統就任演説において，蔡英文は「1992年の会談において合意がなされたと

---

[12]「习重申九二共识——基础不牢地动山摇」新華社（2015年3月5日）。

いう歴史的事実を尊重する」という立場を示した。民進党の蔡英文政権は，玉虫色の「92年コンセンサス」そのものに懐疑的なため，その言葉を用いるのを敢えて避け，独立にも統一にも傾くことなく，中台関係の「現状維持」を保とうとしている。

これに対して，国台弁は同コンセンサスに対して曖昧な態度を示す民進党政権への不満を表明するとともに，蔡英文の演説は「書き終わっていない未完成の答案」であるという立場を示した[13]。それとともに，中台間の対話は「『92年コンセンサス』という，『一つの中国』の原則を体現する共通の政治的基礎を堅持してこそ継続できる」と強調した。さらに，同年5月21日，国台弁は，「一つの中国」原則を受け入れていない蔡英文政権に対して，中台当局間の直接対話の停止を示唆した。台湾において国民党から民進党へ政権が移行した後，中台間のハイレベルの交流は凍結状態となっている。今後，中国側がこのような膠着状態を打開すべく，台湾側を政治的対話の交渉のテーブルにつかせるために圧力を強める姿勢をみせる可能性もあるといえよう。

中国は共産党一党支配の独裁体制を維持しつつ，国際社会において大国としての存在感を示している。今後もそのような状況が続く見通しが強まるなかで，台湾は，民主主義を旗印にして，アメリカや日本などをはじめとする価値を共有する関係諸国と連携しつつ，中国との適切な距離を保つという難しい舵取りを迫られているのである。

---

13)「蔡英文就任台湾地区領導人」新華社（2016年5月20日）。

〔参考文献〕

〈日本語文献〉

阿部純一 2016.「台湾とアメリカの「現状維持」をめぐる相克」安田淳・門間理良編『台湾をめぐる安全保障』慶應義塾大学出版会.

川上桃子・松本はる香編 2018.『馬英九政権期の中台関係と台湾の政治経済変動』アジア経済研究所調査研究報告書.

竹内孝之 2014.「学生による立法院占拠事件と両岸サービス貿易協定（前編）」海外研究員レポート（http://www.ide.go.jp/library/Japanese/Publish/Download/Overseas_report/pdf/1404_takeuchi.pdf, 最終閲覧日：2018年11月1日).

松田康博 2010.「改善の『機会』は存在したか？——中台関係の構造変化」若林正丈編『ポスト民主化期の台湾政治——陳水扁政権の8年』アジア経済研究所.

——— 2012.「馬英九政権下の米台関係」小笠原欣幸・佐藤幸人編『馬英九再選——2012年台湾総統選挙の結果とその影響』アジア経済研究所.

——— 2014.「馬英九政権下の中台関係（2008-2013)——経済的依存から政治的依存へ？」『東洋文化』(94): 205-233.

松本はる香 2012.「海峡両岸対話の再開と平和協定の将来像——攻勢を強める中国と選択肢の狭まる台湾」『中国21』36(3): 35-50.

——— 2013.「両岸関係の進展と平和協議をめぐる潜在的問題」『東亜』(11): 34-40.

——— 2014.「両岸関係の進展の光と影——平和協定をめぐる中国と台湾の攻防」馬場毅・謝政諭編『民主と両岸関係についての東アジアの視点』東方書店.

レイン，クリストファー 2014.「パックス・アメリカーナの終焉後に来るべき世界像——米国のオフショア・バランシング戦略」『外交』23(1): 20-25.

〈中国語文献〉

陈先才 2009.「两岸军事互信机制——理论建筑构与实现径」『台湾研究集刊』(1)22-30.

胡锦涛 2007.「在中国共产党第十七次全国代表大会上的报告」『中国共产党第十六次全国代表大会文件汇编』人民出版社.

——— 2012.「在中国共产党第十八次全国代表大会上报告」『中国共产党第十六次全国代表大会文件汇编』人民出版社.

李家泉 2008.「达成两岸和平协议的可行性研究」『中央社会主义学院学报』(4): 118-122.

王建民 2012.「两岸关于新前景」『今日中国』(12月): 31.

徐曉迪 2011.「两岸军事互信机制——效能，挑战及建言」(『広州社会主义学院学報』(1) 54-57.
中華人民共和国国務院台湾事務弁公室 2008.「紀年『告台湾同胞书』30 周年胡錦濤发表重要讲话」(12 月 31 日).
中華人民共和国政府 2011.『2010 年中国国防白皮书』3 月 31 日.

〈英語文献〉
Bader, Jeffrey A. 2012. *Obama and China's Rise: An Insider's Account of America's Asia Strategy*. Washington D.C.: Brookings Institution Press.
Brzezinski, Zbigniew 2012. "Balancing the East, Upgrading the West: U.S. Grand Strategy in an Age of Upheaval." *Foreign Affairs* 91(1): 97-104.
Bush, C. Richard 2013. *Uncharted Strait: The Future of China-Taiwan Relations*. Washington D.C.: Brookings Institution Press.
Gilley, Bruce 2010. "Not So Dire Straits: How the Finlandization of Taiwan Benefits U.S. Security." *Foreign Affairs* 89(2): 44-60.
Glaser, Bonnie and Brittany Billingsley 2011. *Taiwan's 2012 Presidential Elections and Cross-Strait Relations: Implications for the United States*. A Report of the CSIS Freeman Chair in China Studies.
Glaser, Charles 2011. "Will China's Rise Lead to War? Why Realism Does Not Mean Pessimism." *Foreign Affairs* 90(2): 88-91.
Lieberthal, Kenneth 2005. "Preventing a War over Taiwan." *Foreign Affairs* 84(2): 53-63.
Mearsheimer, John J. 2014. "Taiwan's Dire Straits." *The National Interest* (30), Spring 2014: 29-39.
Office of the Secretary of Defense 2010. *Annual Report to Congress: Military and Security Developments Involving the People's Republic of China*. Washington, D.C.
Saunders, Phillip C. and Scott L. Kastner 2009. "Bridge over Troubled Water?" *International Security* 33(4): 87-114.
Sutter, Robert 2011. "Taiwan's Future: Narrowing Straits." *NBR Analysis*, The National Bureau of Asian Research, May 2011:1-22.
Swaine, D. Michael 2011. "China, Taiwan, U.S.: Status Quo Challenged." *The National Interest* Fall 2011.
Tucker, Nancy B. and Glaser, Bonnie 2011. "Should the United States Abandon Taiwan?" *The Washington Quarterly* 34(4): 23-37.

第 4 章

馬英九政権期における台湾経済の
グローバル化の特徴と影響

―― 陳水扁政権期との比較分析を通じて ――

赤 羽 淳

はじめに

　馬英九政権（2008～2016年）の8年間は，陳水扁政権期（2000～2008年）に比べて台湾経済のグローバル化が進んだ時期である。とりわけ対中関係は，両岸直行便の開設，両岸架け橋プロジェクト（中国語では「兩岸搭橋專案」），両岸経済協力枠組協定（Economic Cooperation Framework Agreement: ECFA)[1]の制定など，人的物的交流を促すスキームが制度化され，経済面でのつながりがさらに深まった。一方で，中国以外の国・地域に対しても，台湾企業の対外投資が増大し，各地で台湾資本の企業活動が活発化するようになった。台湾プラスチックグループ（Formosa Plastics Group）がベトナムに一貫製鉄所[2]を建設したり，緯創資通（Wistron Corporation）がインドにス

---

1) ECFAの考え方は，2001年3月に蕭萬長が提案した「両岸共同市場」が基盤となっている。2008年の総統選挙時，馬・蕭連合のマニフェストにCECA（Comprehensive Economic Cooperation Agreement：兩岸総合性経済合作協議）が明記されたが，中国が香港・マカオと締結したCEPA（Closer Economic Partnership Arrangement）と誤解されやすいため，2009年2月27日にECFAへ名称が変更された（李嗣堯 2013）。
2) 台湾プラスチックグループは，ベトナムのハティン省でベトナム初の一貫製鉄所を2015年末から稼働させている。ただ2016年4月に，同製鉄所の排出した廃液がハティン省近海で魚の大量死を引き起こしたとして，ベトナム政府から罰金を命ぜられた。

マートフォンの生産拠点[3]を設立したりしたのは，その代表的な事例といえよう。

　馬英九政権期の台湾経済については，これまで中国との経済連携政策の意義や効果を中心に分析が重ねられてきた。中台間の経済交流は陳水扁政権期から実態としては進んでいたものの，窓口機関を介した政府レベルの交流は断絶状態にあり，馬英九は中台間の関係を正常化するべく，中国との経済連携を積極的に推進していった。そうした政府主導の対中経済関係の構築と発展は，学術的な観点からも大きな関心をよんだのである。

　しかし，馬英九政権期の台湾経済の特徴はこうした要素だけではない。上述のように中国以外のアジアへの対外投資も増えているし，業種別では製造業に加えてサービス業の対外投資も増えた。したがって，この時期における台湾経済のグローバル化の影響をみるためには，よりマクロの視点から全体を俯瞰した分析が必要といえる。

　本章では，先行研究よりも視野を広げて，馬英九政権期に進んだ台湾経済のグローバル化がどのような特徴をもち，いかなる影響を台湾経済にもたらしたかを検証していく。本章の構成は以下のとおりである。第1節では，先行研究をサーベイするとともに，本章の分析視点を提示する。第2節では，馬英九政権期の経済政策と台湾経済の概況を整理する。第3節では，台湾の対中輸出競争力を分析する。台湾の主要輸出品目をHSコード4桁で捕捉し，貿易特化係数や中国全体の輸入に占める台湾のシェアを検証する。第4節では，パネルデータによる回帰分析を通じて，対外投資と台湾の生産高および就業者数の関係をみていく。ここでは製造業とサービス業に分けて，対外投資の対象地域別に台湾経済との関係を検証する。最後に，全体の分析をまとめるとともに，本章の残した課題に言及することでむすびにかえる。

---

3)　緯創資通は2015年に現地企業Optiemusグループと提携し，ウタールプラデッシュ州ノイダにスマートフォンの生産拠点を設立した。

第1節　先行研究のサーベイと本章の分析視点

1-1　先行研究のサーベイ

馬英九は，2008年の総統選に向けた選挙期間中から中台間の関係正常化とそれによる台湾経済の活性化をうたっていた。そして2008年5月に政権が発足すると，実際に中台間の関係正常化を図る政策を次々に実行に移していった。まず2008年6月に開かれた第1回の海峡交流基金会と海峡両岸関係協会のトップ会談で，中国からの観光客の受け入れが決定された（佐藤2012）。また2008年12月には両岸架け橋プロジェクトを開始し，中台間で技術，法律，標準・規格などの側面で協力を推進し，補完関係を強めていくことを決めた（經濟部技術處2011）[4]。そしてECFAについては，2009年2月に台湾政府がその構想を表明した後，同年5月に協議開始が合意され，2010年6月29日に締結に至り，同年9月12日には発効に至った（岸本2013; 顧瑩華・高君逸2015）。

以上のように馬英九政権の発足から2，3年のうちに，中国との経済連携を図る枠組みが次々に打ち立てられていったのである。そのせいか，この時期を対象とする台湾経済をめぐる学術研究は，中国との経済連携に関するテーマに集中している。そしてそれらの先行研究は，おおよそ次の3つのタイプに分けられる。

(1) 中国との経済連携を評価する見解

第1のタイプは，ECFAや架け橋プロジェクトといった中国との経済連携の意義や効果を肯定的に論じたものである。たとえば中華經濟研究院（2009）は，ECFA締結後の効果を試算し，7年間で台湾に対する直接投資は89億

---

[4]　http://www.ey.gov.tw/Upload/RelFile/26/77275/11311673871.pdf（最終閲覧日：2017年2月28日）

米ドル増加するという見込みを示した。また経済部（2010）は，アーリーハーベスト[5]の効果として，GDPで0.4％（549億台湾元），生産高で0.86％（1,900億台湾元），就業者数にして0.64％（6万人）の伸びが，加えて関税低減の効果として295億元が見込まれるという見通しを示した。さらに，Lee, Wu and Lee（2011）は，ECFA締結による中台間の貿易額増加の効果を300億米ドルと試算し，そのうち台湾から中国への輸出増加分が260億米ドルにのぼるという計算結果を提示している。

中国との経済連携を評価する見解は，以上のような定量的分析のみならず，より大局的な観点からも主張された。たとえば行政院大陸委員會（2010）は，ECFAを契機に台湾はグローバル化に向かうべきであると論じた。また尹啟銘（2011）は，ECFAの数々のメリットを強調し，ECFA反対論者の主張を個別に批判している。

一方，中国との経済連携が台湾の戦略的価値を高めるという指摘も展開された。台湾と中国の言語・文化的近似性から，対中ビジネスにおいて台湾企業を活用しようとする考え方は，もともと日本企業などに存在していた（Ito 2009）。こうした台湾の特殊性に加えて，中台間の貿易が自由化すれば，対中ビジネスのゲートウェイとしての台湾の価値が高まるという発想である。そしてその結果として，海外から台湾への投資や台湾企業と外資企業とのアライアンスが増えることが期待された（日本台湾交流協会2011; ジェトロ中国北アジア課2012; 李嗣堯2013）。

(2) 中国との経済連携を批判する見解

一方，中国との経済連携に対しては，反対や懸念の声も多くあがった。先

---

5) アーリーハーベストとは，自由貿易協定が締結されるときに，初期段階で関税自由化が適用される品目を指す。物品貿易で中国が台湾に開放したのは539項目，台湾が中国へ開放したのは267項目。またサービス貿易で中国が台湾に開放したのは80項目，台湾が中国へ開放したのは64項目となっており，当初は中国が台湾へ大きく譲歩していたことがわかる。

行研究の第2のタイプは，経済連携のもたらす負の効果を批判的に論じたものである。

たとえばECFAについては，台湾内の所得分配を悪化させたり，産業空洞化を引き起こす可能性が懸念された（Hong and Yang 2011）。とくに台湾の農業従事者や一般労働者の就業機会を脅かすことが指摘された（chou 2010）。また，電子デバイスなど台湾が競争力をもつ製品が対象に入っていない点も問題視された。加えてECFAは枠組み協定にすぎないため，協定発効後の具体的な交渉をどのように進めるかがポイントであったが，その際に両岸経済協力委員会の役割と機能が複雑化し，職権が無制限に拡大するといった点も懸念された（岸本2012）。

またECFAに対しては，政治的デメリットの観点から反対の主張がなされた。たとえば呉榮義（2010）や楊志海（2010）は，ECFAが台湾の失業率を悪化させる可能性を述べたうえで，中国への経済的依存度の高まりがもたらす危険性を主張した。さらに黄天麟（2010）は，行政院大陸委員會（2010）の問題提起に対して，ECFAを締結しなくても台湾がグローバルな貿易ネットワークから外れるとはかぎらず，むしろECFA締結によって台湾が中国経済の植民地になる懸念を提示している。

中国との経済連携を否定する論者のなかには，その代替案を示すものもいた。たとえば蔡易如（2010）は，ECFA推進の代替として先進諸国との貿易活性化を提唱した。先進諸国との経済的つながりを強化すれば，台湾経済の空洞化は起きず，先進的な技術の伝播により，台湾の技術水準の引き上げも可能になるという見解を示している。

(3) 中国との経済連携の効果分析

(1)および(2)でみた先行研究は，いずれも中国との経済連携の影響を演繹的に論ずるものであった。これに対し2013年以降になると，実績データにもとづいて経済連携の効果を測定する研究が出てくる。

岸本は，両岸架け橋プロジェクトや中台の産業技術協力の成果をまとめ

た。岸本（2013）によると，両岸架け橋プロジェクトは通信などICT産業の一部で成果をみたものの，全般的には期待された結果が得られなかったという。行政院經濟建設委員會（2014）は，ECFA実施から3年が経過した2014年に，アーリーハーベストの輸入品が台湾経済に与える影響について，主要製造業の台湾企業への訪問調査を通じて解析した。それによると，輸出はECFAにより拡大したものの期待されたほどではなく，一方，輸入は中国製品が他国製品にとって代わる現象がみられた。また李佳諭（2014）は，日台ビジネスアライアンスの視点からECFAの効果を論じた。日本企業の場合，受託生産（OEM）委託先の台湾企業に部品の調達先を指定することがあり，仮に調達先が日本の場合だとECFAの効果を享受できないと指摘している。さらに顧瑩華・高君逸（2015）は，貿易データを解析しているが，彼らによると台湾の対中輸出に関して明確なシェアの増加がみられるわけではないという。原因としては，アーリーハーベストの項目が台湾の成熟産業に集中していることや中国での用途が加工貿易（第三国輸出向け）であり，関税減免の対象外であること，石油化学関連製品についてはそもそも台湾の輸出先が中国から東南アジアへ移動していることなどが指摘されている。

またECFAや架け橋プロジェクトといった個別施策の効果を越えて，馬英九政権期における台湾の輸出競争力を分析した研究もある。たとえば伊藤（2018）は，馬英九政権の対中経済交流の活性化[6]が台湾の対中輸出競争力の維持・強化に一定の貢献はしたものの，中国の輸入に占める台湾製品のシェアでみると大きな成果があがっておらず，この時期には全般的に台湾の対中輸出競争力が低下したことを指摘した。また連科雄（2017）は，主要国の業種別市場における台湾製品のシェアを2000年と2014年で比較したが，とくに中国市場における台湾製品のシェア向上はみられず，台湾が中国へ開放した項目では，中国製品のシェアが向上していることを明らかにした。

---

6) 伊藤（2018）では，馬英九政権の対中経済交流活性化策を「中国活用型発展戦略」とよんでいる。

以上のように，実績検証を行った先行研究によれば，定量的，定性的分析にかかわらず，馬英九政権の中国との経済連携政策は，おしなべて期待ほどの効果はもたらさなかったということになる。

1-2　先行研究の限界と本稿の分析視点

ここまでおもな先行研究をサーベイしてきたが，全体的にみると演繹的議論が多く，実績を検証した研究はまだ少ない。2018年の現時点では，データもある程度揃っていることから，まずはより包括的な実績検証が必要といえるだろう。

また，実績を検証した先行研究は，馬英九政権による中国との経済連携の効果が全体的に期待を下回るものと評価し，台湾の対中輸出競争力の低下を指摘するが，これら先行研究の分析方法にも難点がある。行政院經濟建設委員會（2014）や顧瑩華・高君逸（2015）は，分析対象としたデータの期間が3〜4年程度と短い。一般に，関税低減の効果は比較的早くにあらわれると考えられるが，前後の時期と比較しながら効果のあらわれを見極めるためには，もう少し長期にわたって検証することが望ましい。また伊藤（2018）や連科雄（2017）は，おもに産業の大分類[7]にもとづいて台湾の対中輸出競争力や中国市場における台湾製品のシェアの低下を主張するが，より詳細な産業分類で同様の傾向がみられるのか，検証が必要であろう。

加えて先行研究のそもそもの問題点として，対中経済関係の製造業の側面だけで議論していることを指摘したい。馬英九政権期の台湾経済にとって，それはクリティカルファクターであるものの，やはり部分であり全体像ではない。次節で確認するが，この時期には中国以外への対外投資が拡大してい

---

[7] 伊藤（2018）では，HSコード2桁で台湾の対中貿易特化係数を計算し，卑金属・同製品，卑金属鉱物製品，化学品で貿易特化係数が低下していることを示した。また連科雄（2017）は，中国の中間財市場について分析し，基本金属，金属製品，紡織衣服，化学工業，プラスチックゴム，機械設備，車両製造業の各分野で台湾のシェアが，2000年から2014年にかけて低下していることを示した。

るし，業種でいえばサービス業の対外投資が増えている。つまり，馬英九政権期に進んだ台湾経済のグローバル化の影響を検証するためには，中国以外，製造業以外の要素も含めなければならないのである[8]。

以上の状況をふまえて，本章では馬英九政権期に進んだ台湾経済のグローバル化の影響を次の3つの分析視点で検証していく。第1に，陳水扁政権期との比較分析である。陳水扁政権と馬英九政権では，対中関係の政策スタンスが対照的なうえに外部経済環境も大きく異なる。よって陳水扁政権期との比較分析を通じて，馬英九政権期を相対的に位置づけることができる。第2に，対中輸出競争力に関してはHSコード4桁で分析する。個別品目に降りて検証することで，先行研究の議論をより精緻に検証できると考えられる。第3に，対外投資と台湾の生産高および就業者数の関係を検証する。その際，対外投資を行き先別に区分し，製造業とサービス業に分けて分析を行うことで，先行研究がカバーしていない中国以外の対外投資やサービス業の対外投資の影響も捕捉するように努める。

第2節　馬英九政権期における経済政策と台湾経済

本節では，第3節以降の実証分析の準備として，台湾政府の経済政策を整理するとともに，陳水扁，馬英九両政権期の外部経済環境を振り返る。また，経済成長率や失業率といった台湾経済の状況に加えて，貿易や対外・対内投資の動向も概観する。陳水扁政権期と比較することで，馬英九政権期の台湾経済の相対的特徴を明らかにしていきたい。

---

[8] 馬英九政権の最終年である2016年における台湾の対中輸出依存度は26.4%，対中輸入依存度は19.1%となっている。また2009年から2016年の累積でみて，全対外投資に占める対中投資の比率は60.26%，対内投資全体に占める中国からの投資の比率は3.57%である。さらに，馬政権期の対外投資をみると，2009年から2016年の累積で4割以上がサービス業になっている。

2-1　陳水扁・馬英九両政権期の経済政策と外部経済環境

　馬英九政権の経済政策の最大の特徴といえば，中国との経済連携の積極的推進である。この点は陳水扁政権と対照的といえるが，じつは陳水扁政権でも政権発足当初は，対中経済交流の規制緩和が進められた。当時，すでに実態として台湾企業の対中進出が相当程度進んでいたうえに，中国と台湾が2001年WTOに同時加盟することによる政策調整の必要性も生じていたからである（伊藤2018）。

　陳水扁政権は，2001年8月に対中経済関係の基本方針として「積極開放・有効管理」の方針を掲げた。台湾側のこうした態度の軟化に，中国側もしばらくは静観の構えをみせていた。しかしその後，2002年8月に陳水扁が台湾と中国の関係を「一辺一国[9]」と称してからは，中台関係が急速に悪化し，中国は「反国家分裂法」を2005年3月に制定した。そして陳水扁政権の対中経済政策も規制強化の方向へ転じた。2006年3月には対中経済政策の基本方針が「積極管理・有効開放」に変更され，対中経済交流を規制する姿勢が明確にされたのである。

　2008年の総統選に馬英九が当選したひとつの要因は，有権者の多くが対中経済関係の改善や交流の拡大を期待したことである。折しも往時の中国経済は軒並み10％を超える高成長を遂げており，この時期には日本をはじめ各国の企業が積極的に対中進出を図っていた。こうしたなか，台湾だけが中国に対して保守的な政策をとれば，中国経済の成長の成果をみすみすとり逃してしまうとの危機感が台湾実業界にはあったとみられる。

　馬英九は，選挙活動中から対中経済政策の方針転換を明確にしていた。そして2008年5月に政権が発足すると，対中経済交流の「正常化」，ECFAによる中国への優遇措置の適用，中台間の産業協力の推進という3つの具体的

---

[9]　「一辺一国」とは，中国と台湾は同じ国家に所属していないという主張であり，国民党政府時代に中国とのあいだで原則とされてきた「一つの中国」の考えに真っ向から反する概念であった。

施策を展開していった（伊藤 2018）。馬英九政権では，政府がイニシアチブをとってこれらの施策の展開を図っており，その点に陳水扁政権との本質的な違いが見出せるといえる。

政権発足後に次々と打ち出された中国との経済連携は，少なくとも馬英九政権の第1期においては，立法院で国民党が過半数の議席を占めていた強みもあいまって順調に進められた。しかし第2期に入った2014年には，「海峡両岸サービス貿易協定」の審議をめぐって，台湾社会に中国との経済連携に対する大きな反発が生じた。海峡両岸サービス貿易協定に関しては，台湾の中小企業のビジネスを阻害する可能性や安全保障，社会秩序に及ぶ悪影響が心配されていた。そうした懸念にもかかわらず，与党・国民党が委員会審査を打ち切り，これに反発した学生たちにより立法院の議場が20日間以上にわたって占拠されるなど，台湾社会に混乱が広がった。これがいわゆる「ひまわり学生運動」である。こうした学生の動きには，台湾社会で世代を超えた共感が広がり，中国との経済交流に対して批判的な見方が強くなっていった。結局，同条例は可決されず，馬英九政権は台湾の人々の信頼を失い，2014年11月の地方選挙で国民党が歴史的な大敗を喫した。そして中国との経済連携も，この頃には実質的な協議が停止してしまったのである。

以上が陳水扁・馬英九両政権の対中経済政策の変遷であるが，一方で両政権期の外部経済環境は相当異なっていた。陳水扁政権期にほぼ相当する2001年から2008年の中国経済の平均成長率は10.7%，同じく米国経済は2.1%，世界経済は4.3%であった。これに対し馬英九政権期にほぼ相当する2009年から2016年の中国経済の平均経済成長率は8.2%，米国経済は1.5%，世界経済は3.3%となっている[10]。このように馬英九政権期の外部経済環境は，陳水扁政権期に比べて軒並み悪化した。背景には，2008年下半期に米国で金融危機が発生し，その影響が世界経済に広がったことがあげられる。

---

10) 平均経済成長率は算術平均によって計算している。なおデータは Global Note の会員データベースより取得した（https://www.globalnote.jp/post-12798.html，最終閲覧日：2017年12月15日）。

馬英九政権期の台湾経済動向を分析する際に、この点は念頭におかなければならない。

2-2　陳水扁・馬英九両政権期の経済動向

続いて、両政権期の台湾経済の動向をみていこう。図4-1は、2001年から2016年までの台湾の実質GDP成長率である。陳水扁政権期（2001〜2008年）と馬英九政権期（2009〜2016年）の平均成長率を計算すると、それぞれ4.2%と2.9%となった[11]。この平均成長率だけを比べると、馬英九政権期のほうが経済は低迷していたといえる。しかし両政権期の平均成長率は同じであるという帰無仮説をたててt検定をしてみると、帰無仮説は棄却できなかった[12]。したがって馬英九政権の台湾経済は、陳水扁政権期に比べて構造的に悪化したとはいいきれない。

一方、図4-2は月次の失業率の推移である。平均失業率を計算すると、陳水扁政権期（2000年6月〜2008年5月）が4.32%に対して、馬英九政権期（2008年6月〜2016年5月）が4.47%となった。同様に、両政権期の平均失業率は同じであるという帰無仮説をたててt検定をしてみると、帰無仮説は棄却できなかった[13]。したがって、馬英九政権の平均失業率は、陳水扁政権期と変わらない水準にあったとみられる。

つぎに、図4-3で中台間の貿易についてみてみよう。台湾から中国への輸出は、2009年に米国発の金融危機による世界的な不況の影響を受けて一時的に落ち込んだが、2011年までは右肩上がりで増加していた。しかし2011年以降は横ばいに転じ、2015年になると前年から100億米ドル以上減っている。一方、中国からの輸入は2009年の一時的落ち込みを除けば2014年まで傾向的に増加している。その結果、近年では台湾の対中貿易黒字は300億

---

11) 平均経済成長率は、各年のGDP成長率をそれぞれの期間について算術平均した値である。
12) 分散が等しくないと仮定した2標本によるt検定を行うとt値は0.757となった。
13) 分散が等しくないと仮定した2標本によるt検定を行うとt値は−1.601となった。

(出所) Global Note データベース (http://www.globalnote.jp/, 最終閲覧日：2017年12月15日) より筆者作成。

(出所) 行政院主計處 (http://www.stat.gov.tw/ct.asp?xItem=37135&ctNode=517&mp=4, 最終閲覧日：2018年1月31日) より筆者作成。

米ドル程度まで縮小してきた。また台湾の対中貿易依存度をみると，馬英九政権期の輸出依存度は26％から28％のあいだを推移しているのに対して，

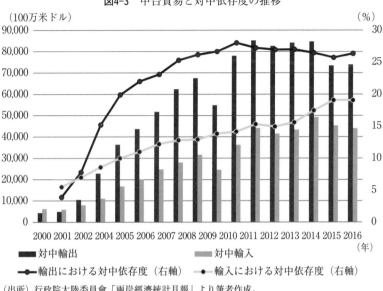

図4-3 中台貿易と対中依存度の推移

(出所) 行政院大陸委員會「兩岸經濟統計月報」より筆者作成。

輸入依存度は徐々に増加し，2016年には19.1％に達している。このように中台間の貿易統計をみるかぎり，陳水扁政権期のほうが台湾の対中輸出は明確な拡大傾向を示していた。ECFAの効果があらわれる2011年以降に注目しても，台湾の中国への輸出は総体として横ばいで，むしろ中国からの輸入のほうが拡大傾向を示していることがわかる。以上の結果は，行政院經濟建設委員會 (2014)，顧瑩華・高君逸 (2015)，伊藤 (2018) といった先行研究の議論ともおおよそ一致している。

ただし，対外貿易全体でみると少し異なる傾向がみられる。台湾の貿易黒字（輸出額－輸入額）は，陳水扁政権期から馬英九政権期まで一貫して拡大傾向にある[14]。つまり馬英九政権期では，中国以外の地域に対して貿易黒字が拡大していた。

---

[14] 台湾の貿易黒字は83億1千1百万米ドル (2000年) から497億5千3百万米ドル (2016年) に拡大した。

表4-1　台湾の対外投資（累積）

	2001～2008年			2009～2016年		
	金額（百万米ドル）	件数	金額／件（1,000米ドル）	金額（百万米ドル）	件数	金額／件（1,000米ドル）
中国	58,458	22,761	2,568	89,032	4,828	18,441
中国以外	32,812	5,534	5,929	53,019	2,949	17,979
合計	91,270	28,295	3,226	142,051	7,777	18,265

（出所）經濟部投資審議委員会（http://www.moeaic.gov.tw/chinese/，最終閲覧日：2018年1月31日）より筆者作成。

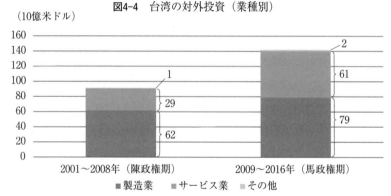

図4-4　台湾の対外投資（業種別）

（出所）經濟部投資審議委員会（http://www.moeaic.gov.tw/chinese/，最終閲覧日：2018年1月31日）より筆者作成。

　続いて，表4-1で台湾の対外投資動向をみると，馬英九政権期には陳水扁政権期に比べて，台湾の対外投資額が拡大している。ただし件数は減少しているので，一件あたりの平均投資金額が拡大した。この傾向は対中投資，中国以外への対外投資ともにあてはまるが，とりわけ対中投資の一件あたりの平均投資金額が大きく拡大した。これは製造業を中心に，大型の投資が行われるようになったことを示唆する。

　図4-4は，各期間における対外投資額の累計を製造業とサービス業に分けて示したものである。馬英九政権期では，陳水扁政権期に比べて対外投資額

表4-2 台湾の対外投資（業種別対象地域構成比の変化）

	製造業（2001～2008年）	製造業（2009～2016年）
対アジア投資	8.7%	20.5%
対北米投資	4.0%	1.7%
対欧州投資	1.3%	0.7%
対中南米投資	2.6%	1.2%
対オセアニア投資	0.3%	0.1%
対アフリカ投資	0.1%	0.0%
対中国投資	83.0%	75.8%
	サービス業（2001～2008年）	サービス業（2009～2016年）
対アジア投資	15.5%	19.9%
対北米投資	10.3%	4.3%
対欧州投資	2.9%	7.3%
対中南米投資	43.1%	18.7%
対オセアニア投資	3.6%	2.4%
対アフリカ投資	0.5%	0.4%
対中国投資	24.1%	47.0%

（出所）経済部投資審議委員会（http://www.moeaic.gov.tw/chinese/, 最終閲覧日：2018年1月31日）より筆者作成。
（注）サービス業の対外投資で中南米の比率が高いが，これはケイマン諸島などタックスヘイブン（租税回避地）向けと考えられる。

が全般的に拡大しているが，とくにサービス業は陳水扁政権期の2倍以上に増えた。

表4-2は，各期間における対外投資を製造業とサービス業に分けて，対象地域の構成もあわせて示したものである。陳水扁政権期と比べて，馬英九政権期では製造業の対アジア投資[15]，サービス業の対中投資の比率がそれぞれ拡大したことがうかがえる。

最後に，表4-3で海外から台湾への対内投資をみると，馬英九政権期の対

---

15) 本章における「対アジア投資」は，中国を除いている。

表 4-3 台湾への対内投資（累積）

	2001〜2008 年			2009〜2016 年		
	金額（百万米ドル）	件数	金額／件（1,000 米ドル）	金額（百万米ドル）	件数	金額／件（1,000 米ドル）
華僑	231	187	1,236	138	235	589
外国人	57,493	11,449	5,022	45,523	22,525	2,021
中国大陸	–	–	–	1,691	947	1,785
合計	57,724	11,636	4,961	47,352	23,707	1,997

（出所）經濟部投資審議委員会（http://www.moeaic.gov.tw/chinese/．最終閲覧日：2018 年 1 月 31 日）より筆者作成。

内投資は陳水扁政権期と比べて金額ベースでは減少し，件数ベースでは拡大した。これは規模の小さい案件の対内投資が増加したことを示す。また 2009 年以降，中国資本の台湾への対内投資が本格的に解禁されたが，全体に占める割合は小さい。

　ここまでの分析をまとめると，馬英九政権期の台湾経済は，中国経済や世界経済といった外部経済環境要因が陳水扁政権期より悪化していたものの，実質 GDP 成長率や失業率といった経済パフォーマンスは陳水扁政権期と比べて大きな差異はないことがわかった。一方，対外貿易は拡大局面が収束する一方，ネットでみた対外投資[16]は拡大している。とりわけ，サービス業の対外投資が相対的に増えた。総じてみれば，馬英九政権期の台湾経済は，陳水扁政権期に比べてパフォーマンス上の大きな変化はないものの，構造的にはグローバル化，サービス化が徐々に進展したことが理解できる。

---

16) グロスの対外投資金額からグロス対内投資金額を差し引いたもの。馬英九政権期では前者が拡大し，後者が縮小したためネットの対外投資金額は陳水扁政権期に比べて拡大している。

第3節　対中輸出競争力の検証

　馬英九政権では，ECFAをはじめとする中国との経済連携政策を通じて台湾製品の対中輸出競争力の強化を目指していた（行政院大陸委員會 2010）。しかし図4-3でみたように，台湾の対中貿易黒字は2012年以降，むしろ縮小傾向にある。また主要輸出品目が台湾と似通う韓国と比較した場合，中国の輸入に占めるシェアでは台湾の地位が相対的に低下していることも明らかになっている（伊藤 2018）。こうした状況も念頭におきながら，本節ではHSコード4桁の貿易統計を解析することで，改めて台湾製品の対中輸出競争力を検証していきたい。

　分析の手順としては，はじめに2008年と2016年の主要輸出品目を確認する。続いて，主要輸出品目の貿易特化係数の推移をみるとともに，中国の輸入に占める台湾のシェアを検証する。こうした分析を行うことで，陳水扁政権期から馬英九政権期の対中輸出構造と輸出競争力の変遷を把握できることになる[17]。

3-1　対中貿易特化係数の推移

　はじめに，台湾の対中輸出主要品目（中国の台湾からの主要輸入品目）を確認しておこう（表4-4）。2008年と2016年における台湾の対中輸出上位5品目の二時点間比較から，まず「集積回路」（8542）の輸出金額が拡大し，「液晶デバイス，レーザー，光学機器」（9013）の輸出金額が縮小したことが読みとれる。いずれも台湾の基幹産業であるが，電子製品のバリューチェーンでは「集積回路」（8542）がより川上に位置している。つまり馬英九政権期

---

[17] なお中台間の貿易をみる際には，中国と台湾のどちらのデータに依拠するか，また香港経由の貿易をどう扱うかという問題が生じるが，本節では台湾の対中輸出競争力を示す指標として中国の全輸入に占める台湾からの輸入の比率もみることから，中国側の税関データに依拠し，香港経由の貿易は考慮しないで分析を進めていく。

表 4-4　台湾の対中輸出主要品目（2008 年，2016 年）

	2008 年			2016 年		
	品目	輸出金額（百万米ドル）	対中輸出に占めるシェア	品目	輸出金額（百万米ドル）	対中輸出に占めるシェア
第1位	集積回路（8542）	29,519	28.57%	集積回路（8542）	74,014	52.95%
第2位	液晶デバイス，レーザー，光学機器（9013）	18,504	17.91%	液晶デバイス，レーザー，光学機器（9013）	10,030	7.17%
第3位	ダイオード，トランジスター，半導体デバイス，光電性半導体デバイス，光電池，発光ダイオード，圧電結晶素子（8541）	3,090	2.99%	ダイオード，トランジスター，半導体デバイス，光電性半導体デバイス，光電池，発光ダイオード，圧電結晶素子（8541）	5,465	3.91%
第4位	石油，歴青油，石油の調製品，廃油（2710）	2,989	2.89%	印刷回路，プリント基板（8534）	2,641	1.89%
第5位	印刷回路，プリント基板（8534）	2,711	2.62%	電話機，携帯電話，無線電話（8517）	2,008	1.44%

（出所）Global Trade Atlas より筆者作成。

に，中台間の分業の重心がより川上にシフトした可能性がうかがえる。

　実際，中国は半導体産業と液晶パネル産業を国策として育成している。そのうち液晶パネルの生産は 2011 年頃から本格的に立ち上がり，2017 年末から 2018 年初めには韓国を抜いて世界最大の生産国になる見通しである（産業タイムズ社 2017）。中国は世界最大の液晶テレビ市場を抱えており，とくに地場ブランドの液晶テレビが高いシェアをもっていることから，国産の液晶パネルメーカーが発展するのに有利な環境が整っている（赤羽 2014）。一方で，中国は半導体の生産も推進しているが，その技術レベルは韓国，台湾にまだ追いついていないのが現状である[18]。また中国には，鴻海精密工業

---

18) 2016 年時点で中国ファウンドリ業界で利用可能な最先端の技術ノード（配線の微細

などスマートフォンの主要組立メーカーが進出し，生産拠点を構えている。新興国を中心としたスマートフォン需要の高まりによって，彼らの半導体の調達量も拡大していることが，台湾の半導体輸出の増大に寄与したと考えられる。

次に，「ダイオード，トランジスター，半導体デバイス，光電性半導体デバイス，光電池，発光ダイオード，圧電結晶素子」（8541）の輸出金額も増大していることを指摘したい。これも電子電機製品の中核的な部品である。中国で電子電機製品，家電製品の生産が拡大するなか，中間財の調達需要が高まり，台湾からの輸出が刺激されたと考えられる。こうした傾向も，中台間に垂直分業が敷かれていることを示している。

続いて，以上の結果もふまえながら，図4-5で主要品目について，台湾の中国に対する貿易特化係数[19]の推移をみてみよう。「全体」の貿易特化係数は対象期間を通じて少しずつ下がっている一方，2016年の二大輸出品目である「集積回路」（8542）と「液晶デバイス，レーザー，光学機器」（9013）の貿易特化係数の数値はともに約0.8と高く，台湾側の大幅な黒字で安定していることがみてとれる。とくに，後者の輸出金額は2008年から2016年に縮小したものの，貿易特化係数は台湾側の大幅な出超で推移している。中国では液晶パネルの生産が急速に拡大したが，それは国内の液晶テレビ向けのアモルファスシリコンパネルであり，世界的に需要が拡大しているスマートフォン向けの低温ポリシリコンパネルにおける中国のシェアはまだ低い（産業タイムズ社2016）。「液晶デバイス，レーザー，光学機器」（9013）の貿易特化係数の推移は，その点を反映していると考えられる。また「ダイオード，

化レベル）は28nmであるが，2016年の28nmデバイス向けのウェハ生産量は世界全体の生産量の1％未満であり，世界最大手ファウンドリのTSMC（66.7％），第2位の米GLOBALFOUNDRIES（GF）（16.1％），3位のUMC（8.4％）と比べると圧倒的な差がある（「ファウンドリ間の競争が激化する中国での28nmプロセス生産」https://news.mynavi.jp/article/20170414-a024/，最終閲覧日：2017年12月23日）。

19）貿易特化係数＝（輸出金額－輸入金額）／（輸出金額＋輸入金額）。1に近いほど輸出競争力が高くなる。

図4-5 主要輸出品目の対中貿易特化係数の推移

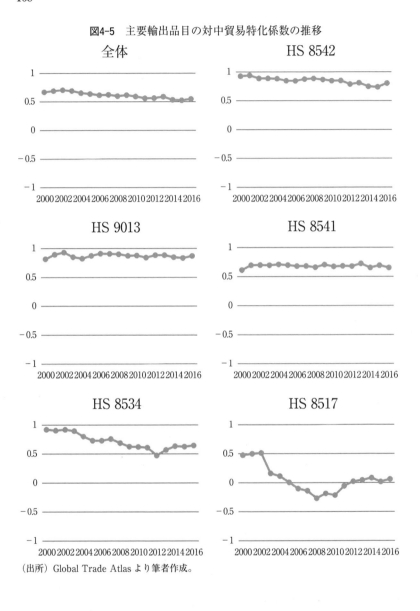

(出所) Global Trade Atlas より筆者作成。

　トランジスター，半導体デバイス，光電性半導体デバイス，光電池，発光ダイオード，圧電結晶素子」(8541) の貿易特化係数も，台湾側の出超でほぼ

安定して推移している。「印刷回路，プリント基板」(8534) は，貿易特化係数が低下したものの，2012年頃から再び上昇基調となっている。「電話機，携帯電話，無線電話」(8517) も同様に，2008年くらいから貿易特化係数は上昇基調となっている。以上から，2016年の5大主要輸出品目のなかで，終始一貫して貿易特化係数が低下したものはないことがわかる。

　観察した結果をまとめると，まず三大輸出品目である「集積回路」(8542)，「液晶デバイス，レーザー，光学機器」(9013)，「ダイオード，トランジスター，半導体デバイス，光電性半導体デバイス，光電池，発光ダイオード，圧電結晶素子」(8541) は，陳水扁政権期から馬英九政権期を通じて，高い対中輸出競争力を維持していることがわかった。そして，ICT分野を中心に中台間には垂直分業が敷かれていることもうかがえた。中国における半導体や液晶産業の発展にともない，中台間の関係が補完的関係から競合的関係に変わったとか，レッドサプライチェーン[20]が台湾の産業基盤を脅かすといった見方があるが，少なくとも主要輸出品目の貿易データを解析するかぎり，そうした傾向はみられないのである。

3-2　中国の輸入に占める台湾製品のシェア

　続いて，対中主要輸出品目について，台湾が中国の全輸入に占めるシェアをみていく。図4-6は，中国の輸入に占める台湾製品のシェアの推移を示している。まず「全体」とは，中国の全輸入に占める台湾からの輸入のシェアだが，それは2009年頃まで低下傾向にあったものの，2010年以降は再び上昇していることがわかる。一方，最大の輸出品目である「集積回路」(8542) は2011年頃からシェアが高まり，2016年時点では32.1％にまで拡大した。同様に，「ダイオード，トランジスター，半導体デバイス，光電性半導体デバイス，光電池，発光ダイオード，圧電結晶素子」(8541) も2013年

---

20) 中国の産業基盤が充実し，製造業のサプライチェーンの川上から川下まですべての工程を中国で完結することを指す。

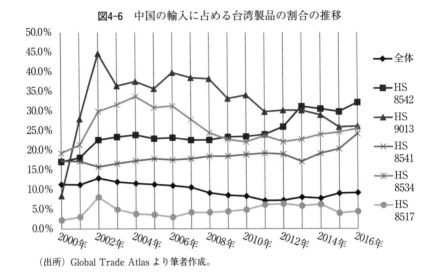

図4-6 中国の輸入に占める台湾製品の割合の推移

(出所) Global Trade Atlas より筆者作成。

頃からシェアが明示的に拡大している。「印刷回路, プリント基板」(8534) は, 2005年以降シェアが低下傾向をみせているが, 2011年以降再びシェアが拡大基調に転じた。「液晶デバイス, レーザー, 光学機器」(9013) は, 唯一シェアの低下傾向が続いているが, 2016年時点でのシェアは「集積回路」(8542) に次ぐ26.1％となっている。

以上から, 主要輸出品目のなかで明示的なシェア低下がみられたのは「液晶デバイス, レーザー, 光学機器」(9013) のみであった。とりわけ液晶関連製品はサムスン, LGといった韓国企業が高い競争力を有しており, 中国への輸出では韓国勢が台湾のシェアを奪ったとみられる。しかし一方で, 半導体を中心とした電子部品では台湾製品のシェアが拡大しており, 中国におけるICT産業の発展にともない, 台湾製の高付加価値半導体への調達ニーズが現地で高まっていることがうかがえる[21]。こうした点をふまえると,

---

21) 岸本 (2017) は, 台湾半導体産業の競争優位を外部環境の変化に応じた事業モデル (ファブレスとファウンドリ) の革新性と市場ニーズに応じた能力構築の柔軟性から説明している。

中台間の垂直分業の存在が改めて確認できるし，その重心はバリューチェーンのより上流へシフトしていることもうかがえる。そして中台の経済的関係は補完的であることが，この分析からも確認できる。

馬英九政権期には台湾の対外投資が拡大したが，以上の結果をふまえると対外投資も空洞化を引き起こすというよりは，むしろ産業の構造調整を誘発した可能性が予測される。ここまでの分析結果も念頭におきながら，次節では対外投資と台湾経済の関係をみていく。

第4節　対外投資と台湾経済の関係

4-1　分析モデルの紹介

対外投資が国内の生産高や就業者数に及ぼす影響に関しては，これまで多くの研究がなされてきた。そのうち台湾については，とくに対中投資が進むことで台湾へリンケージ効果が波及し，中台間の垂直分業が促進されて台湾経済が高度化してきた，というのが従来の実証分析の見解であった（赤羽 2002; 2003; 2010）。馬英九政権期の対外投資はどのような影響をもたらしたのだろうか。ここでは被説明変数を台湾の生産高と就業者数，説明変数を対外投資および対内投資とする回帰分析モデルでその影響をみていきたい。

回帰分析は，2001年から2016年までの台湾の生産高，就業者数，対外投資，対内投資を業種別に分けたパネルデータを用いて行う。対外投資は，アジア，北米，欧州，中南米，オセアニア，アフリカ，中国といった7つの行き先に分ける。また対内投資を説明変数に加えるのは，ネットの対外投資の影響を測るためである。一方，被説明変数である台湾の生産高および就業者数と説明変数である対外投資および対内投資とのあいだには，一年のタイムラグをおく。これは，対外投資や対内投資の影響が生じるまでにある程度の時間がかかることを想定したためである。**表4-5**は，回帰分析モデルおよび使用するデータの概要を整理したものである。

表4-5 回帰モデルおよびデータの概要

回帰モデル	$Y_{it} = \beta_0 + \beta_1 X1i_{t-1} + \beta_2 X2i_{t-1} + \beta_3 X3i_{t-1} + \beta_4 X4i_{t-1} + \beta_5 X5i_{t-1} + \beta_6 X6i_{t-1} + \beta_7 X7i_{t-1} + \beta_8 X8i_{t-1}$
説明変数および被説明変数の概要	Y：台湾の生産高，台湾の就業者数 X1：対アジア投資　X2：対北米投資　X3：対欧州投資 X4：対中南米投資　X5：対オセアニア投資　X6：対アフリカ投資 X7：対中国投資　X8 対内投資 i：業種（製造業17業種，サービス業16業種） t：2001〜2008，2009〜2016
製造業17業種	食品・飲料・煙草，紡織業，衣服・服飾品，皮革・毛皮製品，木竹製品，紙パルプ・印刷複写製品，石油関連製品，化学関連製品，ゴム製品，プラスチック製品，非金属鉱物製品，基本金属・金属製品，電子電機製品，機械設備，自動車関連製品・部品，家具製品，その他
サービス業16業種	電力ガス供給，水供給・汚染防止，建設業，卸売・小売業，運輸倉庫業，ホテル・レストラン，情報通信，金融保険サービス，不動産業，専門性サービス，サポートサービス，公共行政・国防，教育サービス，医療保険社会サービス，藝術・娯楽・リクリエーション，その他サービス業
データの出所	➢ 対外・対内投資（經濟部投資審議委員會，核准僑外投資・陸資來臺投資・國外投資・對中國大陸投資統計月報） ➢ 台湾の生産高（行政院主計總處，國民所得及經濟成長・國內各業生產及平減指數） ➢ 台湾の就業者数（行政院主計總處，薪資及生產力統計）

（出所）筆者作成。

4-2 仮説の設定

次に回帰分析にあたり，あらかじめ仮説を設定しておきたい。本稿の第3節の分析では，台湾の対中主要輸出品目の輸出競争力が維持されていること，とりわけ主力の「集積回路」(8542) や「ダイオード，トランジスター，半導体デバイス，光電性半導体デバイス，光電池，発光ダイオード，圧電結

晶素子」(8541)では，中国の輸入に占める台湾のシェアが拡大していることが明らかとなった。これらの事実の背景として，中国におけるローカル系電子メーカーの興隆が要因として考えられる一方，製造業の対中投資が台湾にリンケージ効果をもたらしていることも想像できる。つまり対中投資は，台湾の生産高や就業者数を増やす方向に働いていることが想定される。

中国以外の製造業の対外投資については，貿易データを分析していないのでこうした手がかりはない。ただ近年，中国一辺倒を避けるために台湾企業が中国以外（とくにアジア）へ進出[22]していることをふまえると，その性格は対中投資に類似している可能性がある。つまり中国以外の製造業の対外投資も台湾の生産高や就業者数を増やす方向に働いている可能性がある。

サービス業の対外投資は，一般に製造業の対外投資に付随するものであったり，現地市場を開拓するものであったりする。したがって，国内のオペレーションを代替する効果は想定しにくい。むしろ製造業に付随したサービス業の場合，海外の製造業から国内の製造業へのリンケージ効果を通じて，海外と国内のサービス業も見かけの相関をみせる可能性がある。馬英九政権期のサービス業の対外投資は中国向けの割合が高いが，中国は台湾製造業の一大拠点となっていることから，以上のロジックを通じてサービス業の対外投資は台湾のサービス業の生産高や就業者数と正の相関をみせる可能性が想定できる。

4-3　対外投資と台湾の生産高の関係

はじめに，製造業の対外投資と台湾の生産高の関係からみていこう（**表4-6**）。まず陳水扁・馬英九政権期ともに，対中投資と台湾の生産高は正の相関[23]を示した。また，馬英九政権期に拡大した製造業の対アジア投資も，

---

22) 表4-2によれば，製造業の対外投資において対アジア投資の占める割合は，陳水扁政権期の8.7％から馬英九政権期には20.5％まで拡大した。
23) ここでいう「正の相関」とは符号が＋であり，かつ統計的に有意な水準であることを指す。また「負の相関」とは符号が－であり，かつ統計的に有意な水準であることを指す。

表4-6 製造業の対外投資と台湾の生産高の関係

自由度調整済み決定係数：0.85

2001〜2008年	パラメーター	符号	t値	統計的有意性	全対外投資に占めるシェア
切片	225,522	+	5.28	***	－
対アジア投資	−1.46	−	−2.01	**	8.7%
対北米投資	5.58	+	4.73	***	4.0%
対欧州投資	−7.57	−	−4.21	***	1.3%
対中南米投資	−3.16	−	−1.75	*	2.6%
対オセアニア投資	−12.81	−	−1.06		0.3%
対アフリカ投資	22.32	+	1.75	*	0.1%
対中国投資	1.53	+	9.88	***	83.0%
対内投資	0.16	+	1.53		－

自由度調整済み決定係数：0.86

2009〜2016年	パラメーター	符号	t値	統計的有意性	全対外投資に占めるシェア
切片	277,648	+	4.64	***	－
対アジア投資	1.13	+	4.38	***	20.5%
対北米投資	12.62	+	6.50	***	1.7%
対欧州投資	−26.80	−	−2.18	**	0.7%
対中南米投資	−3.85	−	−1.23		1.2%
対オセアニア投資	59.02	+	2.54	***	0.1%
対アフリカ投資	−37.13	−	−0.94		0.0%
対中国投資	0.68	+	6.30	***	75.8%
対内投資	3.07	+	6.05	***	－

（出所）回帰分析結果にもとづいて筆者作成。
（注）***, **, * は1％, 5％, 10％の水準で統計的に有意であることを示す。以下同様。

台湾の生産高と正の相関を示した。ちなみに，台湾の生産高と負の相関をみせたのは，陳水扁政権期の対アジア投資，対欧州投資，対中南米投資と馬英九政権期の対欧州投資であるが，いずれも全体に占める比率は小さい。すなわち製造業の対外投資が台湾の生産高を縮小させた（空洞化を引き起こした）可能性は，両政権期を通じてほとんどなかったといってよい。一方で，馬英九政権期では，対内投資と台湾の生産高も正の相関を示した。この対内投資には，2009年に解禁された中国からの投資（陸資）[24] も含まれる。

第 4 章　馬英九政権期における台湾経済のグローバル化の特徴と影響　175

表 4-7　サービス業の対外投資と台湾の生産高の関係

自由度調整済み決定係数：0.50					
2001〜2008年	パラメーター	符号	t値	統計的有意性	全対外投資に占めるシェア
切片	508,356	+	9.75	***	−
対アジア投資	−2.69	−	−2.84	***	15.7%
対北米投資	0.90	+	0.79		10.5%
対欧州投資	−1.62	−	−0.74		2.9%
対中南米投資	−0.06	−	−0.25		43.7%
対オセアニア投資	4.48	+	1.28		3.6%
対アフリカ投資	55.84	+	3.02	***	0.5%
対中国投資	4.80	+	4.92	***	23.1%
対内投資	0.30	+	1.55		−

自由度調整済み決定係数：0.50					
2009〜2016年	パラメーター	符号	t値	統計的有意性	全対外投資に占めるシェア
切片	672,426	+	11.52	***	−
対アジア投資	−0.27	−	−1.37		20.1%
対北米投資	0.11	+	0.12		4.0%
対欧州投資	0.01	+	0.02		7.3%
対中南米投資	−1.42	−	−5.58	***	18.8%
対オセアニア投資	−6.99	−	−3.25	***	2.4%
対アフリカ投資	30.79	+	2.63	***	0.4%
対中国投資	1.53	+	8.45	***	47.0%
対内投資	0.76	+	4.88	***	−

（出所）回帰分析結果にもとづいて筆者作成。

　次に，表 4-7 でサービス業の対外投資と台湾の生産高の関係をみると，両政権期を通じて対中投資は台湾の生産高と正の相関を示した。逆に台湾の生

---

24)「臺灣地區與大陸地區人民關係條例」第 73 條「大陸地區人民来臺投資許可辦法」にて，2009 年 7 月 1 日に正式に中国資本の台湾への投資を許可した。その後 3 度にわたる検討の結果，開放されたのは製造業で 204 項目（開放達成率 96.68％），サービス業で 161 項目（開放達成率 50.95％），公共建設で 43 項目（開放達成率 51.19％）となっている（戴肇洋 2012）。

産高と負の相関を示したのは，陳水扁政権期の対アジア投資，馬英九政権期の対中南米投資と対オセアニア投資であった。一方で対内投資については，馬英九政権期で台湾の生産高と正の相関がみられた[25]。

4-4　対外投資と台湾の就業者数の関係

続いて，台湾の就業者数との関係をみていこう。まず**表4-8**によると，製造業の対中投資と台湾の就業者数は，陳水扁・馬英九政権期を通じて正の相関を示した。また，馬英九政権期に拡大した製造業の対アジア投資と台湾の就業者数も正の相関をみせている。一方で，陳水扁政権期の対アジア投資，対欧州投資，対内投資がそれぞれ台湾の就業者数と負の相関を示したが，馬英九政権期に台湾の就業者数と負の相関を示す製造業の対外投資はなかった。また馬英九政権期では，対内投資と台湾の就業者数も正の相関を示している。

一方，**表4-9**は台湾のサービス業の就業者数を被説明変数とした回帰分析の結果である。陳水扁政権期では，全体の15.7％を占めた対アジア投資と台湾の就業者数が負の相関を示した。それに対し，馬英九政権期では対欧州，対中南米，対オセアニア投資（三者合計が全体に占める比率は28.5％）がそれぞれ台湾の就業者数と負の相関を示している。しかしいずれの政権期においても，対中投資と台湾の就業者数は正の相関を示した。また，対内投資も馬英九政権期では台湾の就業者数と正の相関を示している。

4-5　小括

最後に，回帰分析の結果をまとめながら，4-2で設定した仮説の検証をしていきたい。

まず，製造業の対中投資は両政権期を通じて，台湾の生産高および就業者

---

25) 2009年から解禁された中国からの投資は，卸売業・小売業や銀行業といったサービス業が多くなっている。2016年の中国からの投資（陸資）の産業構成をみると，卸売業・小売業が件数ベースで64.9％，金額ベースで28.9％の比率を占めている。

表 4-8 製造業の対外投資と台湾の就業者数の関係

自由度調整済み決定係数：0.88

2001〜2008年	パラメーター	符号	t値	統計的有意性	全対外投資に占めるシェア
切片	53,701	+	8.48	***	−
対アジア投資	−0.19	−	−1.74	*	8.7%
対北米投資	0.43	+	2.44	**	4.0%
対欧州投資	−1.50	−	−5.64	***	1.3%
対中南米投資	0.34	+	1.29		2.6%
対オセアニア投資	0.42	+	0.23		0.3%
対アフリカ投資	2.68	+	1.41		0.1%
対中国投資	0.29	+	12.69	***	83.0%
対内投資	−0.03	−	−1.70	*	−

自由度調整済み決定係数：0.89

2009〜2016年	パラメーター	符号	t値	統計的有意性	全対外投資に占めるシェア
切片	51,665	+	7.17	***	−
対アジア投資	0.17	+	5.33	***	20.5%
対北米投資	0.74	+	3.18	***	1.7%
対欧州投資	1.26	+	0.85		0.7%
対中南米投資	0.27	+	0.71		1.2%
対オセアニア投資	11.73	+	4.20	***	0.1%
対アフリカ投資	1.86	+	0.39		0.0%
対中国投資	0.09	+	6.69	***	75.8%
対内投資	0.27	+	4.37	***	−

（出所）回帰分析結果にもとづいて筆者作成。

数と正の相関を示した。したがって，貿易統計の分析結果とあわせて考えると，対中投資は台湾の生産高や就業者数を増やす効果をもっている可能性が大きい。対中投資のパラメータの値（プラスの誘発効果）は，陳水扁政権期よりも馬英九政権期のほうが小さく，対中投資1単位あたりの台湾に及ぶリンケージ効果が減った可能性もうかがえる。ただこれは，製造業にせよ，サービス業にせよ，多くの労働力需要を誘発したり，大量生産をともなったりするようなオペレーションは中国に移転が進み，台湾は1人当たりの付加

表4-9 サービス業の対外投資と台湾の就業者数の関係

自由度調整済み決定係数：0.51					
2001〜2008年	パラメーター	符号	t値	統計的有意性	全対外投資に占めるシェア
切片	74,881	+	2.37	**	−
対アジア投資	−1.13	−	−2.35	**	15.7%
対北米投資	0.98	+	1.91	*	10.5%
対欧州投資	0.08	+	0.11		2.9%
対中南米投資	0.05	+	0.48		43.7%
対オセアニア投資	1.53	+	0.84		3.6%
対アフリカ投資	17.42	+	1.80	*	0.5%
対中国投資	3.21	+	6.37	***	23.1%
対内投資	0.02	+	0.55		−

自由度調整済み決定係数：0.36					
2009〜2016年	パラメーター	符号	t値	統計的有意性	全対外投資に占めるシェア
切片	153,996	+	4.21	***	−
対アジア投資	−0.10	−	−0.95		20.1%
対北米投資	0.86	+	1.90	*	4.0%
対欧州投資	−0.39	−	−1.88	*	7.3%
対中南米投資	−0.42	−	−3.29	***	18.8%
対オセアニア投資	−1.79	−	−1.75	*	2.4%
対アフリカ投資	12.11	+	1.91	*	0.4%
対中国投資	0.70	+	7.06	***	47.0%
対内投資	0.12	+	2.24	**	−

（出所）回帰分析結果にもとづいて筆者作成。

価値が高い生産活動（例：知識集約型の製品・サービスや研究開発など）にシフトしていることを示しているのではなかろうか。パラメータの値の縮小をもって，中国が台湾にキャッチアップしたとか，中台の経済関係が補完的関係から競合的関係になり，台湾の産業基盤が脅かされるようになったとするのはいいすぎであろう。

また，中国以外への製造業の対外投資も，馬英九政権期に拡大した対アジア投資が台湾の生産高および就業者数と正の相関を示した。実際，2010年

代に入って中国経済が減速してからは，台湾企業が「チャイナプラスワン体制」[26]を構築すべく，東南アジアや南アジアへ生産拠点を設立している。それは基本的に対中進出と同様に，台湾企業が現地で普及製品の生産ラインを展開しながら，台湾のオペレーションを研究開発や次世代製品の試作にシフトしていく垂直分業を展開していったことの反映と考えられる。こうした動きを通じて，台湾内の産業構造が高度化したと考えると，馬英九政権期に拡大した製造業の対アジア投資も，本章の仮説のとおり台湾の生産高および就業者数を増やす効果をもっていたと考えられる。

サービス業の対外投資については，馬英九政権期に拡大した対中投資が台湾の生産高および就業者数と正の相関を示した。仮説で示したように，中国は台湾の製造業対外投資の一大拠点となっており，サービス業の対外投資もそれに付随したものが相当数あるとみられる。したがって，回帰分析の正の相関は，製造業のリンケージ効果を通じた内外サービス業間の見かけの相関と思われる。ただ一方で，近年では飲食業など中国市場への浸透を狙った案件も増えており，それらの成功事例が台湾内のサービス業へ相乗効果をもたらしている可能性も否定できないだろう。

おわりに

本章では，馬英九政権期における台湾経済のグローバル化について，おもに陳水扁政権期との比較を通じてその特徴と影響を検証してきた。具体的には，まず統計データを確認しながら，馬英九政権期の台湾経済ではグローバル化，サービス化が徐々に進展したことを確認した。次に，HSコード4桁で対中主要輸出品目の貿易特化係数をみたところ，台湾の基幹産業である半

---

26)「チャイナプラスワン」とは，中国以外の国に生産拠点を構えて，中国一極集中にともなうリスクを回避する体制を指している。

導体や液晶パネル関連製品は，馬英九政権期でも依然として高い対中輸出競争力を維持していることがわかった。また中国の輸入に占める台湾製品のシェアをみると，半導体を中心とした電子部品では台湾のシェアが拡大していることも明らかになった。最後に，対外投資と台湾経済の関係を検証したところ，時期や業種にかかわらず対中投資は台湾の生産高や就業者数と正の相関関係にあること，製造業の対アジア投資や対内投資も馬英九政権期では台湾の生産高や就業者数と正の相関関係にあること，そしてサービス業の対中投資も台湾の生産高や就業者数と正の相関関係にあることが示された。こうした結果をふまえれば，馬英九政権期の台湾経済では，グローバル化の背後で産業構造の調整が進み，台湾と中国およびアジアとの分業関係は，研究開発と量産，高付加価値デバイスと中間財・最終製品といったように，より川上を分水嶺とした垂直分業にシフトした。そして，それと並行してサービス業の対外投資も拡大していったと考えられる。

　以上が本章のファインディングだが，一方で解明しきれなかった研究課題もいくつかある。まず本章は定量的な効果分析に注力したために，その結果の考察にはまだ深掘りの余地を残している。具体的にいえば，対中投資や対アジア投資が台湾の生産高や就業者数にもたらす効果について，個別企業の具体的事例で傍証すれば本章の結論の説得力がより増すことになろう。また，台湾で産業構造の調整が生じているとみられることと馬英九政権終盤（2015・2016年）の低い経済成長率をどのように整合的に解釈できるのかという点も興味深い研究課題である。さらには，対外投資と台湾の生産高および就業者数が正の相関を示したという結果が，馬英九政権の政策効果によるものなのか，台湾経済の構造的要因によるものなのか，あるいは台湾企業のグローバル戦略に起因するものなのか，といった分析も重要であろう。馬英九政権の経済政策を厳密に評価にするためには，そうした要因の切り分け作業も必要であると考えられる。

〔参考文献〕

〈日本語文献〉

赤羽淳 2002.「台湾の直接投資と産業空洞化」『日本台湾学会報』(4): 40-55.
―――― 2003.「台湾企業の直接投資と本国の生産活動」『日本台湾学会報』(5): 129-141.
―――― 2010.「台湾経済は空洞化するか？」西川潤・蕭新煌編著『東アジア新時代の日本と台湾』明石書店.
―――― 2014.『東アジア液晶パネル産業の発展――韓国・台湾企業の急速キャッチアップと日本企業の対応』勁草書房.
伊藤信悟 2018.「馬英九政権の『中国活用型発展戦略』とその成果」松田康博・清水麗編著『現代台湾の政治経済と中台関係』晃洋書房.
岸本千佳司 2012.「中台経済連携強化と台湾ビジネスモデルの展開――ECFAをめぐる議論と台湾ブランド推進」『赤門マネジメント・レビュー』11(1): 1-42.
―――― 2013.「対中経済連携推進による台湾の産業発展戦略――ECFA, 架け橋プロジェクトを中心に」『東アジアへの視点――北九州発アジア情報』24(1): 1-14.
―――― 2017.『台湾半導体企業の競争戦略――戦略の進化と能力構築』日本評論社.
佐藤幸人 2012.「選挙の争点に浮上した経済問題」小笠原欣幸, 佐藤幸人編著『馬英九再選――2012年台湾総選挙の結果とその影響』アジア経済研究所.
産業タイムズ社 2016.『電子ディスプレーメーカー計画総覧2016年版』産業タイムズ社.
―――― 2017.『電子ディスプレーメーカー計画総覧2017年版』産業タイムズ社.
ジェトロ中国北アジア課 2012.「特集 台湾と組む――グローバル市場への『架け橋』」『ジェトロセンサー』2012年2月: 2-27.
日本台湾交流協会 2011.『日台ビジネスアライアンスの成功事例――日台アライアンスによる中小企業のグローバル戦略‐』日本台湾交流協会.
李嗣堯 2013.「馬英九政権発足後の台中経済関係の一考察――ECFA調印による経済連携強化とその意義」『經濟學研究 = Economic Studies』62(3): 49-61.
李佳諭 2014.「ECFA締結による日台アライアンスの新展開」『近畿大学商学論究』14(1): 29-40.

〈中国語文献〉

蔡易如 2010.「由核心――邊陲理論看ECFA對台灣經濟的影響」吳榮義主編『解構ECFA――台灣的命運與機會』新台灣國策智庫.

戴肇洋 2012.「擴大開放陸資来台的是非與因應」臺灣綜合研究院金融證券投資諮詢委員會.
顧瑩華・高君逸　2015.「ECFA之整體回顧與早收效益評估」陳添枝,劉大年主編『由ECFA到TPP』遠景基金會.
黃天麟 2010.「ECFA與『中樞－邊陲』效應」羅致政主編『ECFA大衝擊──台灣的危機與挑戰』新台湾国策智庫.
經濟部 2010.「台湾大步向前 開創黃金十年──両岸經濟合作架構協議 (ECFA) 簡介」經濟部.
經濟部技術處 2011.「行政院第 3229次會議報告案　搭橋專案推動成果及展望」經濟部技術處.
連科雄 2017.「從全球產業供應鏈看我經貿政策」台灣經濟研究院區域發展研究中心.
吳榮義 2010.「ECFA與台灣・中國經貿關係──未来台灣經貿該何去何從?」羅致政主編『ECFA大衝擊──台湾的危機與挑戰』新台灣國策智庫.
行政院大陸委員會 2010.「馬英九総統談兩岸經濟協議」行政院大陸委員會.
行政院經濟建設委員會 2014.「ECFA早收計劃開放大陸進口對我產業之影響」行政院經濟建設委員會.
楊志海 2010.「經濟全球化下的台湾失業問題──兼論ECFA的影響」吳榮義主編『解構ECFA──台灣的命運與機會』新台灣國策智庫.
尹啟銘 2011.『捍衛ECFA』商訊文化.
中華經濟研究院 2009.「兩岸經濟合作架構協議之影響評估」經濟部.

〈英語文献〉
Chou, C. A. 2010. "A Two-Edged Sword: The Economic Cooperation Framework Agreement between the Republic of China and the People's Republic of China." *Brigham Young University International Law & Management Review* 6(2).
Hong, T. L. and Yang, C. H. 2011. "The economic cooperation framework agreement between China and Taiwan: understanding its economics and politics." *Asian Economic Papers* 10(3): 79-96.
Ito, S. 2009. "Japanese—Taiwanese joint ventures in China: The puzzle of the high survival rate." *China Information* 23(1): 15-44.
Lee, T. C., Wu, C. H. and Lee, P. T. W. 2011. "Impacts of the ECFA on seaborne trade volume and policy development for shipping and port industry in Taiwan." *Maritime Policy & Management* 38(2):169-189.

第 5 章

台湾の若者の職業選択と中台関係

――若者は高給を求めて中国に向かうのか――

佐 藤 幸 人

　　はじめに

　2008年から2016年までの馬英九政権の8年間において，もっとも衝撃的な事件のひとつは国会の占拠にまで至った2014年の「ひまわり学生運動」であったといえよう。その直接的な原因は，馬政権が「海峡両岸サービス貿易協定」によって中国との経済関係を強化しようとしたことに対する，台湾の人びとの不満や不安であった。より長い目でみるならば，馬政権期に進行した，自らを中国人ではなく，台湾人と考える台湾人アイデンティティの高まりと，馬政権の中国に対する融和的な姿勢のあいだの矛盾の増大が背景にあった。台湾人アイデンティティは若者においていっそう強く，「ひまわり学生運動」も学生をはじめとする若者が主たる担い手であった。

　「ひまわり学生運動」や台湾人アイデンティティの高揚をみるならば，馬政権期には若者を中心に台湾がひとつの政治体として発展する傾向がますます強まり，中国が望む中国と台湾の統一は一段と遠のいたようにみえる。しかしながら，馬政権期にはそれとは反対の作用を生みうる現象も顕在化した。賃金の低迷である。これもまた若者においてより顕著であった。

　馬政権が誕生した2008年以降，台湾における賃金が低迷する一方，中国では賃金の上昇が続いたため，中国で働けば台湾以上の賃金が得られるかも

しれないという期待が生まれた。そのため，今後，台湾から中国に移り住んで働く人が大幅に増加する可能性が浮上した。彼（女）らの一部は移動後，台湾人としてのアイデンティティを減退させたり，中国との統一寄りに考え方をシフトしたりするだろう。そうなれば無視できない政治的な影響が生まれる。とくに若者の考え方が反転するようなことがあれば影響は大きい。

　実際，中国政府は統一戦線工作の一環として，台湾の若者を取り込むため，彼（女）らの中国での起業や就職を支援する政策を実施してきた。それはこの数年，いっそう重視され，強化されている。中国政府は 2018 年 2 月 28 日，31 項目の台湾人や台湾企業に対する優遇措置のパッケージを発表した。このなかで，中国における起業や就業の支援は最重点となっている。

　このように，台湾の前途を展望するうえで，若者が働くことについてどのような選択をするのかは重要である。今のところ，台湾の若者が大挙して中国に向かうようなことは起きていない。その背後には若者のどのような考え方があるのか。若者が自らを中国人ではなく，台湾人と考えることは，仕事の選択に影響を与えているのか。今後，賃金などの条件が変わることで若者の考え方も変わって，中国への大移動が起きるという可能性はあるのか。中国政府の取り込み政策は若者の考え方を変える効果があるのか。本章の研究課題は，このような問題意識から台湾の若者の就業に対する考え方にアプローチすることである。そのために 2017 年，50 余名の台湾の大学生・大学院生に対して，働く場所を含め，将来の仕事についてたずね，議論をおこなった。

　本章の結論の概略は次のとおりである。第 1 に，過半の学生は賃金の低迷にもかかわらず，台湾で働くことを選好している。その理由には自分自身の状況に対しては楽観視していることや，台湾の状況を悲観しつつも海外で働くことにはハードルがあると感じていることや，台湾で家族とともに暮らしたいという強い思いがあった。第 2 に，彼（女）らは海外で働くとしても必ずしも中国で働くことを選ばない。その一部は中国に対して強い嫌悪感をもっている。より興味深いのは，中国に対して嫌悪感はないものの，中国で

はなく他の外国で働くことを選ぶ学生が少なからずいることである。彼（女）らは中国を外国のひとつとして他の外国と比較し，後者を働く場所としてより望ましいとみている。

　台湾にとどまったり，他の外国を選好したりする要因は短期間に変化するものではなく，中国への大量の移動が今後，にわかに発生することは考えにくい。しかしながら，学生へのインタビューから，賃金が仕事の選択において重要な条件であることも確認されているので，現在のような台湾のおける賃金の停滞と中国における賃金の上昇が続けば，いずれ大規模な移動が生じる可能性も残されている。

　本章はこの導入部のほか，3つの節と結語によって構成される。第1節ではまず呉及徳の研究を参照しながら，台湾の社会が中国との統一か，台湾の独立かという選択をめぐって，中国の経済的誘因と台湾人アイデンティティのディレンマを基本的な問題として抱えていることを明らかにし，本章の問題意識がそれに基づいていることを示す。続いて台湾から中国への人の移動に関する研究をレビューし，それをふまえて本章の研究上の位置づけと課題を設定する。第2節では各種のアンケート調査や政府統計を使って，アイデンティティ，賃金，中国への移動の現在の状況を説明する。第3節では筆者がおこなった台湾の大学生・大学院生とのインタビューから，彼（女）らの将来の就業や働く場所に対する考え方を分析し，若者が働く場所として中国を選択する可能性を検討する。最後に本章の議論を中台関係の研究にフィードバックし，前述のような多くの若者が中国を外国のひとつとしてみているという観察結果から，台湾人アイデンティティが変質し，現在では中国との対置なしに形成されているという見方を提示する。

第1節　研究の位置づけと課題

　本節ではまず，台湾社会が統一・独立志向をめぐって中国の経済的誘因と

台湾人アイデンティティのディレンマという基本問題を抱え，本章の議論がそれに基づいていることを示す。続いて台湾から中国への人の移動に関する先行研究のレビューをおこなう。最後に本章の研究上の位置づけと課題を設定する。

1-1 基本問題としての「パンと愛情」のディレンマ

第二次世界大戦の終結後，台湾は中国国民党（以下，国民党）の率いる中華民国によって統治された。国民党が中国共産党（以下，共産党）との内戦に敗れた結果，1949年以降の中華民国は台湾とその周辺の島嶼および福建省沿岸の一部の島嶼を実効支配していたにすぎなかったが，中国全土を統治する正統な国家であると主張し続け，台湾を中国の一地方として扱った。これに対するアンチテーゼとして，台湾を領域とする国家をつくろうとする台湾独立論が提唱されるようになったが，国民党政権はこれを弾圧した。1980年代後半から民主化が進むと，現実の中華民国が台湾大の政治体であることが明白になり，「中華民国の台湾化」（若林2008）が進行した。しかしながら，中華人民共和国を支配する共産党が国民党に代わって，中国は一つであり，台湾はその一部であるという主張を声高におこない，台湾独立論を敵視するばかりでなく，「中華民国の台湾化」にも強い警戒心を示すようになった。

このように，戦後の台湾ではその前途について，台湾を中国の一部とする主張と，台湾大の国家の建設を目指す主張が対峙し，現在に至っている。台湾社会にとって，2つの主張のあいだでいかなる選択をするのかは常に喫緊の問題であり，民主化以降，世論調査が重ねられてきた。いくつかのバージョンはあるものの，世論調査では回答者に対して，中国との統一，台湾の独立，現状の維持という3つの選択肢が提示されてきた。そして，選択の背景を解明することが台湾研究におけるもっとも重要な課題のひとつとなっている。

こうした統一・独立志向研究の基礎を構築したのが呉乃徳（2005）である。呉は台湾の人々の統一・独立志向に影響を与える2つの要因として，中国の

経済的誘因と，台湾人としてのアイデンティティを提示した。呉はそれぞれを「パン」と「愛情」にたとえている。

　中国の経済的誘因とは，台湾と中国の経済的な関係が発展することによって台湾が得られると考えられる利益である。前述のように，台湾が民主化して以降，台湾と中国の統一を積極的に主張しているのは中国であり，中国は経済的な利益を統一戦線工作の手段として利用してきた。中国は中国に進出した台湾系企業に対する優遇措置や，台湾の一次産品や工業製品の買い付けなど（本書第2章も参照），その時代の台湾と中国の経済的な状況や両者の経済的な関係に応じて，種々の誘因を提供し，台湾の人々に中国との統一を受け入れさせようとしてきたのである。本章で論及する台湾の若者の中国での起業や就業の支援も，中国が現段階において有効と考えている経済的な誘因である。

　一方，台湾人アイデンティティとは自らを台湾人とする帰属意識である。さらにいえば，台湾政治や中国との関係において重視されてきたのは，中国人ではないという排他的な台湾人意識である。台湾で民主化が始まってから継続的におこなわれてきた世論調査では，「中国人である」「中国人でもあり，台湾人でもある」[1]「台湾人である」という3つの基本的な選択肢が提示されてきたが[2]，このうち第3の選択肢が排他的な台湾人アイデンティ

---

1) 蒙志成（2016）が指摘しているように，「中国人でもあり，台湾人でもある」という回答は曖昧である。この回答には異なる内容が含まれていると考えられる。たとえば日本人が日本とともに生まれ育った都道府県にもアイデンティティをもつように，中国と台湾に対してアイデンティティをもつ場合も含まれているだろう。また，アメリカで生まれ育った日本人がアメリカと日本の両方にアイデンティティをもつような場合も含まれるだろう。あるいは，中華文化にアイデンティティをもちつつ，実生活の場としては台湾社会に帰属しているという意識をもっている場合もあるかもしれない。なお，後述する台商の二重化したアイデンティティは第2のケースに近い。

2) 呉乃德（2005）は「中国人である」「中国人でもあり，台湾人でもある」「台湾人である」の三択を，「エスニシティおよび文化的アイデンティティ」（中国語：族群文化認同）の選択としている。一方，前述の台湾の将来に関する「中国との統一」「台湾の独立」「現状維持」のあいだの選択を，「ナショナル・アイデンティティ」（中国語：民族認同）の選択としている。呉自身も指摘しているように，これらの用法は文献のあいだで違いがある。本章では混乱を避けるため，後者は「統一・独立志向」と呼び，「アイデンティ

ティを示し、注目されてきた。民主化後,「台湾人である」という回答は持続的に増加した。その背景には、中華民国が中国全土を代表するという虚構が崩れ、虚構のもとでおこなわれていた中国人アイデンティティの教化が衰微するいっぽう、民主化によって台湾がひとつのまとまりのある社会として台湾の人々に認識されるようになったことがあると考えられる。歴史や地理の教育において台湾の比重が増したことや、中国との交流が始まり、実際に大陸に住む中国人と接触して差異を実感する機会が増えたことも、台湾人アイデンティティの増大に寄与することになった。

呉乃徳（2005）の分析結果は次のとおりである。まずアンケート調査を検討し、台湾の人々の統一と独立をめぐる選択が流動的であることを明らかにした。さらに中国の経済的要因と台湾アイデンティティという2つの要因の流動性に対する影響を分析し、台湾人アイデンティティが強い場合、独立志向が安定的であること、中国との統一が台湾の経済成長の持続に必要だと考える人は独立志向を放棄しやすいことなどを示した。

統一・独立志向をめぐるパンと愛情のディレンマは、台湾の前途を左右する基本的な問題であり、台湾から中国への人の移動の研究においても中心的な論点として共有されてきた（耿曙・林瑞華・舒耕徳 2012）[3]。本章の冒頭で提示した、台湾において台湾人アイデンティティが高まる一方、賃金の低迷が続くなか、若者が就業に関してどのような選択をするのかという問題意識も、この基本問題に基づいている。この場合、中国が提供するパンは、中国における高賃金への期待である。

ティ」は前者に限定して用いる。
[3] 台湾から中国への人の移動の研究のなかには、当然のことながら、統一・独立志向への関心以外の動機からおこなわれている研究もある。「台商」研究の種々の動機や論点については、耿曙・林瑞華・舒耕徳（2012）を参照。

1-2 台湾から中国への人の移動に関するこれまでの研究
(1) 台湾から中国への移動の2つの段階

　台湾から中国への人の移動の研究では，中国の経済的誘因と台湾人アイデンティティという2つの変数の作用について，移動の前と後の2段階に分けて分析することが適当だと考えられる。第1段階の移動前では中国に移動するか，しないかが選択される。選択には中国の経済的な誘因とアイデンティティが作用する。安価な労働力や巨大な市場は企業のシフトを促し，高賃金などの厚遇は人々が中国で働くことを誘う。中国人アイデンティティも移動の促進要因となりうる。一方，台湾人アイデンティティが強い場合，台湾にとどまりたい，あるいは中国に住みたくないと考えるようになり，移動は抑制されるかもしれない。

　第2段階では，移動後の考え方の変化の有無が研究の焦点となる。一部の人は中国で暮らすなかでその経済発展を実感し，統一寄りの考え方に変更する可能性がある。つまり，経済的な誘因が強まるのである。また，一部の人は中国に住んで，生活することをとおして，台湾と中国のあいだの文化的な共通性を見出したり，中国での生活や社会に愛着をもったりすることによって，中国人アイデンティティが増し，統一志向にシフトするかもしれない。しかし，反対に台湾と中国，自分と中国人の違いをよりいっそう認識し，台湾人アイデンティティが強まり，独立志向にシフトする人もいるだろう。

　台湾から中国への移動の研究では，呉乃徳（2005）のようにアイデンティティを独立変数として扱う場合もあるが，このように移動によって変化しうる従属変数とみなす場合もある。それによって，当初，台湾人アイデンティティをもっている人でも，経済的な誘因によって中国への移動を選択し，定住することによってアイデンティティが変化し，統一志向にシフトするという経路の可能性が生まれる。

　したがって，台湾から中国への移動の政治的なインパクトは，第1段階における移動を選択する人の規模と，第2段階におけるアイデンティティの変化を掛け合わせたものとして考えられる。中国の統一戦線工作の観点からみ

るならば，より多くの人が台湾から中国に移動し，また移動した人のより多くが中国人アイデンティティを強め，統一寄りに考え方をシフトさせれば，有利な効果が生まれる。一方，中国に移動する人が少数にとどまれば，あるいは移動後も大部分の人が台湾人アイデンティティを維持し，統一寄りに考え方を変えなければ，中国にとってメリットは発生しない。

　このように，台湾から中国への人の移動の研究では，移動前における選択と移動後の統一・独立志向やアイデンティティの変化が中核的な問いとなる。以下ではこのような観点から先行研究のレビューをおこなう。それによって，本章の位置づけを明確にするとともに，本章の議論の前提を提示する。

　台湾人の中国への移動は多様である。移動の動機に注目するならば，経済的な動機とそれ以外がある。経済的な動機に基づく移動には，「台商」や「台幹」[4] とよばれる経営者や中間管理職の中国への投資にともなう移動，専門職や個人事業主の移動，外資系企業の駐在員としての移動，中国企業による引き抜き，短期の出張，台湾系企業や他の外資系企業を含む在中国企業への就職，就業者の家族の同行などがある。おもに非経済的動機に基づく移動には，外省人の里帰り・親族訪問，観光，学術交流，留学，学生の交流・見学などがある。これらのなかにも経済的な動機が作用している場合もある。以下ではまず，本章と通底する問題意識をもつ，経済的な動機に基づく移動に関する研究について，次に本章の焦点である若者の移動として，留学や短期の交流・見学といった学生の移動の研究についてレビューする。

---

4) オーナー経営者を「台商」，俸給経営者や中間管理職を「台籍幹部」，略して「台幹」という。広義の「台商」には「台幹」も含まれる。また，台湾系企業を「台商」とよぶこともある。「台商」と「台幹」の意味については，佐藤 (2010, 143) を参照されたい。
5) 2000年以降になると，台商や台幹に加えて，生活水準や社会的地位の上昇といった動機に基づく，個人の移住も観察されるようになった (Wang 2009)。Lin (2015) が描出した，ライフスタイル移民という台湾人女性による社会的上昇を動機とした移動もそのひとつである。

(2) 経済的動機による移動の研究

中国への移動のなかでは台商や台幹が先行し，また圧倒的な多数を占めてきたため，彼（女）らの研究もまた活発におこなわれてきた[5]。そのなかで陳朝政（2005）は台商のアイデンティティに関してもっとも包括的な研究をおこなっている。陳は台商の中国への移住を，移住前，移住後，一定期間後の再選択の3段階に分けている。移住前は前述の第1段階に，移住後と一定期間後の再選択は第2段階に相当する。

台商はその性格上，第1段階では大部分が経済的な理由によって移住を選択している。一部には心情的な理由もあり，それには中国人アイデンティティによるものと，台湾において強い独立志向をもつ民進党が台頭したことに対する反発がある（陳朝政 2005, 113-119）。

陳は第2段階について，多くの台商が台湾人アイデンティティを保持していること，しかし，同時に中国人アイデンティティをあわせもつというアイデンティティの二重化が生じている台商も少なくないことを発見している。また，アイデンティティの二重化は，中国に長く居住するほど，生活の現地化が進行しているほど，生じやすいとしている（陳朝政 2005, 151-165）。

他の研究もおおむね陳と同様の観察をしている。第1段階における心情的な要因は，林平（2012a）が外省人の台商において認められることを報告している。また，Tsai and Chang（2010）は「台灣社會變遷基本調査」[6]を用いて，外省人および青陣営支持者は中国で働くことを志向する傾向がより強いことを明らかにしている。

第2段階についても，陳以外の研究は陳と同じく，台商らの台湾人アイデンティティが全般的には堅牢であることを明らかにしている。林瑞華・胡偉星・耿曙（2011）が台商を含む長期にわたって中国に住む台湾人に対しておこなったアンケート調査では，210人中153人が自分は「台湾人である」と

---

6) 中央研究社会学研究所が5年ごとに実施している社会調査。現在，第7次の調査がおこなわれている。詳しくは http://www.ios.sinica.edu.tw/sc/ を参照。

回答している (「台湾人でもあり，中国人でもある」が50人,「中国人である」が7人)[7]。舒耕徳 (2012) のインタビューでは，22人の台商のうち9人が自分は「台湾人である」と回答している (「台湾人でもあり，中国人でもある」が4人,「中国人である」が4人, 回答拒否や不明が5人)。

ケーススタディにおいても, 林平は台湾人が居住空間において中国社会と意図的に距離をおいていること (林平2009), 中国人アイデンティティをもつ外省人であっても, 中国社会に容易に溶け込まないことを明らかにしている (林平2012a)[8]。Shen (2015) が描き出した, 本省人ばかりでなく外省人の台商までもが中国のカラオケバーで台湾語の歌を歌う姿に, 深く根づいた台湾人アイデンティティを見出すことも可能だろう。

同時に台商をはじめとする移住者の一部では, アイデンティティの二重化や台湾人アイデンティティから中国人アイデンティティへのシフトが生じていることも, 観察が重ねられている。鄧建邦 (2009) においても陳朝政 (2005) と同様, 多くの台商が台湾人アイデンティティを維持するとともに, 一部ではアイデンティティの二重化が進行していることが示されている。Wang (2009) は中国の台頭のなかで, 中国, とくに上海を中心とする長江デルタを台湾よりも国際化が進んでいるとみて, そこに帰属意識をもつようになった台湾人を描き出している。佐藤 (2012) も, 台湾の北部と中国の長江

---

7) 林瑞華・胡偉星・耿曙 (2011) の主たる論点はアイデンティティと階級を独立変数として, その影響を比較することである。林らの研究結果のうち, 本章の問題意識にとって興味深いのは, 社会階級が高い人ほど子に中国の学校で教育を受けさせていることである。林らは社会階級が高い人は中国の発展可能性を考慮し, 子に中国で教育を受けさせようとするのだろうと解釈している。Wang (2009) も同様の報告をしている。
　台商の子の教育には中国の学校のほかに, 台湾での就学と「台商学校」という選択肢がある。「台商学校」とは, 台湾人の子のために中国で設置された学校で, 台湾の教材が用いられる。この2つでは台湾人アイデンティティが維持されやすいのに対し, 中国の学校で教育を受けさせた場合, 子は中国人アイデンティティをもつ可能性が高い。すなわち, 林らの研究の結果は中国の経済的な誘因が, 教育を介して世代間でアイデンティティのシフトをもたらす可能性を示唆している。
8) 林平 (2010) は一方で, 中国の経済水準の上昇とともに, 台湾人単身女性の中国人男性に対する違和感が低下していることを示している。

デルタを先進的な地域として一体視するとともに，民進党の地盤である台湾の南部をそこから除外して蔑視する台商を報告している。

なお，台商など中国居住者に対して，直接，統一・独立志向をたずねた研究はほとんどない。中国においてこの問いは政治的にあまりに敏感な問題であるためだと考えられる。わずかに舒耕徳（2012）が 16 人の台商に質問し，10 人から現状維持，6 人から統一志向の回答を得ているが，上述のアイデンティティに対する回答と対照させると，これをそのまま受け取ることは難しい。

(3) 学生の移動──留学および交流・見学──

若者に注目した場合，その多くが学生として台湾と中国のあいだを移動している。移動の形態には数年に及ぶ留学や，数週間程度の短期の交流・見学がある。

留学についても，移動の前と後の 2 段階に分けて分析することができる。藍佩嘉・呉伊凡（2011）と呉伊凡・藍佩嘉（2012）は，第 1 段階における留学の動機や背景について，家族随伴型，就業志向型，就学志向型の 3 類型を提示している。家族随伴型とは，家族の中国への移動にともなって中国で就学するようになったケースである。就業志向型とは将来の職業に活かすことを目的とした留学である。就学志向型は中国の学校での学習や学位の取得を目的とした留学である。

藍と呉によれば，第 2 段階では留学を経て台湾と中国の違いを再認識し，台湾に戻るもの，中国社会への同化を拒みつつも台湾に戻ることも難しく，やむをえず中国に残るもの，中国に残り，積極的に同化しようとするものに分かれる。藍と呉の研究成果を本章の視点から解釈すれば，留学は台湾の若者を中国にとどめる効果は強い。一方，アイデンティティに与える影響は両面あり，中国人アイデンティティを強める作用は一部にしか働かない。

林平（2012b）は時期を 3 つに区分し，留学の動機が時期によって変化してきたことを明らかにしている。1997 年までの初期には中国の伝統文化の

源流の地に対する関心や憧れが留学の動機となっていた。1997～2005年の中期には，留学後，中国で就業することによって経済的な上昇を図るという経済的な動機が増加し，2005年以降の後期には経済的動機一色になった。

　林は第2段階におけるアイデンティティの変容の有無について直接には論じてはいないが，多くの場合，留学当初の期待は裏切られていることを指摘している。文化的な動機から留学した学生にとって，現実の中国は伝統文化から想像していた中国とはまったく違っていた。経済的な期待を抱いていた留学生は，単に留学しただけでは期待を実現できるものではないことを思い知らされた。とはいえ，台湾に戻っても状況が改善されるわけではないので，中国にとどまる場合も少なくない。このように留学が往々にして片道切符となりがちであることは，藍と呉の観察とも一致している。

　中国は台湾の大学生・大学院生に中国の学生と交流したり，中国の発展状況や文化遺産を見学したりしてもらおうと，夏休みや冬休みに中国に招待する活動をおこなってきた。とくに2004年以降，活発におこなわれるようになった。学生は台湾・中国間の航空券は自弁で調達する必要があるが，中国に到着してからの一切の費用は中国側が負担するという好条件によってもてなされた。中国の目的が統一戦線工作の一環として，台湾の学生を取り込むことにあることはいうまでもない。実際にそのような効果があるのかどうか，これまでの研究の結論は分かれている。

　耿曙・曾于蓁 (2010) は，このような交流・見学の効果は限定的であるという結論を提示している。耿と曾によれば，学生は交流・見学によって中国に対する誤解を改め，理解を深め，好感をもつようになる傾向があるが，統一・独立に対する志向やアイデンティティを変えることは少ないとしている。

　一方，王嘉州の一連の研究（王嘉州・李侑潔 2012; 王嘉州 2015a; 2015b; 2017c; 王 2017）は耿・曾とは異なる手法を使って[9]，台湾独立から現状維持への支

---

9) 王の研究の特徴は交流・見学の前と後の2回，アンケート調査をおこない，学生の考

持のシフト，台湾独立に対する不支持の増加，統一志向の増加など，交流・見学は中国にとって有利な効果があったという結論を提示している。王の研究の弱点は，自ら認めているように，このような効果の持続性が不明なことである。

1-3 本章の研究上の位置づけと課題

以上のような先行研究のレビューから，まず本章の議論の前提を引き出すことができる。先行研究では第2段階について，中国に移動しても台湾人アイデンティティが維持される傾向が強いものの，台湾人アイデンティティと中国人アイデンティティをあわせもつようになるという，アイデンティティの二重化が往々にして発生していることや，台湾人アイデンティティから中国人アイデンティティへのシフトも，一部には生じていることを明らかにしている。これは本章がおこなう第1段階における移動の選択の検討は意味をもちうることを示している。もし移動してもアイデンティティが変化しないのならば，移動は政治的なインパクトをもつことはなくなるからである。

また，先行研究のレビューをとおして，本章の位置づけを示すことが可能になる。先行研究は第1段階について，移動の動機に焦点を当て，経済的な動機が重要であること，中国人アイデンティティなどの心情的な要因も一定の作用を及ぼしていることを明らかにしている。しかしながら，実際に移動した人の動機のみを検討しても，なぜ，移動の規模が現在のような水準なのかは十分にはわからないし，今後の増減を見通すことも難しい。これらの問題を検討するためには，移動を選択していない人たちも視野に入れる必要がある。本章はこの空隙を埋める研究として位置づけられる。

先行研究のなかにもこのような視点をもつものはあったが，限られている。前述のTsai and Chang（2010, 647-648）では，「台灣社會變遷基本調査」

え方の変化を観察していることである。耿と曾も学生に考え方の変化の有無をたずねているが，事後にのみおこなっている。

において「今後5年以内に中国で働くつもりはあるか」という問いに対する肯定的回答が14％，否定的回答が86％であったこと，「機会があれば中国で働くつもりはあるか」という問いに対する肯定的回答が32％，否定的回答が68％であったことを提示している。園田（2014, 52-53）では中国近隣諸国の学生に対して「あなたは以下の企業や組織のうち，どこでもっとも働きたいですか」と問うたところ，台湾の学生のなかで中国系企業という回答はごく少数であった（中国を含む「他のアジア系企業」が3.7％）。王（2018, 40-41）は台湾の大学1年生に「将来中国で働きたいか」と質問し，肯定的な回答が16％，否定的な回答が32％，「どちらともいえない」という中立的な回答が52％だったという結果を示している[10]。

　このような研究から，総じて中国で積極的に働きたいという考えは少数にとどまることがわかる。しかし，園田（2014）と王（2018）では，中国で働くかどうかは論点の一部にすぎず，さらに掘り下げた分析はおこなっていない。Tsai and Chang（2010）は回答の背景を分析しているが，「台灣社會變遷基本調査」のデータに依存しているため，その調査項目のなかから要因を探るしかなかった。

　若者の考え方をとらえるためには，問いに対する回答の範囲をあらかじめ設けることなく，彼（女）らの語りのなかから答えを発見していくアプローチをとることが必要だと考えられる。発見されるのは構造的な変数だけではなく，彼（女）らの考え方の枠組みであるかもしれない。本章ではこうした考えに基づき，学生に質問し，議論するという方法を採用した。

---

10) このほか，『天下雜誌』が毎年おこなう調査のなかで，「機会があれば中国で働きたいかどうか」という質問をしている。それによると「働きたい」と「働きたくない」という回答はそれぞれ，2013年末は64.2％と31.0％，2014年末は66.3％と29.4％，2015年末は67.6％と29.2％，2017年末は60.9％と37.5％となっている（2016年末は不明）（呉挺鋒・何榮幸 2014; 呉挺鋒 2015; 熊毅晰 2016; 林倖妃 2018）。なお，2017年の調査では，「機会があれば中国以外の外国で働きたいかどうか」という質問もあり，「働きたい」という回答が59.2％，「働きたくない」という回答が38.3％であった。

第2節 「パンと愛情」と海外就業の現在

学生の考え方にアプローチする準備として，近年の台湾におけるアイデンティティ，賃金，海外での就業の全般的な概況を観察しておこう。

2-1 台湾人アイデンティティの増大と質的変化

台湾の人々のアイデンティティについてはいくつかの調査がある。ひとつは序章でも示した国立政治大学選挙研究センターの調査である[11]。それによると自分は「台湾人である」という回答と，「台湾人でもあり，中国人でもある」という回答は，2007年には40％台で拮抗していた。しかし，馬英九政権が誕生した2008年以降，前者が上昇を続け，「ひまわり学生運動」が発生した2014年には60％を突破した。一方，後者は30％台前半まで低下した。2015年以降はともに反転し，2017年には前者は50％台半ば，後者は30％台後半とやや接近している。なお，「中国人である」という回答は2008年以降，5％以下で低迷している。

『天下雑誌』も毎年おこなう「國情調査」のなかで，アイデンティティに関する質問を設けている。図5-1に2013年から17年の5年間の調査結果を示した。『天下雑誌』の調査結果も，国立政治大学選挙研究センターとほぼ同様である。「台湾人である」という回答がもっとも多く60％前後を占め，「台湾人でもあり，中国人でもある」という回答が次いで多く，30％前後を占める。「中国人である」という回答がもっとも少ないのは変わらないが，『天下雑誌』の調査では2015年以降，6％を超えるようになり，国立政治大学選挙研究センターの調査よりもやや高い比率になっている。

このように，馬英九政権期には台湾人アイデンティティが半数以上を占める状況が定着した。台湾人アイデンティティは若い年代においていっそう強

---

11) http://esc.nccu.edu.tw/course/news.php?Sn=166#（最終閲覧日：2018年2月12日）。

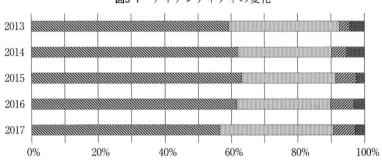

図5-1 アイデンティティの変化

台湾人 　台湾人でもあり，中国人でもある 　中国人 　その他・不明・未回答

（出所）呉挺鋒・何榮幸（2014），呉挺鋒（2015），熊毅晰（2016），林倖妃（2017; 2018）より作成。
（注）調査は各年の12月におこなわれている。

い。『天下雑誌』の2017年の調査では，図5-1に示すように回答者の全体では「台湾人である」という回答は56.4％だったが，20〜29歳では72.7％に達している[12]。

また，量的な変化だけではなく，台湾人アイデンティティに質的な変化も生じていることが注目される。「ひまわり学生運動」に加わった若者は「天然独」であるといわれた。かつての台湾独立派は，中国の正統政権であることを主張し，専制政治をおこなう国民党に対抗して台湾の独立を目指した。天然独とは，今の若者はそれとは違って，すでに民主化された台湾で生まれ育ち，台湾が中国とは別個の政治体であることを当然視していること，その名称が中華民国であることには強い抵抗がないことを言い表している[13]。近年の研究においても，それは裏づけられている。李冠成・楊婉瑩（2016）は世代間で「台湾人」の意味が異なることを実証的に示した。李と楊によると，年長者は台湾人を省籍[14]や228事件と結びつける傾向が強いのに対し，

---

12) 林宗弘（2017）は計量分析によって，1976〜1995年生まれが強い台湾人アイデンティティをもつことを厳密に検証している。
13) 天然独の特徴については，林泉忠（2017, 151-152）も参照。

若者は台湾に住んでいること，台湾に対する誇り，台湾および澎湖，金門・馬祖からなる領域と結びつける傾向がある。また，劉正山（2016）は，年長者が「中華民族の中華民国」と考えるのに対し，若者は「台湾人の中華民国」と考えていることを明らかにした。つまり，若者にとって独立とは，台湾が中華民国から独立することではない。むしろ台湾化した中華民国は守るべきものとなっている。

2-2　長引く賃金の低迷と中国による台湾の若者の取り込み政策

賃金の低迷，とくに若者の低賃金は，蔡英文総統が2016年5月の就任演説をはじめ，たびたび言及しているように，2010年代における台湾のもっとも深刻な問題となっている。図5-2に2000年以降の賃金の推移を示した。実質賃金をみると，製造業では2002〜2007年まで上昇が続いたが，2008〜2009年の不況で大幅に低下した。2010年以降，循環をともないながら回復に向かい，2015年にようやく2007年のピークに近い水準まで達した。サービス業の実質賃金は2000年代，低下を続け，2008年から2009年の不況で一段と落ち込んだ。製造業同様，2010年以降，循環をともないながら回復に向かったが，2015年でもまだ2000年代前半の水準までは達していない。このように，台湾の実質賃金は21世紀に入って，ほとんど増えていないか，目減りしている。

若者の状況はさらに深刻である。実質化した大卒の初任給をみると（図5-3），製造業，サービス業ともに2000年以降，低下する傾向にあり，2008〜2009年の不況によってさらに落ち込んだ。製造業は2015年に，サービス業は2013年に上昇に転じたが，2016年を2000年と比べると約15％目減りした状態である。

このように低迷しているものの，台湾の賃金水準は現在でも一般的には中

14）戸籍の所在する省のこと。台湾社会においては，1945年以前から台湾に住む人とその子孫を「本省人」，1945年以降，中国大陸から移住した人とその子孫を「外省人」とよび，国民党政権の権威主義体制のもとで両者のあいだには反目が形成されていた。

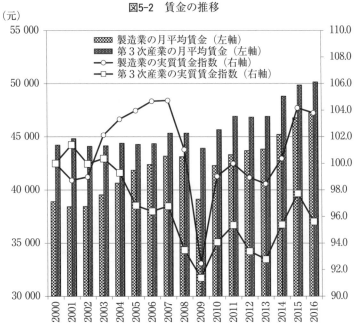

図5-2　賃金の推移

(出所）行政院主計總處（2017b）より作成。
(注）ボーナスを含む。実質賃金指数は消費者物価を使って指数化した。2000年が100。

国よりも高い。日本貿易振興機構の 2016 年 9 月から 2017 年 1 月の調査によると[15]，製造業のワーカー（「一般工職」）の賃金ならば，もっとも高い北京でも台北の 6 割あまりしかない。一方，賃金の格差がかなり接近している業種や職種もある。非製造業のマネージャー（課長クラス）と店舗スタッフ（アパレル）の賃金は北京，上海，広州，深圳のいずれでも台北の 8 割を超えている。店舗スタッフ（飲食）の賃金も，北京と広州では台北の 9 割強あり，上海と深圳でも 8 割近くに達している。北京と上海の中間管理職（課長クラス）の賃金も台北の 8 割台である。さらに詳細にみれば，台北と同等，あるいは台北を上回る職種や業種もあるかもしれない。

---

15) https://www.jetro.go.jp/world/search/cost.html （最終閲覧日：2018 年 2 月 14 日）。

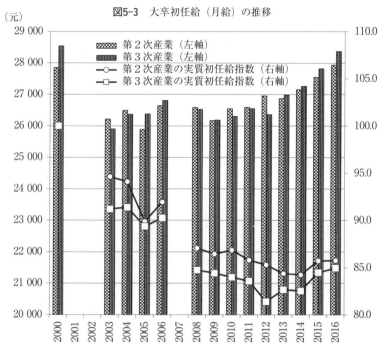

図5-3　大卒初任給（月給）の推移

(出所) 勞動部各年版より作成。
(注) ボーナスを含まない。実質初任給指数は消費者物価を使って指数化した。2000年が100。

　より注目されるのは中国の賃金の持続的な増大である。**図 5-4** に示すように，2000〜2016年までに5倍以上に増加している。近年，増加のスピードはやや減じているものの，ほとんど増加のみられない台湾とは大きなギャップがある。このように急激な増加から，中国では台湾を上回る賃金が得られるのではないかという期待が生まれる。

　中国もこのような状況をふまえて，台湾に対する統一戦線工作の重点を，馬英九政権期の「三中一青」（本書第1章および第2章参照）から「一代一線」[16] に切り替え，若者を取り込む政策を強化している。とくに力を入れて

---

16)「一代」とは「青年一代」，つまり若者のこと，「一線」とは「基層一線」，つまり社会の基層組織のことである。

図5-4 中国都市部の実質賃金の推移

（出所）中華人民共和国統計局国家数据ウェブサイト（http://data.stats.gov.cn/index.htm，最終閲覧日：2018年2月13日）より作成。

いるのが，若者の中国での起業や就業に対する支援である。2017年の第19回党大会における習近平の演説においてもそれに言及している。本章の冒頭でも述べたように，2018年2月28日には31項目の台湾人や台湾企業に対する優遇政策が発表され，その重点は台湾人の起業や就業におかれている。

『商業周刊』第1552期（2017年）の特集「中國買台青越玩越大」（中国による台湾の若者の「買い取り」はますます拡大）によれば，2017年時点で12の省・市に53の台湾の若者の起業を支援する拠点（中国語：「台青創業基地」）が設けられている。就業の面では，6の省・市が台湾人を公立の病院や学校で雇用することを試験的に始めたり，国務院台湾事務弁公室が台湾人学生に数千の実習機会を提供する「1000人実習計画」を2016年に続き実施したりしている。

特集では，2017年7月に東莞にて，184人の台湾の若者を対象に，378社が3200の求人案件をもって集まって開かれた就職フェアの様子を報じている。フェアに参加した台北大学4年生の女性は，独立志向を自認しつつも，出展していた微衆銀行から提示された実習生の月給3万5000元，正職員の月給5万元という条件には心を動かされると述べている。

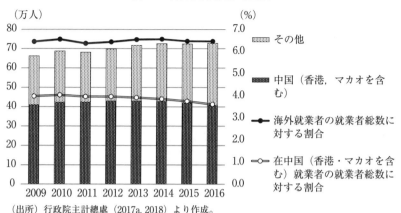

図5-5 海外就業者数(全体)

(出所)行政院主計總處(2017a, 2018)より作成。

2-3 微増にとどまる若者の中国での就業

行政院主計總處(2018)によれば,2016年に海外で働く台湾人は約73万人であった。これは行政院主計總處(2017a)に示された就業者総数の6.5%に相当する。同年に中国で働く台湾人は約41万人で,海外就業者の56%を占めた。2016年の日本人の海外長期滞在者(同行家族など就業者以外も含む)は約87万人,永住者は約47万人,合わせると134万人である。そのうち中国の長期滞在者は13万人である(外務省領事局政策課 2017)。台湾の人口が日本の5分の1以下であることを考えれば,台湾の海外就業者の比率は日本を大きく上回り,また中国の占める比率ははるかに高い。

15〜29歳の若者に限ると,2016年の海外就業者は約15万人,同じ年代の就業者総数の5.4%を占める。中国で働く台湾の若者は5万人余り,同じ年代の海外就業者の37%を占める。若い海外就業者においても,中国で働くケースがもっとも多いが,全年齢平均の56%と比べてかなり少ない。

図5-5に示すように,中国で働く台湾人は2014年以降,微減が続いている。一方,中国で働く若者は微増したが(**図5-6**),中国以外で働く若者の増加がより顕著である。このように,今のところ,台湾の若者が仕事を求めて中国に大挙して移動するというようなことは発生していない。このような状

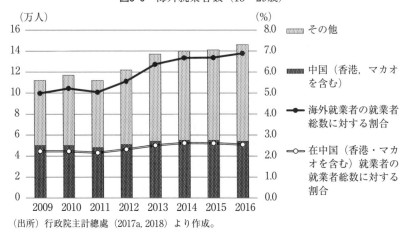

図5-6　海外就業者数（15〜29歳）

（出所）行政院主計總處（2017a, 2018）より作成。

況の背景に若者のどのような考え方があるのか，それが今後，変化し，中国への大移動が起きる可能性はあるのかを探ることが本章の課題である。

第3節　台湾の若者は中国で働くことを望むのか——学生との議論から——

3-1　調査の概要

すでに述べたように，本章の研究課題は学生の就業に対する考え方，とくに中国で働くことに対する考え方にアプローチすることである。調査方法は学生へのインタビューである。学生との議論をとおして，彼（女）らの働く場所の選択の背景にある考え方を発見していくことを試みた。

筆者は2017年，台湾の12の大学，25の学科（「系」および「研究所」）の56人の大学生および大学院生に[17]，彼（女）らが自らの将来をどのように

---

[17] 実際にはほかに日本籍，ミャンマー籍，マレーシア籍の学生3人が議論に参加してい

展望しているのかについて，インタビューを行った。以下，学生は学校（A～L），文科系と理科系（L/S），学部生，修士課程，博士課程（U/M/D）および番号によってコード化している。たとえばALU1はA大学の文科系の学部生である。訪問した学生の構成は付表に示した。

学生は知り合いの大学の教員，あるいは知り合いから連絡してもらった教員に紹介してもらった。インタビューは3人を除いて1対1ではなく，2～5人の学生のグループに対して行った。学生には，事前にアンケート票を送って回答してもらい（一部はその場で配布し，記入してもらった），彼（女）らを訪ねたときにその回答をみながら議論を行った。その際，学生が自分の考えを自発的に語ることを促すように心がけた。1回のインタビューは45～90分であった。

学生とのインタビューでは，はじめに海外で働くことに対する考え方を問い，次に中国を含めた場所の選択をたずねるという2段階のアプローチを採用した。直接，中国で働くことに対する選好をたずねても，ポジティヴな回答が中国だけを想定しているのか，それとも海外で働きたいと考え，そのひとつとして中国を考えているのかが区別できない。ネガティヴな回答は台湾にとどまりたいからなのか，他の国ならばよいが，中国では働きたくないと考えているのかが判然としない。2段階のアプローチによって，これらの問題は解決される。また，学生たちとの議論では，若者の台湾への愛着が進路の選択に影響を与えているのか，および中国の台湾の若者に対する起業や就業の支援政策は効果を発揮しているのかという点にも着目した。

調査結果のあらましを述べておこう。上述のように，サンプルはランダムに集めたわけではないので，数値の大小の統計的な意味は乏しいことには留意されたい。

56人中37人の学生が卒業後，就職することを考え，19人が進学や留学を計画していたり，検討中であったりした。現在の台湾の就職状況に対して

る。彼らの発言や態度は他の学生と大差なかったが，以下の分析には含まれていない。

は，楽観的な見方が24人，悲観的な見方が28人と後者がやや多かった。ただし，楽観的と回答した学生のなかにも，仕事を探すのは難しくないが，満足のいく賃金を得られる仕事を探すことは難しいと考えている場合が含まれていた。仕事を探す場合，6人が国内の仕事のみを探すと回答し，23人が国内の仕事を優先的に探すと回答し，合わせて29人と半数を超えた。海外の仕事も並行して探すという学生も多く，22人に達した。一方，海外の仕事を優先的に探すという学生は5人にとどまった。

　将来，海外勤務を求められた場合にどう対応するかという質問に対しては，45人がよい機会なので是非，行きたいと回答し，大部分の学生が積極的だった。ただし，海外には行きたくないという学生も5人いた。

　海外勤務で行きたい国としては，日本という回答が39にのぼり，もっとも多く，行きたくない国として日本を挙げた学生はいなかった。台湾はきわめて親日的だが，この結果は筆者が日本人であること，一部の学生は日本人の教員から紹介されたことのバイアスが含まれていると考えられる。アメリカ，ヨーロッパ，オーストラリア・ニュージーランドは20人前後の学生が行きたい国として挙げ，2～3人が行きたくない国として挙げた。中国は23人が行きたい国として挙げ，欧米と拮抗していた。他方，14人の学生が行きたくない国として中国を挙げ，欧米よりも多かった。東南アジアは，行きたいという学生が9人，行きたくないという学生が15人と，後者が前者を上回った。

　総じていえば，前節で提示した台湾全体の動向と整合的である。台湾の就職状況に対しては悲観的な見方が楽観的な見方を上回るものの，国内よりも海外の仕事を優先して探すという学生は少数にとどまっている。ましてや，大勢の学生がこぞって中国に行って働こうとしているといったことは観察されなかった。

3-2 インタビューを通して浮かび上がった学生たちの考え方
(1) 台湾での就職を選好する理由
　半数あまりの学生が台湾の仕事のみ，あるいは台湾の仕事を優先的に考えている。彼（女）らは台湾の賃金が低迷しているにもかかわらず，何故，台湾以外の選択肢を積極的に考慮しないのだろうか。

①台湾の就職状況に対する楽観的な見方
　台湾での就職を選択する理由のひとつは，一部の学生は台湾の就職状況を楽観的にみているからである。報道が悲観的すぎるという指摘のほか，回答のなかで目立ったのが全般的な状況はよくないとしても，自分のおかれた状況は悪くはない，いずれはよい仕事がみつかる，あるいは努力次第で変えられるという考え方である。たとえばHLM1は，「わたしたちが社会に出てもらう給料はそれほど低くはないと思っています。やはり個人の競争力の問題なのだと思います」と述べ，FLU6も「わたしが就職状況について楽観な見方をしているというのは，長所さえあれば企業はよい給料で雇うと思うからです」と述べている。
　また，想定している業種や職種によっては見方が異なる。KLM1は兵役の後，同じ学科の先輩たちに倣って公務員になるか，会計事務所で働くことを考えている。これらの仕事では状況はそれほど悪くないとみている。KLU2も金融関係の学科で学び，銀行に勤める可能性が高く，銀行の給料は他の業種よりも高いと考えている。

②悲観的な見方にもかかわらず台湾での就職を選ぶ理由
　一方，より多くの学生は台湾の就職状況を悲観的にみている。賃金については，複数の学生から同じ仕事でも海外と比べて低いという指摘があった。また，賃金の低迷が受託ビジネス中心の台湾の産業構造に起因しているという見方もあった。賃金の低さとともに，長時間労働を問題視している学生も多かった。こういった直接的な問題点に加えて，企業に対する不信感が表明

されたことがしばしばあった。とくに中小企業については，法規の遵守に対する疑問が何人かの学生から呈された[18]。

このように台湾の就職状況に対して悲観的な見方をもちながら，それにもかかわらずおもに台湾で働くことを考えている学生も少なくない。その理由のひとつは，卒業後はまず台湾で経験を積みたい，海外で働くことは台湾で働くことよりも難しいなどがある。これはわかりやすい理由だが，注意したいことは，難しさのひとつとして言語の違いをあげる学生もいるものの，そういった学生が言語上のハードルがない中国を選ぶとはかぎらないことである。言語が共通であっても，中国も他の外国と同様の難しさがあると考えている。このように，言語の共通性の効果は限定的である。

台湾で働くことを選ぶもうひとつの理由として，家族から離れたくない，あるいは高齢の家族の面倒をみなければならないという強い思いがある。つまり，家族の住む場所であることが台湾のもっとも顕著な求心力となっていた。JSD1は待遇の面で我慢することになっても，家族の近くにいたいと述べている。また，HLM3は台湾の就職状況に対して楽観的だが，それ以上に家族への思いが働く場所の選択に影響している。彼女は「わたしは家族のことをより考えます。家族のことを大切に思っています。ですから，国内の仕事の方がよいです」と述べている。

このような家族への強い思いがある場合，将来，海外で働くことがあったとしても，1～2年以上の長期は望まない。ましてや海外に定住することなどは論外である。HLM3は，将来，海外勤務の機会があれば，よい機会であり，積極的に応じたいという回答をしながらも，「海外に定住して仕事をするということはありえません。家族は必ず台湾に残っているでしょうから。わたしは家族と一緒にいたいと思います」と述べている。

このような学生からは，台湾から遠い欧米やオーストラリア・ニュージーランドはとくに敬遠される。通信技術が発達しているので距離は関係ないと

---

18) 一方では反対に中小企業の家族的な人間関係に親近感をもつ学生もいた。

いう学生もいるが，同時に距離を重視する学生も少なくない。

海外に長く滞在してもかまわないという学生も，多くが最終的には台湾に戻ることを選択するだろうと回答している。その理由のひとつはやはり家族である。なかには，「(海外で働いても) やはり戻って来るでしょう。よほど大金でも稼がないかぎり。(大金を稼いだら) 家族を (海外に) 連れていきます」(HSM1) と考えている学生もいた。

台湾が，家族が住む場所以上のものかどうかは見方が分かれる。DSU2 は海外で働くことに前向きだが，家族の住む台湾から遠く離れたくはないと考えている。しかし，家族以外に彼女を引きつけるものは台湾にはないと言う。一方，同級生のDSU1 は，台湾は日常生活やインターネットの接続においてとても便利であり，海外で働くことがあっても最後は台湾に戻ってきたいと考えている。FLU6 もコンビニエンスストアや屋台・食堂が至るところにある台湾はとても便利であり，他の国では同じような便利さは得られないのではないかと述べている。同級生のFLU5 も「台湾はとても進歩している」と述べ，FLU6 に同意している。

台湾にとどまりたい理由は便利さをめぐって語られがちだが，故郷である台湾に戻りたいという発言もあった。ISM2 は「(最後には) 台湾に帰ります。(海外で働く) 目的は稼ぐことです。自分の家が心地よいですから」と述べている。

もちろん，家族とともに暮らすために低い賃金も受け入れるという学生がいると同時に，台湾の就職状況に対する悲観的な見方から，海外で働こうと考えている学生もいる。KSU1 は台湾，海外にかかわらず，給料などの条件しだいで選択すると述べている。HLM2 が卒業後，東南アジアで働きたいと考えている重要な理由は，台湾の賃金の低迷や長時間労働である。

(2) 働く場所としての中国

次に学生が中国で働くことをどのように考えているのかを論じる。まず，学生の中国に対するイメージがどのような情報から形成されているのかを示

す。続いて学生がどのように中国をみているのか，台湾や他の国々と並べたとき，中国をどのように位置づけているのかを検討する。学生は中国で働きたいと考えている学生，働きたくないと考えている学生，どちらでもない学生の3群に分けて，検討を行った。

①中国情報のソース

学生が語る中国のイメージはどこから得た情報によって形成されているのか。インタビューから次のようなソースが明らかになった。

第1に自らの体験がある。多くの学生は観光を目的として中国を訪れている。また，実習や交換留学で数カ月から1年，滞在した学生もいれば，交流のため数度にわたって渡航した学生もいる。そのなかには，前述のような中国側がアレンジしたプログラムも含まれている。親の仕事に同行したケースもある。

第2に，実習などのため，中国に一定期間，滞在している，あるいは滞在していた友人や先輩から情報を得ている場合も少なくない。また，中国でかつて働いていた，あるいは現在，働いている家族や親戚がいる学生は多い。そのなかには中国で結婚している親戚がいるケースもある。ただし，必ずしも彼（女）らから中国について詳しく話を聴いているわけではない。

第3に，馬英九政権期に中国からの留学生の受け入れが始まったので，ほとんどの学生は中国人留学生と接触した経験をもっている。接触の程度はまちまちである。深く語り合うような関係に発展するケースは限られている。関係が深まったケースでも，それによって中国で働きたいと考えるようになった学生は観察されなかった。

第4のソースは学校の教員である。教員の多くも中国に行き，中国の学校と交流しているので，その経験が学生に伝えられている。

第5にソーシャルネットワークをはじめとするインターネットも重要な情報源である。学生の話には，しばしばネットで見聞きしたエピソードが挿まれていた。

第 5 章　台湾の若者の職業選択と中台関係　211

第 6 に新聞，雑誌，テレビなどのマスメディアがある。学生は新聞社やテレビ局にはそれぞれ政治色があることを理解していて，それを前提に中国関連の記事を読んだり，番組を観たりしている。それでも影響を受けて，中国に対してステレオタイプ的な見方をもちがちであることを，学生自身が認めていた。

②働きたい場所に中国が含まれている場合

まず，学生が中国で働きたいと考えている場合，その理由はなんだろうか。インタビューからは賃金への期待のほか，共通の言語，類似の生活習慣，台湾からの近さなどがあることが明らかになった。とりわけ中国の近年の急速な経済発展は強い吸引力になっていた。GSU1 は中国に対してわだかまりをもちつつも，その発展に関心を示していた。彼は「台湾の若者は中国に対して，反感や反発をもつことがあります。しかし，彼らの発展がたしかに急速であることは認めざるをえません。中国に行けば，視野を広げ見聞を広められるかもしれません。わたしたちとどこが異なるか，わたしたちはなにを強化したらよいのか，知ることができるかもしれません。元々ある蔑視や偏見を打ち捨て，みてみたいと思います。ですから，今ならば（働く場所として）中国大陸を選びます」と述べている。

ESU4 はまず，中国が今後，世界市場のリーダーとなるだろうと述べ，さらに「わたしたちの言葉は共通であり，彼ら（中国人）の状況や考え方を理解できます。コミュニケーションが可能だと思います。わたしたち台湾人のアドバンテージはとても大きいです」と続けている。中国の発展可能性と台湾と中国の文化的なつながりを結びつけて，期待を膨らませていた。

また，分野によって中国の魅力はさらに大きいものとなる。デザインを学ぶ DSU1 は，「デザイン学科からすると，彼ら（中国のユーザー）はより選り好みをします。より厳しいです。苦労もします。しかし，そのぶん（デザインの価値を）尊重もしてくれます」と述べ，台湾では尊重してもらえないのかとたずねると，「それほど好意的ではありません。大陸も以前は違ったの

でしょうが，最近，どんどんよくなっています」と答えている。彼女は中国のほうが台湾よりもデザインに対する理解が進んでいるとみていた。

　中国で働くことを望む学生は，中国のネガティヴな側面については我慢可能だと考えていた。日常的にもっとも影響が大きいのはインターネットへのアクセス制限だが，多少，不便はともなうものの，VPNを使って対応可能と考えていた。

　ただし，ここで注目したいことは，働きたい場所として中国を挙げている学生の大部分は，中国以外にも働きたい場所があることである。質問票に対する回答で働きたい場所として中国のみを挙げたのは3人いた。インタビューのなかで詳しく聞いたところ，3人のうち中国を本当に特別視している学生は1人だけだった。

　一方，働きたい場所として中国およびそれ以外の国を挙げた学生の場合，そのなかで中国が最優先というわけでは必ずしもなかった。BLU6は働きたい場所としてアメリカと中国を挙げ，前者は成熟し，後者は今まさに台頭しているとし，それぞれに魅力を感じていた。LLU3も中国について文化的に近い，給料が高いというメリットをあげながら，アメリカや日本についてもそれぞれ魅力があり，働きたい場所としては中国と同等だとしていた。このように，中国は外国のひとつとして考えられ，言語の共通性というメリットも絶対的なものではなく，他の国がもつ利点によって相対化されていた。

　また，中国で働くという場合，学生の多くが台湾系企業で働くことを想定していることにも留意する必要がある。GSM3は卒業後，中国で働くことに対して積極的だが，彼が考えているのは中国の台湾系企業で働くことであった。学生が台湾系企業を想定しているのは，台湾で求職において利用されることの多い104人力銀行や1111人力銀行といった人材バンクのウェブサイトから，容易に求人情報が得られることも一因だと考えられる。

　最後に，中国による台湾の若者の中国での起業や創業に対する支援の効果はほとんどみられなかった。そもそも中国の政策を知らない学生が多かった。また，筆者との議論によって政策を知ったことで興味をもったかとたず

ねたところ，反応はすこぶる鈍かった。たとえば HLM3 は，もし中国で働くことを考えるようになったら，その政策を利用することも検討するかもしれないと述べ，副次的な条件としてしかみていなかった。中国の意図を警戒し，信用できない，さらにはイデオロギーから受け入れられないと明言する学生もいた。実際に中国の銀行で実習した学生もいたが，繰り返し政治的な働きかけを受けて食傷したと言っていて，取り込み政策が逆効果になっているケースもあった。

③中国では働きたくない場合

中国では働きたくないと回答した学生は，大気汚染，食べ物や人と人との接し方の違いといった理由を挙げていた。もちろん，中国で働きたくない理由として，直接，政治的な要因を挙げる学生もいた。CLM1 は中国で働きたくない理由のひとつとして，「元々のイデオロギーと関係があります。わたしは（台湾の）南部出身です。南部は大陸に対する態度が友好的ではありませんから」と答えている。JSD1 は「（中国は）とても混乱しているようにみえます。そのうえ，わたしたち台湾人には政治的な立場の問題があります。ですから，わたしたち，いや，わたしは行きたくありません」と述べている。

ただ，中国に対する負のイメージは，具体的な理由では説明しつくせないのかもしれない。学生は往々にして文化とか，素養とか，環境とか，水準とかといった曖昧な言葉で理由をあらわしていた。たとえば ALU2 は中国で働きたくない理由として，「素養や水準が低いから」と言い，FLU6 も環境や雰囲気，人々の素養などの理由を並べた。いずれも具体性を欠くが，強い嫌悪感があることは明確だった。

FLU6 は中国に行ったことはなく，中国に対するイメージは間接的な諸情報によって形成されていた。それはメディアなどによってつくられたステレオタイプという面もあった。ステレオタイプは直接の経験によって修正される場合もあるが，反対に負のイメージが増幅される場合もある。ISM2

は「わたしが中国をもっとも行きたくない場所としたのは，これまで何度も行っているからです。あちらの環境は本当に好きになれません。食べ物も，人も嫌いです。政治のことは別にして，生活面だけでも好きになれません」と述べている。ALU1 は「父は大陸で働いていました。かなり長期間です。働きに行く前は，とても穏やかで品のある人でした。しかし，戻ったときには人が変わっていました。性格も，話し方も。痰を吐くとか。以前の父ではありませんでした」という衝撃的な体験をもっていた。

　このように中国に対して嫌悪感をもつ学生や，上述のように政治的な理由から中国を選択肢から除外している学生は，働きたくない場所として中国のみを挙げる傾向があった。中国が負の意味で特別な場所として位置づけられていた。

　しかしながら，中国で働きたくないとしながら，中国で台湾を大きく上回る高給が得られるのならば，中国で働くことを検討するという学生もいた。ALU2 は「中国大陸に行くならば，まず給料を考えます。嫌いな国であっても，欲しいものがあるならば行きます」と述べ，同席していた他の学生も同意していた。FLU4 も中国を働きたくない場所だとしつつも，台湾の 3 倍，4 倍の給料がもらえるのならば数年，働いてもよいと述べていた。

　また，中国に対するネガティヴな見方が台湾に対する執着と必ずしも一致するわけではないことも観察された。CLM1 や BLU4 は働きたくない場所として中国のみを挙げているが，台湾へのこだわりは弱く，将来は海外に永住してもかまわないと考えていた。

④中国が働きたい場所にも，働きたくない場所にも含まれていない場合
　中国は働きたくない場所ではないが，働きたい場所でもないという学生もいる。このような回答のなかで理由がわかりやすいのは，すでにほかに働きたい場所が明確にある場合である。

　たとえば前述の HLM2 は早くからタイで働くことを模索し，タイの台湾系企業を自ら探して 2017 年の夏休みにそこで実習し，タイで働きたいとい

う気持ちを固めた。いずれはタイで起業することも視野に入れていた。彼は東南アジアの魅力について，「東南アジアの物価はかなり安いです。それと比べて，給料は台湾より少し高いくらいです。ですから，貯蓄ができます。ちょっとした資金ができて，投資をできるようになれば，機会が生まれます」と語っている。

日本に語学留学を計画している LLU2 も同様のタイプである。彼女は留学後もできれば日本に残り，宿泊業で働きたいと考えていた。BLU2 も中国で働くことを排除はしないが，日本で働くとこを以前から夢見てきたので，中国よりも日本を選ぶと述べている。

しかし，中国を働きたい場所とも，働きたくない場所ともしなかった学生のすべてが，HLM2 や LLU2 のようにほかに働きたい場所が明確にあるわけではない。中国に強い嫌悪感があるわけではないが，他の外国と比べて強い魅力を感じていないだけである。中国が外国のひとつとして位置づけられているという点では，中国を働く場所のひとつとして選択しながら，他の外国の下位においている前述の学生と共通している。

⑤新天地としての東南アジア

蔡英文政権は新南向政策を掲げ，東南アジア等との交流を強め，台湾の中国への依存を軽減しようとしている[19]。学生たちは東南アジアをどのようにみているのであろうか。政府とはシンクロナイズしているだろうか。

全体では東南アジアでは働きたくないと回答した学生のほうが多かった。東南アジアが後進的であるということを理由としている学生が多かった。同時に東南アジアについてはよく知らないからという理由も目についた。

一方，一部の学生は東南アジアがむしろ後進的であるゆえに新天地としての可能性があるとみていた。前述のように，HLM2 は実習の経験から，タ

---

19) 新南向政策の対象には東南アジア以外に南アジア，オーストラリア，ニュージーランドも含まれている。

イで働くことに強い期待をもっていた。また，KSU2 は同級生からタイでの実習の経験を聞き，タイに対する期待を膨らませていた。

　自らや友人の体験からではなく，漠然としたイメージから東南アジアへの期待を抱くようになる場合もあった。ISM4 は，「東南アジア諸国は神秘的なところがあると思っています。そういったところに行ってみたいと思います。日本とか，韓国とか，オーストラリアとかは，今の多くの若者が真っ先に選ぶところです。わたしは発展途上国のほうに行ってみたいと思います。そういったところのほうが，(発展の) 機会が多いと思います」と述べている。

　一部の分野ではすでに東南アジアの可能性が顕在化していた。薬学科の大学院生の JSM1 は，東南アジアは「新しい」市場なので行って働いてみたいと述べている。中国に行くのもよいが，長くいたいとは思わない，東南アジアならば永住してもかまわないと述べ，東南アジアに対する期待は大きかった。同じ学科の JSD1 も東南アジアはチャンスが多いと述べている。

　このように，台湾では長く関心が中国に向かうなかで見過ごされてきたぶん，東南アジアのポテンシャルが見直され，新しいフロンティアとして期待されるようになっている。一方，現在，学生が中国をフロンティアとみることはない。

　新南向政策について学生にたずねてみたところ，方向性を肯定する回答もあったが，実態がともなっていない，実践的ではないといった具体的な問題点の指摘もあった。このように，若者の一部には東南アジアへの期待が膨らみつつあるものの，政府の政策は今のところ，それとは十分に噛み合っていないようにみえる。

3-3　考察

　前節で示したように，現在までのところ，台湾の若者が働くために大挙して中国に移動するようなことは発生していない。それはなぜか。以上の学生とのインタビューから，次のような原因が浮かび上がった。

第1に，台湾で働くことを選好する学生の一群がいる。彼（女）らの一半は，客観的な賃金の低迷があるにもかかわらず，自分自身の状況に対しては楽観視していることから，台湾での就業を志向している。もう一半は，台湾における賃金の低迷を認めつつも，中国を含め，海外で働くことにはハードルがあると感じていることから，あるいは家族と離れたくないという強い思いがあることから，海外よりも台湾で働くことを選好している。

　第2に，学生は海外で働くとしても必ずしも中国で働くことを選ばない。この一群の一部は中国に対して強い嫌悪感をもっているため，中国で働くことを否定する。

　より興味深いのは，中国と他の外国を比べ，後者で働くことを選ぶ学生が少なからずいることである。彼（女）らは必ずしも中国に対して嫌悪感をもっているわけではなかった。なかには中国で働いてもよいと考えている学生もいた。しかし，中国よりも他の外国に魅力を感じていた。彼（女）らにとって中国の高い成長率や言語の共通性のもつ吸引力は必ずしも絶対的なものではなく，選択において考慮される要因の一部にすぎないのである。

　本章があらかじめ提示した要因のうち，台湾人アイデンティティの作用は判然とはしなかった。台湾の吸引力としてもっとも顕著だったのは，家族の住む場所であるということであった。台湾がそれ以上の意味をもつことを示すような発言は限られていた。また，家族以外の台湾の吸引力として語られることが多かったのは日常生活における便利さだった。

　台湾人アイデンティティは，一部の学生が示した中国に対する嫌悪感にあらわれているとみることができるかもしれない。ただし，中国では働きたくないという学生は必ずしも台湾に執着するわけではないので，中国に対する嫌悪感と台湾人アイデンティティは完全には一致しない。このように台湾人アイデンティティの作用は明瞭に観察されなかったが，だからといって存在しないと言い切ることは早計であろう。台湾人アイデンティティが仕事の選択という具体的な場面において，どのような言葉によって表出されるのかという問題が残されたと考えるのが妥当である。

一方，中国の取り込み政策の効果はほとんど認められなかった。そもそも政策を知らない学生が多く，知っても必ずしも強い関心をみせるわけではなかった。

　これらの条件は短期間で大きく変わるとは考えにくく，それゆえ，にわかに台湾の若者の大規模な中国への移動が発生するとは考えにくい。しかしながら，条件が固定されているわけではない。条件の変化は個人のレベルと状況のレベルの2つで起きうると考えられる。

　個人のレベルでは，とくに中国に対してネガティヴなイメージをもつ学生の場合，それは台湾に以前からあるステレオタイプである場合が多く，中国の近年の変化を十分に反映していない。彼（女）らが卒業し，社会に出てから中国に対する理解を深め，イメージが修正される可能性が高い。

　状況面では，台湾経済の低成長と中国経済のそれを上回る成長が当面続くのは確定的である。現在は全般的には台湾の賃金が中国を上回っているが，今後，中国の賃金が台湾を上回る業種や職種が増えてくる可能性が高い。そうなれば，中国に強い嫌悪感をもたない学生は条件のよくなった中国で働くことに傾く可能性が高い。学生とのインタビューからも，彼（女）らが職業の選択において賃金を重視していることは明らかになっている。中国に嫌悪感をもつ学生でも，中国の給料が十分に高ければ中国で働くことを検討すると述べていた。こうして賃金の上昇は確実に一定の作用を及ぼしていくだろう。

　賃金以外の条件も，中国の吸引力が増す方向に変化すると考えられる。中国で働くことのハードルは，中国の職場の情報が広まったり，制度が整備されたりすれば低下するだろう。大気汚染などの中国の生活環境もいずれは改善されるだろう。一方，中国の吸引力を低下させると考えられる要因もある。現在，中国で政治的な締めつけが強化されている。外部のウェブサイトへのアクセスに対する規制も増している。これらは台湾の学生に疎まれるだろう。

　総じてみれば，当面は中国の吸引力が増大していくと考えられる。した

がって，どこかの時点で台湾の若者の中国への大移動が発生する可能性は排除できない。

おわりに

　最後に本章の議論を，「パンと愛情」のディレンマという中台関係の基本問題にフィードバックすることを試みたい。本章においてパンすなわち中国の経済的誘因は明らかである。それは停滞する台湾の賃金とは対照的に，上昇を続ける中国の賃金である。では，それはなにとのあいだにディレンマを発生するのか。学生たちが経済的誘因に魅かれないとすれば，それはなぜなのか。一部の学生においては，中国への嫌悪感が経済的誘因の効果を打ち消していた。中国への嫌悪感は台湾に対する愛情，すなわち台湾人アイデンティティのひとつのかたちかもしれない。しかし，それは学生が中国で働くことを選択しない理由のすべてではない。

　むしろ注目したいのは，海外で働くことを検討しながらも，中国を優先順位の下位におく学生や，中国を働きたい場所にも，働きたくない場所にも選ばなかった学生である。彼（女）らにとって中国はもはや特別の存在ではなく，外国のひとつである。そのため，中国の経済的な誘因は働く場所を選択するうえで考慮する多くの条件のひとつであって，その作用は相対的なものにとどまり，決定的とはなりえない。彼（女）らの選択はパンと愛情のディレンマの産物ではなく，諸国間の条件をプラグマティックに比較した結果である。

　中国のこのような位置づけは，台湾人アイデンティティがかつてのそれとは大きく変質していることを示唆する。台湾人アイデンティティは中国人アイデンティティと対抗しながら生まれ，成長してきたという性格が強い。極論すれば，台湾人アイデンティティとは中国人ではないという自己認識であった。しかし，中国が外国のひとつとみなされるならば，台湾人アイデン

ティティはもはや中国人アイデンティティと対置して措定されているわけではない。このような台湾人アイデンティティは天然独の性格とも合致する。

呉乃徳（2005）の「パンと愛情」という比喩は，中台関係のある段階の重要な側面をとらえ，その後の研究の発展を先導する道標となった。しかしながら，愛情という表現は元来の台湾独立派の情念を引き継いでいるともいえ，今，若者が自分は「台湾人である」というときの思いとは齟齬が生じていると考えられる。若者の考え方を的確にとらえた，新しい比喩が求められているのかもしれない。

付表　学生の基本情報

(単位）人

性別			学校		
男	29	51.8%	国立	15	26.8%
女	27	48.2%	私立	41	73.2%
学年			大学所在地		
大学1～2年生	3	5.4%	北部	25	44.6%
大学3～4年生	33	58.9%	中部	12	21.4%
修士課程	19	33.9%	南部	19	33.9%
博士課程	1	1.8%	合計	56	100.0%
学部					
文系	29	51.8%			
理系	27	48.2%			

（出所）筆者作成。
（注）インダストリアル・エンジニアリング（「工業工程」）とプロダクト・デザイン（「産品設計」）は理系に分類している。

〔参考文献〕

〈日本語文献〉
王嘉州 2017.「習近平時代における大陸交流——台湾人学生のライフプラン追跡調査」『問題と研究』46(2): 23-53.
王振寰 2018.「台湾——反中運動発生の力学」園田茂人・デヴィッド・S・グッドマン編『チャイナ・インパクト——近隣からみた「台頭」と「脅威」』東京大学出版会.
外務省領事局政策課 2017.「海外在留邦人数調査統計」平政29年版 (http://www.mofa.go.jp/mofaj/files/000293757.pdf, 最終閲覧日：2018年2月12日).
佐藤幸人 2010.「台湾・中国間の経済交流の現在」佐藤幸人編『台湾総合研究Ⅲ——社会の求心力と遠心力』アジア経済研究所 (http://www.ide.go.jp/Japanese/Publish/Download/Report/2009/2009_436.thml, 最終閲覧日：2018年2月4日).
―――2012.「台湾系企業および台湾人企業家・経営幹部からみた台湾と中国の関係」沼崎一郎・佐藤幸人編『交錯する台湾社会』アジア経済研究所.
園田茂人 2014.「中国の台頭はアジアに何をもたらしたか——アジア学生調査第2波調査・概要報告」『アジア時報』(495): 36-57.
若林正丈 2008.『台湾の政治——中華民国台湾化の戦後史』東京大学出版会.

〈中国語文献〉
陳朝政 2005.「台商在兩岸的流動與認同——經驗研究與政策分析」東吳大學政治學系博士論文.
鄧建邦 2009.「跨界流動下中國大陸台商的認同」王宏仁・郭佩宜編『流轉跨界——跨國的台灣・台灣的跨國』台北, 中央研究院人文社會科學研究中心亞太區域研究專題中心.
耿曙・林瑞華・舒耕德 2012.「台商研究的起源, 發展與核心議題」耿曙・舒耕德・林瑞華編『台商研究』台北, 五南圖書出版.
耿曙・曾于蓁 2010.「中共邀訪台灣青年政策的政治影響」『問題與研究』49(3): 29-70.
藍佩嘉・吳伊凡 2011.「在『祖國』與『外國』之間——旅中台生的認同與畫界」『台灣社會學』(22): 1-57.
勞動部 各年版「職類別薪資調查」台北 (https://www.mol.gov.tw/statistics/19111/, 最終閲覧日：2018年2月13日).
李冠成・楊婉瑩 2016.「老台灣人vs新台灣人——台灣人認同世代差異之初探」『台

灣政治學刊』20(2): 125-186.
林平 2009.「從居住空間看台灣人對中國大陸當地的認同」『台灣政治學刊』13(2): 57-111.
———2010.「我的美麗與哀愁——在中國大陸的單身臺灣女性」『人口學刊』(41): 111-151.
———2012a.「雙重邊緣人——在中國大陸的外省台灣人」耿曙・舒耕德・林瑞華編『台商研究』台北，五南圖書出版.
———2012b.「想像的階層流動——中國大陸台灣學生的就學就業分析」『中國大陸研究』55(3): 57-83.
林泉忠 2017.『誰是中國人——透視臺灣人與香港人的身份認同』台北，時報文化出版企業.
林瑞華・胡偉星・耿曙 2011.「『階級差異』或『認同制約』？——大陸臺灣人當地融入的分析」『中國大陸研究』54(4): 29-56.
林倖妃 2017.「二〇一七《天下》國情調查——39 歲，民意的斷裂點」『天下雜誌』(614): 26-36.
———2018.「二〇一八《天下》國情調查——年輕人外逃，天然獨鬆動　民進黨的敵手是習近平？」『天下雜誌』(639): 24-32.
林宗弘 2017.「台灣青年世代的政治認同（1995-2015）」『香港社會科學學報』(49): 27-65.
劉正山 2016.「世代之間政治認同差異的圖像——以多重對應分析結合習慣領域視野進行的探索」『習慣領域期刊』7(2): 27-50.
蒙志成 2016.「越融合或越疏離？——解析當前兩岸交流下台灣民眾身分認同的內涵與影響」『台灣政治學刊』20(2): 187-262.
舒耕德 2012.「大陸台商的政治思維——田野初探」耿曙・舒耕德・林瑞華編『台商研究』台北，五南圖書出版.
王嘉州 2015a.「交流生共識？——赴陸臺生統獨立場之變遷」『東亞研究』16(1): 1-33.
———2015b.「中共推動兩岸青年交流政策評析」『亞太評論』1(6): 73-91.
———2017.「族群同化？——中共對臺青年交流政策成效分析」『台灣公共行政與公共事務系所聯合會』年會暨國際學術研討會（2017 年 6 月 2 日，義大皇家酒店）.
王嘉州・李侑潔 2012.「赴陸交流對臺灣學生統一意願之影響」『社會科學論叢』6(2): 2-34.
吳乃德 2005.「麵包與愛情——初探台灣民眾民族認同變動」『台灣政治學刊』9(2): 5-40.
吳挺鋒・何榮幸 2014.「二〇一四《天下》國情調查——貧富差距嚴重　對政府不滿創新高」『天下雜誌』(539): 68-75.

呉挺鋒 2015.「二〇一五《天下》國情調査――立法院滿意度只剩九％」『天下雜誌』(564): 86-93.
呉伊凡・藍佩嘉 2012.「去中國留學――旅中台生的制度框架與遷移軌跡」『臺灣社會學刊』(50): 1-56.
行政院主計總處 2017a.「人力資源調査統計年報」2016年版 台北（https://www.stat.gov.tw/ct.asp?mp=4&xItem=40928&ctNode=518, 最終閲覧日：2018年2月5日）.
―――2017b.「薪資與生產力統計年報」2016年版 台北（https://www.dgbas.gov.tw/ct.asp?xItem=40115&ctNode=3103, 最終閲覧日：2018年2月13日）.
―――2018.「105年國人赴海外工作人數統計結果」台北（https://www.stat.gov.tw/np.asp?ctNode=6391, 最終閲覧日：2018年2月5日）.
熊毅晰 2016.「二〇一六《天下》國情調査――人民給領導人出的10大考題 新總統 請聽我説」『天下雜誌』(589): 82-91.

〈英語文献〉
Lin, Ping 2015. "Lifestyle Migrants: Taiwanese Women in China." In *Border Crossing in Greater China: Production, Community and Identity*, edited by Jenn-hwan Wang. London and New York: Routledge, 117-132.
Shen, Hsiu-hua 2015. "Cross-Strait Economic Exchanges by Night. Pleasure, Work, and Power in Chinese Karaoke Hostess Bars." In *Border Crossing in Greater China: Production, Community and Identity*, edited by Jenn-hwan Wang. London and New York: Routledge.
Tsai, Ming-Chang and Chin-fen Chang 2010. "China-bound for Jobs?: The Influences of Social Connections and Ethnic Politics in Taiwan." *China Quarterly* (203): 639-655.
Wang, Horng-luen 2009. "How Are Taiwanese Shanghaied?" *Positions: East Asia Culture Critique* 17 (2): 321-346.

索引

【あ】

アイデンティティ　9, 43, 185, 187, 190, 193-195, 197-198
アイデンティティの二重化　187, 191-192, 195
アジア太平洋経済協力会議（APEC）　126, 135, 137, 142
安全保障上のコミットメント［台湾に対する］　131-133, 139, 142, 144
威圧的な影響力　31, 33, 42-43, 46, 55
影響力メカニズム／影響力行使のメカニズム［中国の］　31-32, 34-36, 39, 73-74, 83-85, 90, 92-93, 106, 110-111
王毅　50-51, 122, 135
汪道涵・辜振甫会談　9, 87
大型ビジネスグループ　40-41, 50-55, 58-59, 61-62, 65-66, 68, 72-73
オバマ（Obama）大統領／政権　118, 126-127, 131-132, 142
オフショア・バランシング戦略　132-133, 143

【か】

海外の就業者数　203-204
海峡交流基金会　9, 14, 44, 87, 100, 121-122, 128, 151
海峡両岸関係協会　9, 14, 44, 87, 100, 121-122, 151
海峡両岸サービス貿易協定　16, 94-95, 136, 158, 183
海峡を越えた政治・ビジネスネットワーク／協力者ネットワーク／利益供与ネットワーク　34, 50, 84-86, 108
外省人　6, 190-192, 199
買い付け（団）　12, 15, 45, 82, 92-93, 96-98, 105-107, 110, 187
外部経済環境　156-158, 164
「核心的利益」　123, 125, 139
郭台銘　65-66, 68-72, 95
学甲食品　100-101, 109
観光客の送り出し　15, 81, 92-93, 96, 102, 104-105, 110, 126

帰台投票　41, 59-61, 63-65, 67-71, 73-74, 90, 133
逆説明責任　60-61, 66
92年コンセンサス　14, 16-18, 45, 47-48, 65-69, 71, 93-94, 109, 120-122, 144-145
共産党中央対台工作領導小組　42, 50
協調促進効果　43, 45
居住証　18, 75
許文龍　55, 89
クランアンテリズム　22-23, 31, 36, 38-41, 61-62, 73-75
　両岸――　32, 39-42, 45, 49, 55, 60, 73
　――論　32, 35-36
グローバル化［経済の］　17, 95, 149-150, 152, 156, 164, 179-180
軍事・安全保障相互信頼　129
軍事バランス［中台の］　118-119, 138-139
経済的関与　33-36, 39-40, 42-43, 45-46, 74
恵台政策　15, 32-33, 42-44, 49, 82, 86, 93, 96-98, 102, 105, 108, 110
　――の影響／効果／帰結　101, 105, 107, 110-111
　――の不成功／挫折　84-85, 94, 96, 106, 108
　――の本格化　32, 35, 45, 50, 92
　――を通じた経済的関与／影響力の行使　36, 39, 50
契約養殖　99-102, 107-108
現状維持［台湾海峡の］　17, 20, 117-118, 121, 138, 141, 143-145, 187
　――の変更　19, 119, 130, 138-140, 143-144
　――への支持　90, 131, 139, 193-194
鴻海精密工業グループ　65, 68, 95, 166
江沢民政権　31, 33, 43, 46, 55-56
江丙坤　14, 52, 120, 122, 128
胡錦濤政権　11, 14, 32-33, 35, 41-59, 73-74, 81, 90, 92-93, 119-120, 123-125, 134
国民党政権　6, 16, 86, 94, 136, 186, 199
国務院台湾事務弁公室（国台弁）　35, 57-58, 63-64, 67-70, 96, 99-100, 109, 145

226

── 主任 50-51, 58, 68, 99, 120, 122, 135-136
国立政治大学選挙研究センター 9, 20, 197
国共内戦 3, 11
国共フォーラム 44, 49, 53
国共プラットフォーム 11-12, 14, 44, 49, 52, 90-91, 94, 110, 121
国共和解 11, 17, 24, 40, 43, 52, 86, 97-98, 102, 117, 125, 130
「胡4点」 122-123
「胡6点」 124

【さ】

サービス化 164, 179
サービス業の対外投資 150, 156, 162-164, 172-173, 175-180
蔡英文 16-17, 45, 63, 66, 133, 137, 144-145, 199
── 政権 5-6, 17-20, 144-145, 215
産業構造の調整 180
31項目の台湾優遇措置 18, 75, 96, 184, 202
三中（政策） 45, 53, 82, 93, 96, 106
三中一青 93, 201
三通 4, 7, 11, 87, 97, 120, 126, 128, 134
三不政策 4, 7
失業率 153, 156, 159-160, 164
実質GDP成長率 159-160, 164
「実質的な国境」 35, 83, 109, 111
実習 202, 210, 213-216
社会化効果 43
習近平 69, 74, 129, 134-135, 137, 144, 202
── 政権 129, 134
蒋介石 6
蒋経国 4, 6-8
小三通 11, 97
新三不政策 14, 117, 121, 138
新南向政策 215-216
親民党 11, 120, 142
垂直分業 167, 169, 171, 179-180
政治的対話［中台間の］ 16, 117-119, 125, 128-131, 133-139, 145
製造業の対外投資 173-174, 176-179
世界貿易機関（WTO） 126, 157
世界保健機関（WHO） 120, 126
「積極開放・有効管理」 157
「積極管理・有効開放」 157
全国台湾同胞投資企業聯誼会（台企聯） 40, 46, 57-60, 63-64, 70-71
総統選挙1996年 8, 10
── 2000年 10
── 2004年 11, 31, 47, 63, 90
── 2008年 14, 19, 44, 47, 63, 67, 91, 119, 149
── 2012年 15, 19, 41, 45, 62-63, 65, 67-71, 73, 90, 93-94, 106, 109, 133
── 2016年 17, 19, 82, 96, 105-107, 137, 143
双方向化 15, 35, 45, 92, 96

【た】

対アジア投資／アジアへの対外投資 150, 163, 172-180
対外投資［台湾の］ 12-13, 87-88, 149-150, 155-156, 162-164, 171, 173-178, 180
台幹 190-191
大気汚染 213, 218
台資企業協会（台商協会） 40, 56-61, 63-64, 70-71, 78
台商 9, 40, 81, 88, 190-191
── 学校 192
── のアイデンティティ 187, 191-192
── の監視 41, 55-57, 59, 61
── の取り込み 50, 82, 85-86
── の人質化 88-90
── への影響力 40, 46, 51-52, 54-55, 59-61, 63, 67, 70, 73
── への利益分配／利益誘導 41, 49-52, 54, 73
緑色── 53, 55, 89-90
対中経済政策 157-158

対中投資 7, 9, 12-13, 51, 87-88, 162-163, 171, 173, 175-177, 179-180
対内投資 156, 163-164, 171-172, 174-178, 180
代理人問題 34, 36-37, 49, 56, 58, 74, 96, 105-106, 111
台湾／台湾人アイデンティティ 8, 10, 183-192, 195, 197-198, 217, 219, 220
台湾経済の／産業の空洞化 18, 153, 171, 174
台湾産果物 97-98, 107-109
台湾同胞に告げる書 4, 7, 87, 124
台湾独立（「台独」） 11, 31, 45, 123, 125, 130, 139, 186, 194-195
―― 志向 55, 89, 120, 138, 143, 185-186, 188-189, 191, 202
――派 198, 220
台湾ナショナリズム 4
台湾の就業者数 156, 171-173, 176-180
――の生産高 156, 171-180
――の対中輸出依存度／貿易依存度 12-13, 88, 156, 160
――の対中輸出競争力 154-156, 165, 167, 169, 172, 180
台湾の賃金の低迷／停滞 183-185, 188, 199, 207, 209, 217
「台湾放棄」（論） 132, 142
中華民国（の）台湾化 8, 21, 186, 199
中国人アイデンティティ 188-193, 195, 219-220
中国人留学生／中国からの留学 15, 45, 91-92, 210
中国との経済連携 150-153, 155, 157-158, 165
――に対する嫌悪感 184, 213-215, 217-219
――の賃金の上昇（増大） 183, 185, 201-202, 218
中台間の貿易／両岸貿易 12, 152, 159, 161, 165
中台交流 14, 49, 119-121, 128, 133, 135, 143
長江デルタ 56, 192
張志軍 50-51, 58, 68-69, 72, 135-136

陳雲林 14, 50, 120, 122, 135
陳水扁政権 10-14, 31, 88, 91-92, 97, 102, 119-120, 125, 130, 135, 143, 149-150, 156-159, 161-165, 169, 173-174, 176-177, 179
「天然独」 198, 220
統一志向 189, 193, 195
統一戦線工作 184, 187, 189, 194, 201
統一地方選挙2014年 17, 19, 41, 54, 62, 67, 69-71, 73, 82, 95-96, 143
――2018年 19
統一・独立志向／統一か独立か／統独問題 4, 94, 105, 185-188, 190, 193
東南アジア 83, 103, 107, 154, 179, 206, 209, 215, 216
トランプ（Trump）大統領／政権 132, 143

【な】

ナショナル・アイデンティティ 67, 187
二国論 10, 88

【は】

バリューチェーン 104, 165, 171
繁栄と自立のディレンマ 5, 10, 19, 22
反国家分裂法 11, 43, 89, 125, 130, 157
パンと愛情（のディレンマ） 5, 10, 19, 186, 188, 197, 219-220
ビジネスをもって政治を囲う 81, 83, 86, 88, 110
「一つの中国」 14, 18, 43, 45, 47-48, 89, 93, 120, 123-125, 135, 145, 157
ひまわり学生運動 5, 16-17, 19, 71, 82, 85, 93-96, 101, 106, 136, 143, 158, 183, 197, 198
「フィンランド化」[台湾の] 126-127
武器供与[アメリカによる] 131-132
ブローカー 36-39, 41, 52-54, 60, 64, 69-71
米中関係 22, 118, 131
米中国交正常化 4
平和協議 16, 117-118, 124-125, 128-129,

134, 137, 143
平和協定　16, 117-118, 120-122, 124, 128-129, 133-134, 143
「平和的発展」路線　12, 35, 47, 122-125, 129
貿易特化係数　155, 165, 167-169, 179
本省人　6, 192, 199
本人（プリンシパル）　35-38, 46-47, 49, 84, 86, 106, 108, 111

【ま】

ミルクフィッシュ（の契約養殖）　99-102, 107-109, 111
民進党政権　17, 31, 44, 96, 102, 120, 144-145
モニタリング／監視［代理人に対する］　36-39, 41, 46-47, 53, 55-62, 64, 66, 70, 73, 95, 109, 111

【ら】

利益交換ネットワーク　84-85
利益分配　32, 36, 38-41, 44, 49, 52-54, 60-61, 69, 73, 106, 108, 110
立法委員選挙 1992 年　8
　──　2008 年　93
　──　2012 年　63
　──　2016 年　17, 82, 96, 105-106, 144
李登輝政権　5-6, 8-10, 12-14, 88, 119
留学［台湾人の］　190, 193-194, 205, 210, 215
両岸架け橋プロジェクト　149, 151, 153-154
両岸企業家サミット　49-53, 66
両岸経済協力枠組協定（ECFA）　149
　──のアーリーハーベスト　15, 91, 99, 152, 154
　──の効果／成果　99, 151-152, 154, 161
　──の締結／発効　15, 82, 91-92, 126, 128, 134, 149, 153
　──への反対　152-153
両岸経済貿易文化フォーラム　12, 44, 97-98, 121
「両岸権貴」（両岸特権層）　17, 68, 71, 72, 95
「両岸三党」政治　39, 74-75, 92
リンケージ効果　171, 173, 177, 179
レッドサプライチェーン　169
連戦　11, 35, 43, 52, 54, 63, 68-72, 90, 95, 97, 120, 122

執筆者一覧（*編者）

*川上　桃子（かわかみ・ももこ）［序章，第2章］
アジア経済研究所 地域研究センター次長。主要著作に「『問題解決型コア部品』ベンダーとしての台湾企業の興隆過程と知識の獲得——液晶テレビ用 SoC 事業の事例分析」『アジア経済』59巻第4号（2018年），「台湾マスメディアにおける中国の影響力の浸透メカニズム」『日本台湾学会報』第17号（2015年），『圧縮された産業発展——台湾ノートパソコン企業の成長メカニズム』名古屋大学出版会（2012年）他。

*松本　はる香（まつもと・はるか）［序章，第3章］
アジア経済研究所 地域研究センター・東アジア研究グループ グループ長代理・副主任研究員。主要書作に「第一次台湾海峡をめぐる大陸沿岸諸島の防衛問題の変遷——『蔣介石日記』及び台湾側一次史料による分析」『アジア経済』第58巻第3号（2017年），「両岸関係の進展の光と影——平和協定をめぐる中国と台湾の攻防」馬場毅・謝政諭編『民主と両岸関係についての東アジアの視点』東方書店（2014年），「海峡両岸対話の再開と平和協定の将来像——攻勢を強める中国と選択肢の狭まる台湾」『中国21』Vol.36（2012年）他。

松本　充豊（まつもと・みつとよ）［第1章］
京都女子大学 現代社会学部教授。主要著作に「中台協定の政策決定分析——海峡両岸経済協力枠組み協定と海峡両岸サービス貿易協定を中心に」松田康博・清水麗編著『現代台湾の政治経済と中台関係』晃洋書房（2018年），「台湾の半大統領制——総統の『強さ』と政党リーダーシップ」粕谷祐子編著『アジアにおける大統領の比較政治学——憲法構造と政党政治からのアプローチ』ミネルヴァ書房（2010年），『中国国民党「党営事業」の研究』アジア政経学会（2002年）他。

赤羽　淳（あかばね・じゅん）［第4章］
中央大学 経済学部准教授。主要著作に赤羽淳・土屋勉男・井上隆一郎著『アジアローカル企業のイノベーション能力――日本・タイ・中国ローカル二次サプライヤーの比較分析』同友館（2018年），"From product design to product, process and domain design capabilities of local tier 2 suppliers: Lessons from case studies in Japan, Thailand and China." (in collaboration with Yasuo Tsuchiya, Ryuichirou Inoue, Hajime Yamamoto and Yang Zhuang), *International Journal of Automotive Technology and Management*, 17(4) 385-408（2017年），『東アジア液晶パネル産業の発展――韓国・台湾企業の急速キャッチアップと日本企業の対応』勁草書房（2014年）他。

佐藤　幸人（さとう・ゆきひと）［第5章］
アジア経済研究所 新領域研究センター長。主要著作に「馬英九政権の税制改革の明暗と台湾の政治制度」松田康博・清水麗編著『現代台湾の政治経済と中台関係』晃洋書房（2018年），*Varieties and Alternatives of Catching-up: Asian Development in the Context of the 21st Century* (coedited with Hajime SATO), London: Palgrave-Macmillan（2016年），『台湾ハイテク産業の生成と発展』岩波書店（2007年）他。

―執筆順―

複製許可およびPDF版の提供について

　点訳データ，音読データ，拡大写本データなど，視覚障害者のための利用に限り，非営利目的を条件として，本書の内容を複製することを認めます（http://www.ide.go.jp/Japanese/Publish/reproduction.html）。転載許可担当宛に書面でお申し込みください。

　また，視覚障害，肢体不自由などを理由として必要とされる方に，本書のPDFファイルを提供します。下記のPDF版申込書（コピー不可）を切りとり，必要事項をご記入のうえ，販売担当宛ご郵送ください。折り返しPDFファイルを電子メールに添付してお送りします。

〒261-8545　千葉県千葉市美浜区若葉3丁目2番2
　日本貿易振興機構 アジア経済研究所
　研究支援部出版企画編集課　各担当宛

　ご連絡頂いた個人情報は，アジア経済研究所出版企画編集課（個人情報保護管理者－出版企画編集課長 043-299-9534）が厳重に管理し，本用途以外には使用いたしません。また，ご本人の承諾なく第三者に開示することはありません。

アジア経済研究所研究支援部 出版企画編集課長

PDF版の提供を申し込みます。他の用途には利用しません。

川上桃子・松本はる香編『中台関係のダイナミズムと台湾
――馬英九政権期の展開――』

【研究双書639】2019年

住所 〒

氏名：　　　　　　　　　　　　年齢：

職業：

電話番号：

電子メールアドレス：

中台関係のダイナミズムと台湾
──馬英九政権期の展開──　　　　研究双書 No.639
2019 年 3 月 22 日発行　　　　定価［本体 3600 円＋税］

　編　者　　川上桃子・松本はる香

　発行所　　アジア経済研究所
　　　　　　独立行政法人日本貿易振興機構
　　　　　　〒261-8545　千葉県千葉市美浜区若葉 3 丁目 2 番 2

　　　　　　研究支援部　　電話　043-299-9735
　　　　　　　　　　　　　FAX　043-299-9736
　　　　　　　　　　　　　E-mail　syuppan@ide.go.jp
　　　　　　　　　　　　　http://www.ide.go.jp

　印刷所　　康印刷株式会社

© 独立行政法人日本貿易振興機構アジア経済研究所　2019
落丁・乱丁本はお取り替えいたします　　　　　無断転載を禁ず
　　　　　　　　　　　　　　　　　　　ISBN 978-4-258-04639-3

「研究双書」シリーズ

(表示価格は本体価格です)

639 中台関係のダイナミズムと台湾
馬英九政権期の展開
川上桃子・松本はる香編　2019年　228p.　3,600円

中国との葛藤に満ちた関係は、台湾の政治と経済にどのようなインパクトをもたらしているのか？ 馬英九政権期（2008～16年）の分析を通じて、中台関係の展開と台湾の構造変動を探る。

638 資源環境政策の形成過程
「初期」の制度と組織を中心に
寺尾忠能編　2019年　171p.　2,900円

資源環境政策は「後発の公共政策」であり、その形成過程は既存の経済開発政策の影響を受け、強い経路依存性を持つ。発展段階が異なる諸地域で資源環境政策の形成過程をとりあげてその「初期」に着目し、そこで直面した困難と内在した問題点を分析する。

637 メキシコの21世紀
星野妙子編　2019年　255p.　4,000円

激動のとば口にあるメキシコ。長年にわたる改革にもかかわらず、なぜ豊かで安定した国になれないのか。その理由を、背反する政治と経済と社会の論理のせめぎ合いの構図に探る。

636 途上国の障害女性・障害児の貧困削減
数的データによる確認と実証分析
森壮也編　2018年　199p.　3,200円

途上国の脆弱層のなかでも、国際的にも関心の高い障害女性と障害児について、フィリピン、インド、インドネシアの三カ国を取り上げ、公開データや独自の数的データを用いて、彼らの貧困について実証的に分析する。

635 中国の都市化と制度改革
岡本信広編　2018年　241p.　3,700円

2000年代から急速に進む中国の都市化。中国政府は自由化によって人の流れを都市に向かわせる一方で、都市の混乱を防ぐために都市を制御しようとしている。本書は中国の都市化と政府の役割を考察する。

634 ポスト・マハティール時代のマレーシア
政治と経済はどう変わったか
中村正志・熊谷聡編　2018年　399p.　6,400円

マハティール時代に開発独裁といわれたマレーシアはどう変わったか。政治面では野党が台頭し経済面では安定成長が続く。では民主化は進んだのか。中所得国の罠を脱したのか。新時代の政治と経済を総合的に考察する。

633 多層化するベトナム社会
荒神衣美編　2018年　231p.　3,600円

2000年代に高成長を遂げたベトナム。その社会は各人の能力・努力に応じて上昇移動を果たせるような開放的なものとなっているのか。社会階層の上層／下層に位置づけられる職業層の形成過程と特徴から考察する。

632 アジア国際産業連関表の作成
基礎と延長
桑森啓・玉村千治編　2017年　204p.　3,200円

アジア国際産業連関表の作成に関する諸課題について検討した研究書。部門分類、延長推計、特別調査の方法などについて検討し、表の特徴を明らかにするとともに、作成方法のひとつの応用として、2010年アジア国際産業連関表の簡易延長推計を試みる。

631 現代アフリカの土地と権力
武内進一編　2017年　365p.　4,900円

ミクロ、マクロな政治権力が交錯するアフリカの土地は、今日劇的に変化している。その要因は何か。近年の土地制度改革を軸に、急速な農村変容のメカニズムを明らかにする。

630 アラブ君主制国家の存立基盤
石黒大岳編　2017年　172p.　2,700円

「アラブの春」後も体制の安定性を維持しているアラブ君主制諸国。君主が主張する統治の正統性と、それに対する国民の受容態度に焦点を当て、体制維持のメカニズムを探る。

629 アジア諸国の女性障害者と複合差別
人権確立の観点から
小林昌之編　2017年　246p.　3,100円

国連障害者権利条約は、独立した条文で、女性障害者の複合差別の問題を特記した。アジア諸国が、この問題をどのように認識し、対応する法制度や仕組みを構築したのか、その現状と課題を考察する。

628 ベトナムの「専業村」
坂田正三著　2017年　179p.　2,200円

ベトナムでは1986年に始まる経済自由化により、「専業村」と呼ばれる農村の製造家内企業の集積が形成された。ベトナム農村の工業化を担う専業村の発展の軌跡をミクロ・マクロ両面から追う。

627 ラテンアメリカの農業・食料部門の発展
バリューチェーンの統合
清水達也著　2017年　200p.　2,500円

途上国農業の発展にはバリューチェーンの統合がカギを握る。ペルーを中心としたラテンアメリカの輸出向け青果物やブロイラーを事例として、生産性向上と付加価値増大のメカニズムを示す。